AF551880

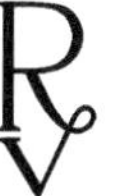

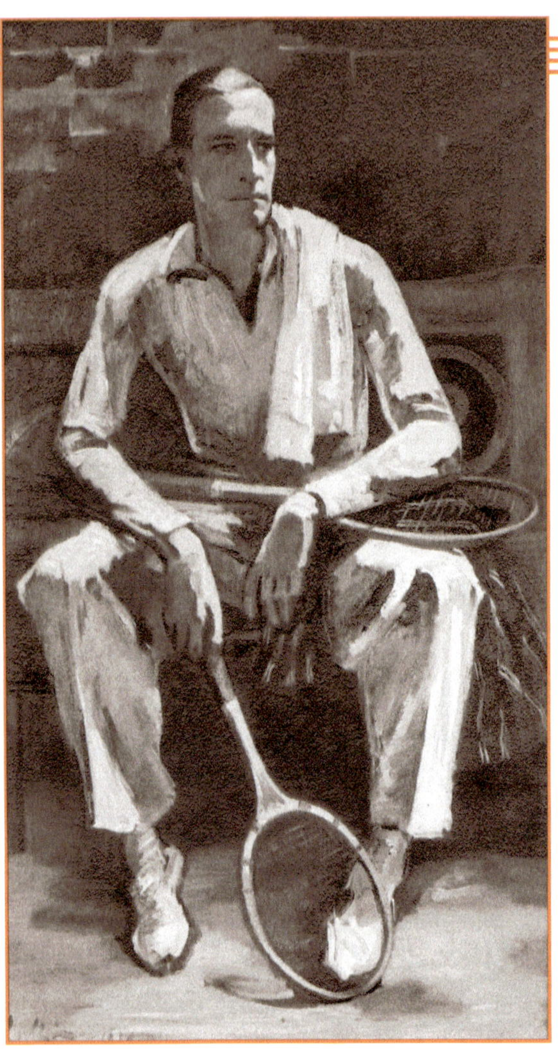

Gottfried Freiherr von Cramm.
Porträt von Leo von König, um 1936

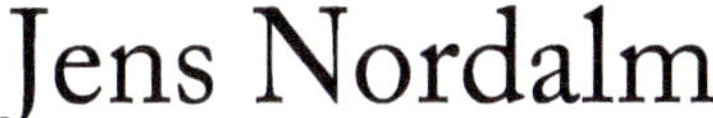

Jens Nordalm

Der schöne Deutsche

Das Leben des Gottfried von Cramm

ROWOHLT

3. Auflage Mai 2023

Originalausgabe
Veröffentlicht im Rowohlt Verlag, Hamburg, Oktober 2021

Innengestaltung Jasmin Krause und Daniel Sauthoff
Lektorat Uwe Naumann
Lithografie Susanne Kreher
Satz Adobe Caslon bei Pinkuin Satz und Datentechnik, Berlin
Druck und Bindung CPI books GmbH, Leck
ISBN 978-3-498-00207-7

Inhalt

Annäherung: Gottfried und Lisa

Groucho Marx schämt sich, als er Gottfried von Cramm sieht. Es ist der 20. September 1937 in Los Angeles, und Cramm betritt den Platz für sein erstes Match bei diesen Pacific Southwest Championships. Eigentlich wollen hundert Hollywood-Größen – eine amerikanische Illustrierte zeigt Clark Gable und Carole Lombard – nun aufstehen und demonstrativ ihre Logen verlassen, wie sie es vorher verabredet hatten, aus Protest gegen die Rassenpolitik der Nationalsozialisten. Als Cramm den Platz betritt, ist der Eindruck, den er macht, so vornehm, bescheiden und freundlich, ein Gegenmodell zu den Nazis, dass alle erst ihn ansehen, dann sich ansehen – und sitzen bleiben, worüber sie nur ein halbes Jahr später heilfroh sind, als Cramm in Moabit im Gefängnis sitzt. Groucho Marx, der das alles später erzählte: «Als ich diesen Mann sah, empfand ich sofort Scham, das zu tun, was wir uns vorgenommen hatten.» – «When I saw that man, I just felt instant shame at what I was supposed to do.»

Das war Gottfried von Cramm. Mit dieser Geschichte muss dieses Buch beginnen. Aber es war nicht diese Geschichte, die am Anfang dieses Buches stand. Am Anfang stand ein Foto. Ein Porträt, fotografiert von Marianne Breslauer – der Frau des Berliner Galeristen und Verlegers Walter Feilchenfeldt, Kunst- und Verlagsbuchhandlung

Paul Cassirer, seit 1933 im Exil in Amsterdam und zuletzt in Zürich, wo sie selbst dann die Kunsthandlung führte. Marianne Breslauer, die die ikonischen Frauen der 20er und 30er Jahre mindestens so sehr schuf wie abbildete: Annemarie Schwarzenbach, Maud Thyssen oder Ruth von Morgen in Berlin, in Sacrow am See – die besonders. Nein, besonders eben die eine, an deren Foto ich 2018 hängenblieb beim Blättern durch Breslauers Wundertaten.

Dunkel, strenge kurze Haare, schmalgeschnittenes kurzärmlig-hochgekrempeltes dunkles Hemd, helle weite Hose, lässig-konzentriert auf der Stuhllehne sitzend, die Schuhe auf der Sitzfläche, im Profil, Grammophon im Hintergrund auf dem Stuhl, sonnendurchfluteter Berliner Altbau, Lichtfelder auf Wänden und Fischgrät-Parkett, offenbar beim Stepptanz- oder Akrobatik-Unterricht, wie weitere Bilder dieser kleinen Serie nahelegen – ein hinreißendes Porträt. Konsterniert war ich von der absoluten Modernität dieser Person in Haltung, Linie, Stil, Ausdruck, Kleidung, Selbstbewusstsein, Ernst.

Wer war das? So fing alles an. Das war Lisa von Cramm.

Und dann kam Gottfried von Cramm. Auch keine Enttäuschung, stilistisch, um das Mindeste zu sagen. Und das Profilfoto von beiden, von Martin Munkácsi, dem spannendsten Fotografen um 1930 in Berlin – im Tennis-Shirt, wie schöne Geschwister, im November 1930, kurz nach der Hochzeit, auf dem Cover der *Berliner Illustrierten Zeitung*.

Deshalb ist dies auch ein Buch über Lisa von Cramm. – Die 36 Tagebuchbände von Gottfrieds Mutter im Familienarchiv in Schloss Bodenburg haben es schließlich auch ein Buch über Jutta von Cramm werden lassen.

Wir haben nicht viele Gottfried von Cramms. Umso

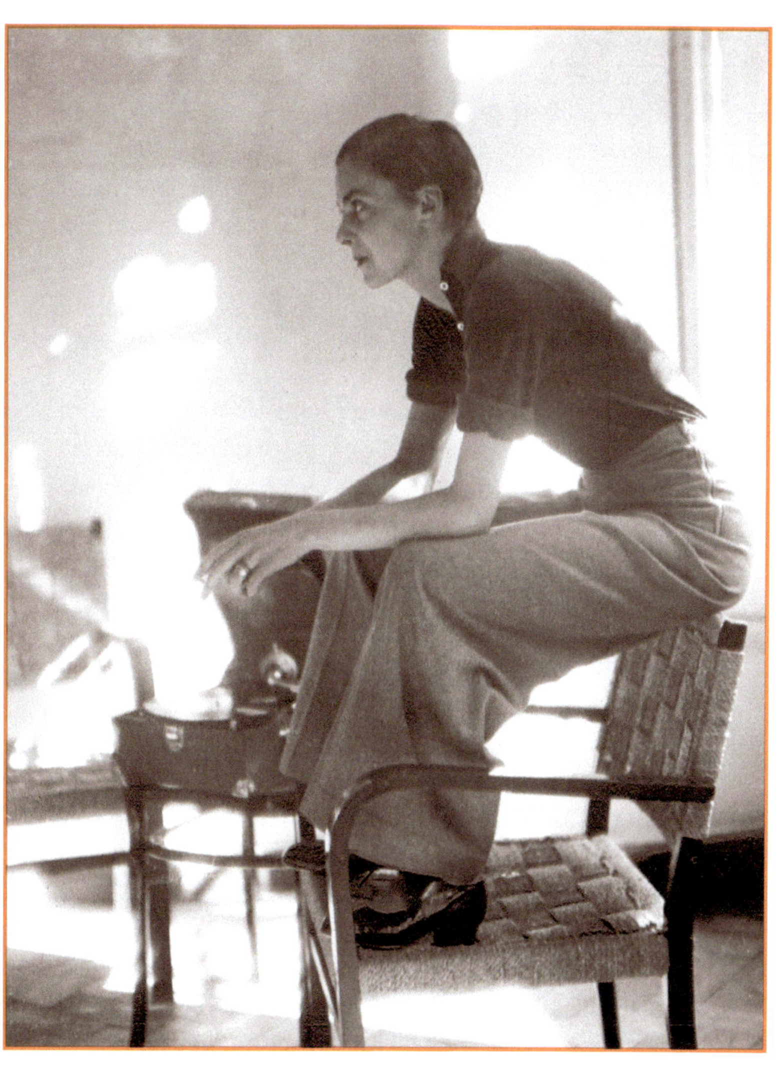

Lisa von Cramm. Foto von Marianne Breslauer, 1934

unverständlicher, dass er heute keine Rolle spielt im besseren deutschen Gedächtnis. Was gäbe es da zu erinnern! Das staunenerregende Leben eines außergewöhnlichen Deutschen im 20. Jahrhundert – das Leben des «schwulen Antifaschisten» (*taz*), adeligen Beaus, elegantesten Tennisspielers aller Zeiten, mindestens zweitbesten Spielers der 30er Jahre, zeitweisen Ehemanns der reichsten Frau der Welt.

Man hätte zu erinnern das Leben eines schönen, umjubelten und sportlich wie charakterlich tatsächlich bewunderungswürdigen Mannes – der im Grunde einsam bleibt und für seine Liebe zu Männern wie zu Frauen nicht nur in den Jahren des Nationalsozialismus keine wirklich lebbare Form findet. Vor dem Innern einer großen unerfüllten Sehnsucht eine lebenslang unerschütterliche Freundlichkeit und bescheidene Demut. Selten ist ein Deutscher gewinnender aufgetreten. Den «besten Diplomaten Deutschlands zwischen 1932 und 1956» hat man ihn genannt, als seine Karriere nach dem Gewinn der Internationalen Deutschen Doppelmeisterschaft 1955 am Hamburger Rothenbaum endete. Gottfried von Cramm ist über Jahrzehnte wahrgenommen worden als das Gesicht eines Deutschlands, das man mögen kann.

Gerade hat man begonnen, sich filmisch für die tanzende Berliner Menge der 20er und 30er Jahre zu interessieren. Hier wäre eine Ergänzung aus dem Sternenbereich der Gesellschaft – ein Mann, der uns auch visuell die Zeit bezwingend zurückbringt, der zu Stilbildung und als Haltungsvorbild taugt, ein deutscher Oberschichtspromi der Hitler-Zeit, den man mit gutem Gewissen und einer guten Portion Patriotismus anhimmeln kann. So konnte und

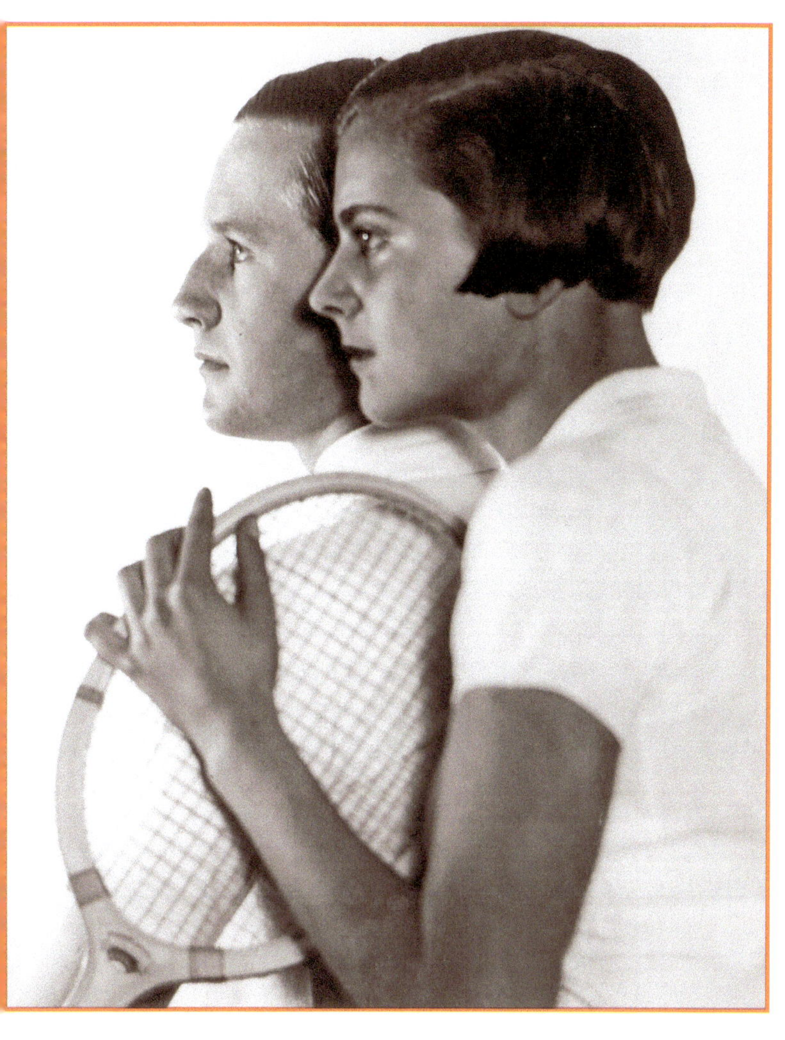

Lisa und Gottfried. Foto von Martin Munkácsi, 1930

kann «deutsch» auch sein. Gottfried von Cramm: Integrität und Eleganz unter Hitler. Der «schöne Deutsche» als ein Gegenbild zum «hässlichen Deutschen», als der wir lange Zeit nach dem Zweiten Weltkrieg angesehen wurden.

Donald Budge, Cramms großer US-amerikanischer Gegner und Freund, erinnerte sich: «Ganz egal, wie stolz und selbstbewusst du dich gefühlt hast, und das habe ich, glauben Sie mir – wenn du mit Cramm einen Tennisplatz betratst, war es schwierig, nicht zu empfinden, dass du in seinem Schatten gingst.»

Jörg von Morgen, der in den letzten Kriegsjahren als Jugendlicher im Cramm'schen Schloss Bodenburg lebte, mit seiner Mutter Ruth von Morgen und seiner Tante Elfi, die mit Gottfrieds Bruder Adalbert verheiratet war, liebte den Tennis-Star: «Weil er sich deshalb nicht aufblies. Im Gegenteil, er machte Faxen und alberte ohne Hemmungen mit uns herum. […] Ich bewunderte seine englische Art, sich zu kleiden, und die internationale Aura, die ihn umgab. Gelegentlich reiste er sogar nach Schweden und konnte einem von dort neue Jazzplatten mitbringen.»

Diese ersten kurzen Eindrücke schon zeigen, was neben dem atemberaubenden Individuellen, über die Person selbst hinausweisend, so erfreulich und so faszinierend ist an Gottfried von Cramm: Er steht für eine Zeit des Sports, in der Ästhetik, Leben, Kultur, eine sich ins menschlich Ganze rückbindende Athletik noch die Balance halten zu Physis und Kampf.

Das Staunenerregende dieses Lebens bis in die Nachkriegszeit hinein bedeutet zugleich, dass die späten Jahrzehnte bis zu Cramms Tod 1976 kaum anders können, als blasser zu wirken gegenüber allem Früheren. Deshalb liegt der Schwerpunkt dieses Buches auf der Zeit bis in die 50er Jahre hinein – und deshalb legt sich über die Darstellung der bundesrepublikanischen Atmosphäre der letzten Lebensjahrzehnte Gottfried von Cramms eine Melancholie, von der ich mich entschieden habe, sie nicht zu leugnen. Aber der Reihe nach.

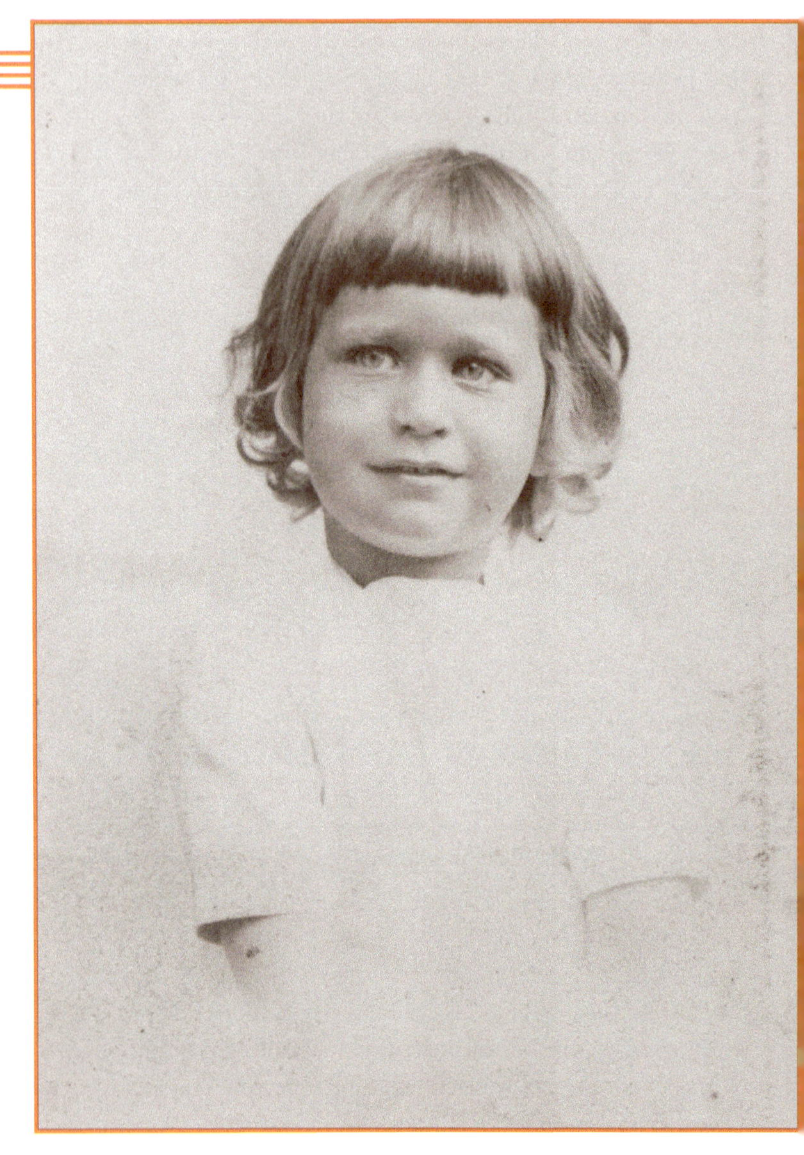

Gottfried von Cramm, 3 Jahre alt

Was hieß es und wie war es, der junge Baron von Cramm zu sein?

Geboren wurde Gottfried Alexander Maximilian Walter Kurt Freiherr von Cramm in Nettlingen, dem Familiensitz der Cramms, südöstlich von Hannover, am 7. Juli 1909, in ein uraltes niedersächsisches Adelsgeschlecht mit Schlössern nahe Hildesheim. Er war der dritte von sieben Söhnen.

Als er zwei war, zog die Familie nach Schloss Brüggen um, knapp 30 Kilometer entfernt, dem früheren Sitz derer von Steinberg, der nach dem Tod des letzten Steinberg an Vater und Mutter Cramm, geborene Freiin von Steinberg, gefallen war – wie das Schloss Bodenburg und weitere fünf Güter in der Gegend: Harbarnsen, Wispenstein, Almstedt, Sellenstedt und Salzdetfurth.

Es ist eine herrliche, leicht hügelige Felder-Wälder-Landschaft, eine Kulturlandschaft mitten in Deutschland. Berückend liegen diese Cramm'schen und Steinberg'schen Güter in ihr, oft nur wenige Kilometer auseinander. Den meisten dieser Sitze sieht man die Burg noch an, die sie einmal waren – «noch immer unter dem seidenen Mantel die eiserne Rüstung», wie man einmal über Schlösser dieser Übergangszeit vom Mittelalter zur Renaissance gesagt hat.

28 Jahre lang war Brüggen nun Gottfried von Cramms Hauptwohnsitz. Im Leine-Tal, zu Füßen der Sieben Berge, war es schon Königssitz Ottos des Großen, der dort im

Jahr 965 laut Urkunde auch als Kaiser Aufenthalt nahm. Im Juni 1937 feierten die von Cramms mit dem Dorf an mehreren Tagen 1000 Jahre Brüggen. Von den Tagen wurde ein Film gedreht, den man in den kommenden Wochen und Monaten abends immer wieder sah und Gästen zeigte.

Eine Schloss-Atmosphäre in diesem Bau von 1693, die man literarisch eher aus England kennt – mit dem zahlreichen Personal auf Feldern, in Wäldern und Ställen, bei den Pferden, in Küche und Erziehung der sieben Söhne, mit den Hauslehrern von den Gymnasien in Hannover und Braunschweig, mit den Salons und Essenssälen. Noch heute wie je rinnt das Quellwasser in der Gewölbeküche des Souterrains aus der Wand in das Küchenbecken.

Man fährt durch die steinerne Tordurchfahrt, sieht dabei zuerst nur einen Ausschnitt der prachtvollen Barockfassade und rollt dann über den knirschenden Kies das große Rund bis vor die grau-steinerne Freitreppe. Hinter der Tür über die großzügige Treppe dann geradeaus in den riesenhohen Saal, elf Meter hoch, der sich zur Parkseite hin spektakulär öffnet.

In diesem Saal und in den Seitensalons fand der Unterricht der sieben Brüder in den 1910er und 20er Jahren statt. Die sieben waren alle etwa zwei Jahre auseinander, es handelte sich also um siebenfachen Einzelunterricht. Und jeder der sieben Brüder, erinnerte sich Wilhelm Ernst, «Erne», der jüngste Bruder, hatte beim Unterricht unter seinem Tisch seinen Hund liegen. Der Pastor, in der großen Pause in Brüggen die 400 Meter um den großen Rasen des Schlossparks laufend, in schwarzem Anzug, mit Monokel und steifem Kragen, gewann immer.

In diesem Saal wurde Weihnachten gefeiert. «Wir

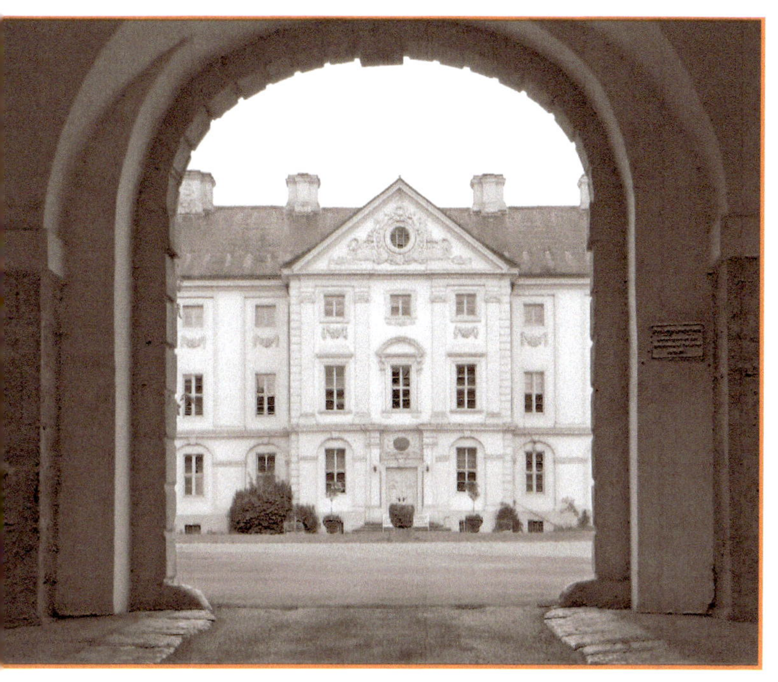

Brüggen

Kinder legten Wert darauf, dass auch der Weihnachtsbaum fast 11 Meter hoch war – und daneben standen, in der Größe gestaffelt, sieben kleinere Weihnachtsbäume, für jeden Sohn einer. In der Mitte die Krippe. [...] Nach dem Aufsagen des Weihnachtsevangeliums kam dann die Bescherung. [...] Die ‹Leute› wurden zuerst beschert und dann erst die Kinder.»

Aus diesem Saal beim Abendessen am 5. März 1938 wurde Gottfried von Cramm von der Gestapo abgeholt.

Dieser Saal war um 1910 Gegenstand eines kurzen Schlagabtauschs, der etwas erzählt über das Selbstbewusstsein der Steinbergs und der Cramms. Als der Herrenmeister des Johanniterordens, Prinz Eitel Friedrich von Preußen, das Johanniter-Krankenhaus in Gronau besichtigt hatte, dessen Patron der Steinberg'sche Großvater der sieben Brüder Cramm war, fand anschließend ein Essen in Brüggen statt. Als der Prinz nun am Arm der Baronin Steinberg die Treppen emporstieg und in den Saal kam, sagte er: «Was, und einen Saal haben Sie auch?» Das ärgerte die Baronin, und sie antwortete: «Jawohl, königliche Hoheit, haben Sie auch einen?»

In diesem Saal wurde 1936 die Verlobung von Prinz Bernhard zur Lippe-Biesterfeld, dessen Mutter Armgard eine geborene von Cramm war, mit Kronprinzessin Juliana, der späteren Königin der Niederlande, gefeiert.

Wie die Steinbergs sind auch die Cramms ältester Uradel, seit 1150 greifbar. Seit Ende des 13. Jahrhunderts lebte das Geschlecht auf Schloss Oelber am Weißen Weg im Kreis

Wolfenbüttel. Weitere Sitze, wie Nettlingen, der Geburtsort Gottfrieds, kamen in den Jahrhunderten hinzu. Es geht hier um fast tausend Jahre Familiengeschichte und Familienbewusstsein, in diesem Raum um Hildesheim und Hannover. Tausend Jahre, die in Lebensstil und Bildern und Materialien und Dingen für die Cramms tägliche Gegenwart waren.

Sehr einleuchtend haben Historiker seit längerem gezeigt, dass sich zwischen frühem Mittelalter und den Jahrzehnten um 1800 das auf bestimmten, zäh beharrenden Wirtschaftsformen beruhende Leben auf dem Land in Europa kaum verändert hat – allen Epochenscheiden von Renaissance, Reformation und Amerikaentdeckung zum Trotz.

Für Familien wie die Cramms und die Steinbergs kann man das, in der Form der gutsherrlichen Lebens- und Wirtschaftsweise, bis ins 19. und 20. Jahrhundert hinein noch verlängern. In manchem bis ins 21.: Bis heute leben die Cramms, die die drei Schlösser Oelber, Bodenburg und Brüggen noch bewohnen, in einer Land-, Forst- und Energiewirtschaft, ohne die sich die Güter wirtschaftlich nicht in Familienhand halten ließen. Und zwar wirklich selbstbetrieben, wenn man bis heute als Baron auf dem Trecker sitzt.

Erst recht noch in der ersten Hälfte der 1940er Jahre, im Krieg, als Jörg von Morgen mit seiner Mutter Ruth in Schloss Bodenburg lebte, ist davon viel spürbar. Im Sommer 1945 mussten alle, «die noch irgendwie krauchen konnten», mit auf den Acker: «Selbst die alte Baronin setzte sich einen riesigen Strohhut auf, zog sich Gartenhandschuhe an und bestieg den Leiterwagen.»

Der Eindruck von «Adel im Niedergang» – so doch die eingeübte Erwartung – will sich beim Studium dieser Welt in den 20er und 30er Jahren nicht einstellen. Zwar deuten sich finanzielle Schwierigkeiten immer wieder an in den Tagebüchern Burghards und Juttas von Cramm, die leider erst seit 1930 vorhanden sind: lange Verhandlungen mit Banken über Umschuldungen und Kredite – aber man hat es immer irgendwie dann doch geschafft, auch, wo unumgänglich, durch Verkäufe von Land und Wald. Und die ökonomische Grundlage von alldem blieb breit: Zu den Gütern gehörten Baumschule, Brennerei, Mühle, Ziegelei und Zuckerfabrik.

Auch die politisch-soziale Verwobenheit der Familie mit der Landschaft und der Region blieb – all die landwirtschaftliche Verbandsarbeit und die örtlichen Vereinssitzungen, in Hannover für Burghard von Cramm dazu die leitende Arbeit in Rennverein oder Golfclub. Es blieben die Kirchenpatronate – erst am Ende ihres Lebens denkt Jutta von Cramm daran, manches aufzugeben – und die adligen Netzwerke, die engen Verbindungen über Jahrzehnte mit den Familien in der Gegend, den Görtz', Hardenbergs, Schulenburgs oder Knigges, und mit Königlichen Hoheiten.

Hinzu kommt schließlich, dass die Familie von Cramm überhaupt einem ganz anderen Ideal zu folgen schien als dem der Konservierung von Hergebrachtem. Hubert von Meyerinck, Schauspielstar, Freund Gottfrieds und Freund der Familie, schrieb in seinen Erinnerungen über die Cramms, über die Mutter und die Brüder: «Eine Familie, die nicht stehengeblieben ist wie so viele andere ihrer Standesgenossen. Sie ist immer mit der Zeit gegangen und hat stets die jeweilige Epoche, in der sie lebte, klar erkannt und ihre Menschen verstanden.»

Die Cramms und die Steinbergs waren jahrhundertelang – wie ähnliche Familien auch – in Ämtern und Positionen den Welfen, dem Haus Hannover, eng verbunden. Sie waren Offiziere, kurhannoversche Minister, Domherren von Halberstadt, Oberhofmarschall, kurhannoversche Gesandte in Wien, später königlich preußischer Kammerherr, Mitglied des Herrenhauses zu Berlin und dergleichen mehr.

Der Protestantismus der Familien spielte eine wichtige Rolle. Ein vielerinnerter Vorfahr der Familie von Cramm war ein Freund und Mitstreiter Martin Luthers: Assa von Kram war Taufpate eines Sohnes Luthers; Luther widmete ihm seine Schrift «Ob Kriegsleute auch in seligem Stande sein können».

Gottfrieds Vater Baron Burghard, geboren 1874, wurde in Erlangen zum Doktor der Rechte promoviert, beendete seine Militärzeit bei den Garde-Ulanen in Potsdam als königlich preußischer Oberleutnant der Reserve, bevor er zum herzoglich braunschweigischen Kammerjunker ernannt und Mitglied des Braunschweigischen Landtags wurde. 1905 heiratete er Jutta von Steinberg, die man, Alleinerbin in Ermangelung eines männlichen Erben, in der Gegend anerkennend den «Großen Preis von Hannover» nannte. Mit dieser Heirat kamen weitere fünf Patronate evangelischer Kirchen und die oben genannten sieben Güter in den Besitz der Familie.

Burghard von Cramm war ein Liberaler. Er verfasste

1928 ein Manifest in Form eines Vertragsentwurfs zur Abrüstung, Begrenzung von Streitkräften, Einhegung von militärischen Konflikten, Schutz der Zivilbevölkerung und Gründung eines «Weltfriedensbundes» – und sandte die Schrift an eine Reihe in- und ausländischer Behörden, weil sie, wie er im Vorwort schreibt, vielleicht für die Arbeiten des Völkerbundes von Wert sein könnte. Und er unterzeichnete mit allzu wenigen anderen Adelsangehörigen 1926 den vieldiskutierten Aufruf eines adligen Abgeordneten der Deutschen Volkspartei Gustav Stresemanns, der deutsche Adel solle die Regierung der Republik unterstützen und bei der Führung des Staates mitwirken.

Jutta von Cramm, geboren 1885, war zu all ihren Aufgaben auf den Gütern jahrzehntelang Vorsitzende des Kreisverbandes des Deutschen Roten Kreuzes und Leiterin der Evangelischen Frauenhilfe. Auch in diese familiären Fußstapfen wird der Weltklassetennisspieler Gottfried von Cramm einmal treten, indem er nach dem Krieg mit Eugen Gerstenmaier das Evangelische Hilfswerk gründet.

Was machten die anderen sechs Brüder? Alle werden noch Rollen spielen im Verlauf des Buches. Wilhelm Ernst: «Es war vorgesehen, dass Aschwin, der Älteste, das Steinberg'sche Fideicommis Brüggen/Wispenstein mit Wald erhielt – unverschuldet –, Büdy [Burghard], der Zweite, Oelber mit der Ziegelei, Berno, der Vierte, Bodenburg und Harbarnsen mit Brennerei und Wald Salzdetfurth. Die anderen vier verzichteten bzw. wurden mit sehr schmalen Apanagen abgefunden. Gottfried, der Dritte, hat immer verzichtet, weil er in erster Ehe die sehr reiche Lisa [...] heiratete, und später [...] Barbara Hutton.»

Das alles änderte sich durch die zwei Toten des Krieges – Adalbert, der sein Jurastudium mit dem Referendar-Examen abschloss, Soldat wurde und mit 23 Jahren 1940 an einer Lungenentzündung starb, und Berno, der seit 1942 in Russland vermisst blieb. Wilhelm Ernst, Erne, Ritterkreuz-Träger mit Nazi-Distanz, übernahm Harbarnsen, Siegfried, der Flieger-Offizier, Bodenburg. Später, Ende der 40er, für kurze Jahre, in denen Gottfried mehr in Kairo, Stockholm, London oder Paris war als gerade dort, überließ Aschwin ihm das Gut Wispenstein, das aber dann bald an den Bruder zurückging und 1958 verkauft wurde.

Diese ersten Eindrücke zusammenfassend, hören wir Jutta von Cramm, nach dem Tod ihres Mannes 1936 das regierende Familienoberhaupt, in einem maschinengeschriebenen Sammelbrief aus Bodenburg vom 6. Juli 1940 an «meine lieben Söhne» im Feld – Adalbert war gerade im März gestorben, Aschwin und Burghard, die beiden Ältesten, waren noch bei ihr auf den Gütern.

«Die Felder stehen befriedigend. Die Rüben haben sich ganz gut entwickelt. Gerste, Hafer und Sommerweizen stehen gut. Letzterer hat allerdings Brand, aber der scheint überall zu herrschen. Das Harbarnser Feld steht etwas besser als das Bodenburger, mit Ausnahme des Rapses, des Roggens an der Feldscheune und des Sommerweizens eben daselbst.» So geht sie durch die Güter. Die benötigten und die bereits bestellten Maschinen und Fahrzeuge werden aufgelistet: «Schwarz möchte außerdem einen Trecker mit Schnellganggetriebe haben.» Dann die Pferde in Oelber: «Der Jährling von Herold aus der Mappe gefällt mir besonders gut. Es ist eine Stute, und wir dürften sie eigentlich nicht verkaufen, aber ob Stall Oelber in der Lage sein wird, noch ein Pferd einzustellen, ist mir doch zweifelhaft. [...]

Die Fuchsstute aus der Barke hat sich mächtig ausgelegt und ist ein sehr schönes Pferd geworden. Das sollte ja wohl mal ein Reitpferd für Erne werden. Dann ist noch ein Jährling aus der Barke da, Hengst, beides Halbblüter. Der Letztere gefällt mir fast noch besser als der zweijährige Hengst. […] Sonntag vor 14 Tagen gewannen wir bekanntlich mit ‹Hi Welf› den Niedersachsenpreis. […] Haselnuß hat bereits ihr zweites Rennen gewonnen, und Mavis geht über Hürden. Es kommt einem so sonderbar vor, dass man während des Krieges überhaupt an Pferde denkt, aber zur Hebung der Landespferdezucht muss ja wohl etwas geschehen. Es braucht ja nicht so auszuarten wie das Derby in Epsen, wo 30 000 Autos parkten.» Sie meint Epsom, das älteste Pferderennen der Welt, seit 1780, in Surrey, im Juni. – Es fehlt noch der Überblick über die Nutztiere: «Der Garten hier [in Bodenburg] ist an Tieren reich gesegnet. Auf der großen Weide sind die Rinder, davor von Hürden umgeben die Schafböcke. Rechts nebenan unter den Tannen weiden die Schweine, um die vielen Brennnesseln zu vertilgen. Auf dem großen Rasen werden die Schafe gehütet, und auf dem Teich schwimmen 18 Enten.» Wenn man Bodenburg kennt, heißt das: Alles, was irgendwann oder heute ein Park um des Parks willen war oder ist, war bis an Schloss und Schlossgraben heran mit weidenden Tieren besetzt.

Über Jutta von Cramm, zu der Gottfried zeitlebens ein enges und offenes Verhältnis hatte, muss man mehr erzählen.

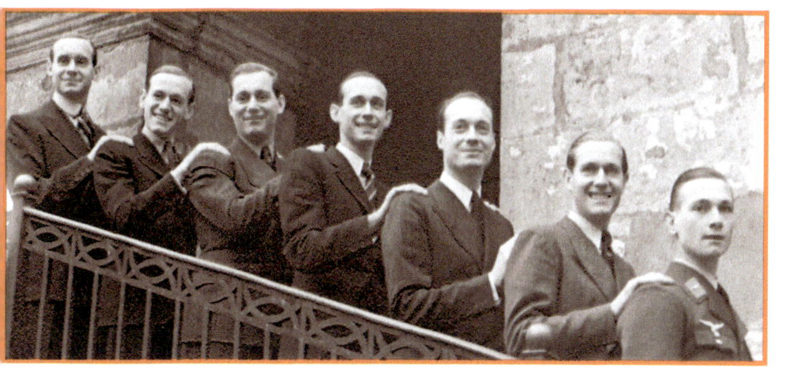

Die Brüder: Burghard, Wilhelm Ernst («Erne»), Berno, Adalbert, Aschwin, Gottfried, Siegfried

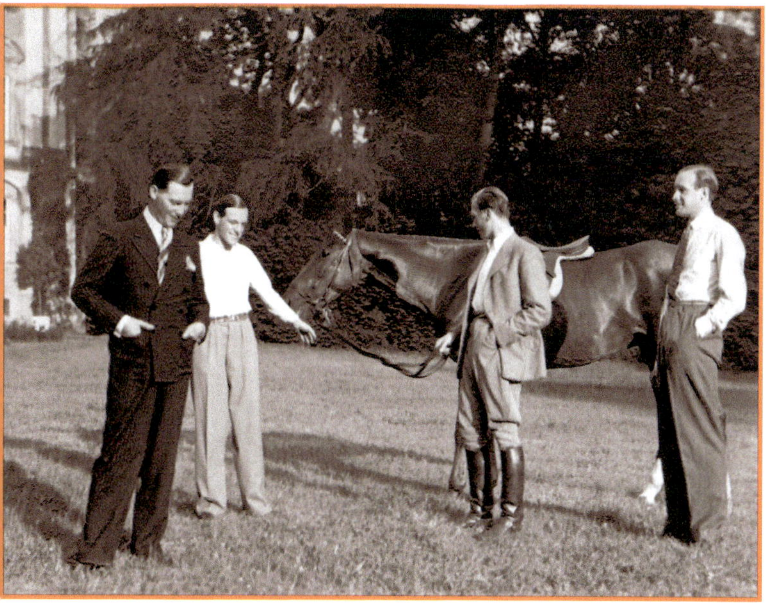

Berno, Erne, Aschwin, Burghard in Brüggen

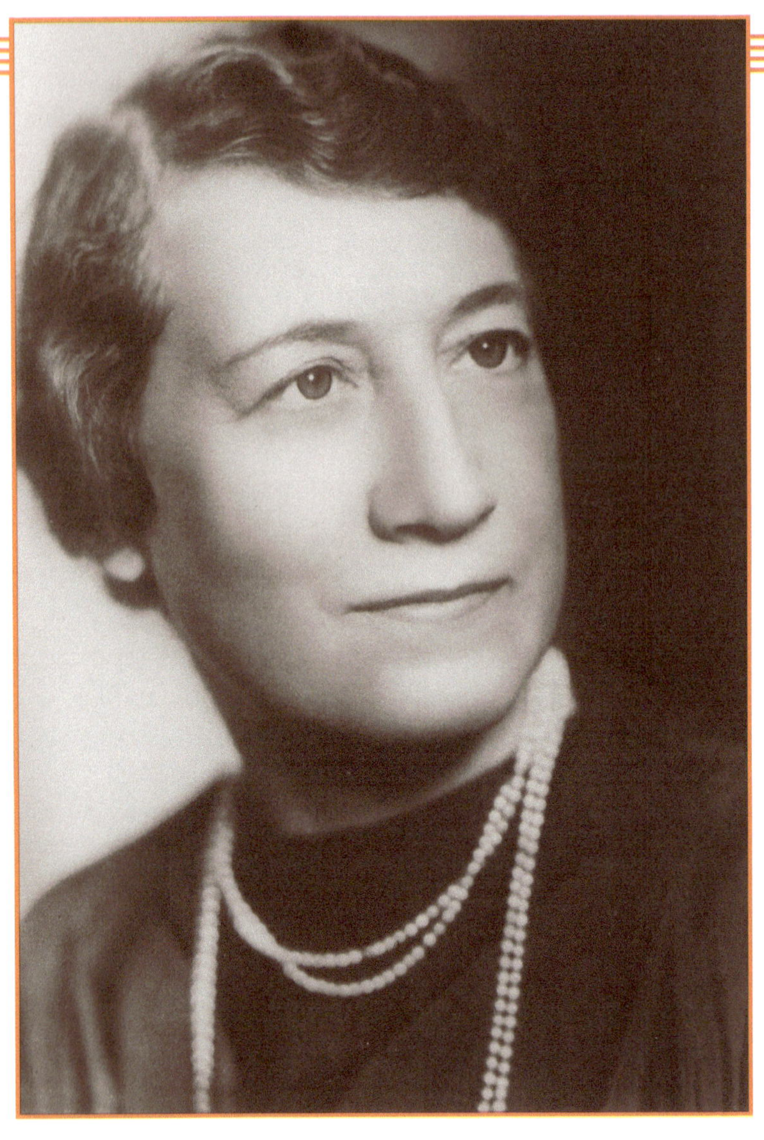

Jutta von Cramm

Die Mutter: Jutta von Cramm

Jutta von Cramm war eine außergewöhnliche Frau. In ihren Tagebüchern kann man über vier Jahrzehnte mit ihr leben – 36 Bände, beginnend 1936, als sie an die letzten Notizen ihres sterbenden Mannes unmittelbar anschließt, bis zu ihrem eigenen Tod 1972. Es verschlägt den Atem, was diese Frau war, tat und trug.

Da ist erstens – das soziale Fundament von allem – die Baronin Jutta von Cramm, geborene Steinberg, die Adlige aus ältester Familie, nah und vertraut auch mit königlichem Adel.

Sie ist immer wieder, mit ihrem Mann, dann allein oder mit den Söhnen, in den Schlössern Blankenburg und Marienburg bei den zwei Ernst Augusts von Hannover, Vater und Sohn, Herzöge zu Braunschweig und Lüneburg, Chefs des Hauses Hannover, Vater bzw. Bruder der späteren Königin Friederike von Griechenland, mit der Jutta in den 50er Jahren ebenfalls plaudert. Sie trifft Ende der 30er Jahre in Berlin und in Potsdam, allein und mit Gottfried, den «Kronprinzen» und die «Kronprinzessin» von Preußen zum Tee.

Nachdem sie im Januar 1956 in Bad Godesberg mit ihrem Freund Hans Graf Lehndorff in der Bibel gelesen und dem Chirurgen noch bei einer Blinddarmoperation zugesehen hat – auch das ist Jutta von Cramm –, besucht sie im Königsschloss Het Loo die holländische Königin und den Prinzen Bernhard, die ihre Verlobung bei den Cramms gefeiert hatten und mit denen sie immer in enger Verbindung stand. Mit den beiden sieht sie abends im Fernsehen einen Film, bevor sie anderntags – wie Gottfried schon 1940 einmal – mit der alten Königin Wilhelmina isst und über deren Enkelin notiert: «Beatrix macht einen sehr netten Eindruck.»

Sie ist im Mai 1962 auch Gast bei der Silberhochzeit von Juliana und Bernhard – Aschwin und Berno waren 1937 Gäste bei der Hochzeit – und unterhält sich dort mit der englischen Königin, die sie auf Gottfried anspricht. 1957 im April hatte sie notiert, dass Gottfried nun aus Bodenburg nach Paris aufbreche, um im Schloss in Versailles am Staatsempfang für die Königin von England teilzunehmen, zu dem er geladen war.

Da ist zweitens die Baronin als Gutsherrin und Landwirtin.

Schon als Jutta von Cramm mit Anfang fünfzig Witwe wird, trägt sie die Hauptverantwortung für die Güter. Als die ersten, jüngeren, Söhne eingezogen werden, dann in den Krieg müssen und Jutta von Cramms Fahrten zwischen den Gütern, Feldern, Wäldern und Betrieben deswegen zunehmen, lernt sie mit Mitte fünfzig selbst noch Autofahren – und «Sprit ‹verschneiden›». Dann werden 1940 und 1941 auch die drei ältesten Söhne einberufen, und sie übernimmt ganz die Leitung der Betriebe. Sie kämpft persönlich, und oft erfolgreich, bei Kreisbauernschaft und Wehrmeldeamt in Hildesheim um Verschiebung dieser Einberufungen von

Söhnen und von Mitarbeitern auf den Gütern – wenn auch nur um wertvolle Wochen – und um Ernte-Urlaube.

Jutta von Cramm betätigt sich selbst beim stets im Tagebuch protokollierten Schlachten und Wursten. Sie arbeitet bei jeder Art Ernte mit, geht selbst in die Kartoffeln, macht das Obst und Gemüse mit ein, «pahlt» (also pult) Jahr um Jahr die Erbsen, stellt Rübensaft her, sammelt Waldmeister im Wald für die Bowle. Sie kündigt Angestellten, führt Vorstellungsgespräche und stellt neues Personal ein. Sie erstellt mit ihren Verwaltern und Inspektoren die Jahresabschlüsse der Güter und fährt nach Hannover zu Steuerbesprechungen mit den Finanzpräsidenten. Sie sorgt sich um das Vieh wegen der Maul- und Klauenseuche, um die Perlhühner wegen des Hühnerhabichts, um den Raps wegen des Rapskäfers, um fehlenden Betriebsstoff für den Bulldog-Trecker – und verhandelt mit der Landesbauernschaft über Futtermittel. Und im Februar 1940 sterben elf kleine Ferkel im Frost. Zum neuen Schafbock in Bodenburg aber, Tage später: «Sehr guter Bock.»

Sie steht einem Haushalt vor, der ständig auch für Gäste – die sehr oft unangemeldet kommen – Mahlzeiten produziert: Perlhühner, Rebhühner, Täubchen, «junge Hähnchen», Enten, Gänse, Puten, Lamm, Kaninchen, Reh- und Hasenrücken – und Karpfen, Schleie und Forellen aus den Schlossteichen.

Sie verantwortet – mit Ansprachen – eine lange Reihe von Erntedankfesten und Ernteschlussfesten, Weihnachtsbescherungen der Angestellten und Gutsleute, deren Dienstjubiläen und Hochzeiten, dazu Beerdigungen und Trauerfeiern ohne Zahl – und Dorffeste aller Art, deren Mittelpunkt und Schauplatz die Schlösser und Parks sind.

Und auch die Produkte der Brennerei verantwortet sie. «Wir probierten den durch den zur Probe dort stehenden kleinen Alterungsapparat gelaufenen Harbarnser. Dann noch Kümmel und Boonekamp. Nachher sah ich Küken und Enten doppelt!!»

Da ist drittens die evangelische Christin und Kirchenpatronin Jutta von Cramm.

Es sind Jahrzehnte voller Kirchenvorstandssitzungen, Pastoren-Auswahlverfahren in ihren Patronaten über lange Reihen von Probepredigten und die Teilnahme an den Prüfungen der Konfirmanden Jahr für Jahr. Dazu – ebenfalls schon in den 30er Jahren – die leitende Arbeit für das Rote Kreuz und die Evangelische Frauenhilfe, beides mit mehreren Terminen in der Woche, Ende der 50er Jahre kommen Sitzungen vom Ausschuss des Müttergenesungswerks im Bodenburger Esszimmer hinzu.

Sie hält in der Frauenhilfe geistliche Vorträge, etwa 1941 über Martin Luther, später, 1958, nur ein Beispiel: «Miteinander leben heißt miteinander reden». Sie führt Korrespondenzen zur Auslegung von Bibel-Versen und hält Bibelarbeiten oder nimmt unter der Leitung charismatischer Kirchenmänner an Bibelarbeiten teil. Hans Graf Lehndorff, der auch Gottfried nahestand, wird so ein geistlicher Freund, in Bodenburg und später in Bad Godesberg, wo er als Chirurg am Johanniter-Krankenhaus arbeitet und dort auch Abendandachten hält.

Sie hört «gepackt» Vorträge und Predigten von Friedrich von Bodelschwingh, Martin Niemöller, Otto Dibelius in Berlin, auch vom Hannoveraner Bischof Hanns Lilje oder von dem großen evangelischen Theologen Helmut Gollwitzer. Sie wirft sich in die Kirchentage und besucht Tagungen an der Evangelischen Akademie in Loccum, im April 1957 eine über «Antisemitismus und deutsche Geschichte», mit einer Vorführung des Konzentrationslager-Dokumentarfilms «Nacht und Nebel» von Alain Resnais von 1956, der die Deutschen aufwühlte und zu bitteren Debatten in Deutschland und zwischen Deutschland und Frankreich führte. Jutta von Cramm war «erschüttert».

Und sie bewertet – wieder als Kirchenpatronin – jeden Sonntag im Tagebuch ihre Pastoren. «Sehr gute Predigt», «sehr schlechte Predigt», «mäßige Predigt», «sehr mäßige Predigt», «leidliche Predigt», «ziemlich trostlose Predigt», «Predigt sehr schön, teils etwas verworren», «gute Predigt, aber zu lang». Sie beschwert sich im Krieg bei der Kirchenleitung über «Führer»-Anbiederung im Gottesdienst – wir kommen darauf zurück. Und sie mahnt ihre Organisten wegen fortgesetzt «zu schnellen Orgelspiels» und nimmt auch ihre Pastoren montags ins Gebet, wenn sie sonntags etwas Unpassendes gesagt haben – «er sah seinen Fehler ein, hoffentlich bessert er sich nun».

Da ist viertens die kultivierte und zeitlebens bildungsoffene Jutta von Cramm.

Sie spielt Klavier an den Abenden, auch mit anderen musizierenden Familienmitgliedern, und gelegentlich die Orgel in den Sonntagsgottesdiensten.

Schon mit ihrem Mann, dann stets auch allein, geht sie

ins Theater, in die Oper oder ins Kino, wo immer sie ist – und auch von Bodenburg aus nach Hildesheim, Hannover oder Göttingen, und notiert knapp im Tagebuch ihre Eindrücke. Über Filme im Kino, schon vor, aber vor allem nach dem Krieg: «Krieg und Frieden», «Vom Winde verweht», «Moby Dick», «Wunder der Prärie», «Felix Krull», «Die Brücke am Kwai», «Zeugin der Anklage», «Schuld und Sühne», eine Woche nach der Uraufführung «Das Mädchen Rosemarie» («mieses Niveau»), «Die Brüder Karamasow», «Arsen und Spitzenhäubchen» – und im August 1961 «la dolce vita. Schrecklicher Film!» Drei Tage später aber Viscontis «Rocco und seine Brüder»: «fabelhaft».

Im Theater in Hildesheim und Hannover sieht sie viel George Bernard Shaw, Shakespeare, Tennessee Williams' «Glasmenagerie», Brecht, Arthur Millers «Alle meine Söhne», Goldonis «Diener zweier Herren», Molières «Menschenfeind» «mit Quadflieg» – und für Tilla Durieux in «Philemon und Baucis» (1955, von Leopold Ahlsen) fährt sie 1957 sogar zweimal in die Landesbühne Hannover.

Zu Hause in den Schlössern geht in den 30er Jahren jeder Tag über den nachmittäglichen «Tee» bis zum abendlichen Bridge und «Mensch ärgere Dich nicht», auch «Ping Pong», oft «Furtwängler im Radio», Matthäuspassion, Walküre 1. Akt, Lohengrin letzter Akt aus Bayreuth, auch Filme werden schon gesehen, auf einem Filmprojektor. Und es werden, hier im Januar 1938, auch Filme gedreht: «Nachmittags machen wir Rotkäppchen-Film» für die Enkel. Jutta von Cramm las die *London Times* – mehrfach erwähnt sie beeindruckende Artikel und notiert, sie übersetze aus ihr. Immer wieder spielt man «Scharade», offenbar kleine theatralische Konstellationen mit kurz-

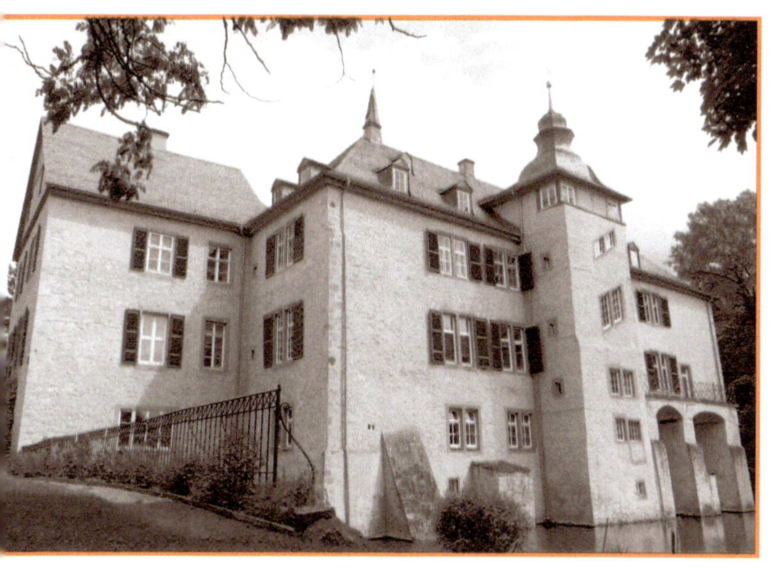

Bodenburg, rechts der «Balkon», wie sie ihn nannte, auf dem Jutta von Cramm fast 70 Jahre lang laue Abende und Nächte verbracht hat

fristig zugeteilten Rollen, unter Beteiligung der gesamten Familie.

Sie genießt über Jahrzehnte im Mai bei Erdbeerbowle auf dem Bodenburger «Balkon» und auf der Park-Terrasse in Brüggen Mondschein, Fliederduft und Nachtigallen, schwimmt in Burggräben und Teichen ihrer Schlösser und fährt im Winter auf ihnen Schlittschuh.

Und sie sieht in Bodenburg fern – und ist auch dabei Gutsherrin. «Abends im Fernsehen ganz guter Film, Kleider machen Leute. Käutner-Film mit Heinz Rühmann. Hausleute sahen auch zu.» Ab dieser Zeit, 1957, geht es nach dem Sonntagsgottesdienst nicht ohne den «Internationalen Frühschoppen». Sie sieht auch immer wieder Übertragungen von Debatten aus dem Deutschen Bundestag und lacht regelmäßig über Dieter Hildebrandt in der «Münchner Lach- und Schießgesellschaft». Aber bei den Beatles ist Schluss – Anfang Juli 1964 im Fernsehen: «enttäuschende Beatels». Und zwei Jahrzehnte vor Loriots berühmtem Sketch von 1977 (*Evelyn Hamann: «Oder früh ins Bett gehen!» Er: «Ich gehe nach den Spätnachrichten der Tagesschau ins Bett.» Sie: «Aber der Fernseher ist doch kaputt!»*) notiert sie: «Früher Bettgang, da Fernseher kaputt.»

Und da ist schließlich, und sehr oft schmerzlich, die Witwe und Mutter von sieben Söhnen.

Gottfrieds Spiele verfolgt Jutta von Cramm am Radio in ihren Schlössern, über oft schlechte Übertragungen «mit vielen Nebengeräuschen», und im Kino in der Wochenschau, in Zusammenschnitten, die sie «zu kurz» findet.

Und sie fliegt für Wimbledon 1936 von Hannover nach London, schreibt vorher ein Testament, wie es scheint ihr erster Flug, mit Zwischenstopp in Amsterdam, Weiterflug mit einem holländischen Flugzeug und Notlandung in Rotterdam wegen Gewitters über dem Ärmelkanal. «Ich habe den Platz an der Tür, dort hat man dauernd gute Sicht und frischen Luftzug. Ich merke nichts Unangenehmes beim Aufsteigen und Fliegen, finde es wunderschön.»

Wie sie dann für Gottfried kämpft: 1938, in der Haft, und danach, weiter in Ungnade, das zeichnen wir später nach. Als sie am 19. und 20. März 1940 allein in einem Berliner Lazarett am Bett ihres an Lungenentzündung sterbenden Sohnes Adalbert sitzt, bis zu dessen letztem Ausatmen, versucht sie zugleich seit zwei Wochen in Hildesheim und in Berlin ihrem von der Gestapo eingesperrten Sohn Aschwin zu helfen. Aschwin war am 5. März wegen (von ihm im Verhör zugegebener) «staatsfeindlicher Äußerungen» aufgrund der Denunziation eines Angestellten verhaftet worden. Eine bewusste und perfide Doppelung der Gestapo? Auf den Tag genau zwei Jahre zuvor war Gottfried in Brüggen abgeholt worden. Stunden nach Adalberts Tod, den Jutta der Gestapo mitteilen ließ, wird Aschwin freigelassen.

Sie sitzt nicht nur an den Todestagen ihres Mannes und Adalberts lange an den Gräbern im Schlosspark Oelber, «in wehmütiger Erinnerung». Einmal, 1938, am zweiten Todestag, kreuzt Flieger Siegfried «tief über dem Grab» seines Vaters, während sie dort sitzt: «Es war wehmütig schön.» Sie erträgt über Jahre dann kaum die Gedanken an ihren seit Anfang 1942 in Russland vermissten Sohn Berno. Und sie vertraut doch auf Gottes unergründliche Wege und seine unendliche Liebe.

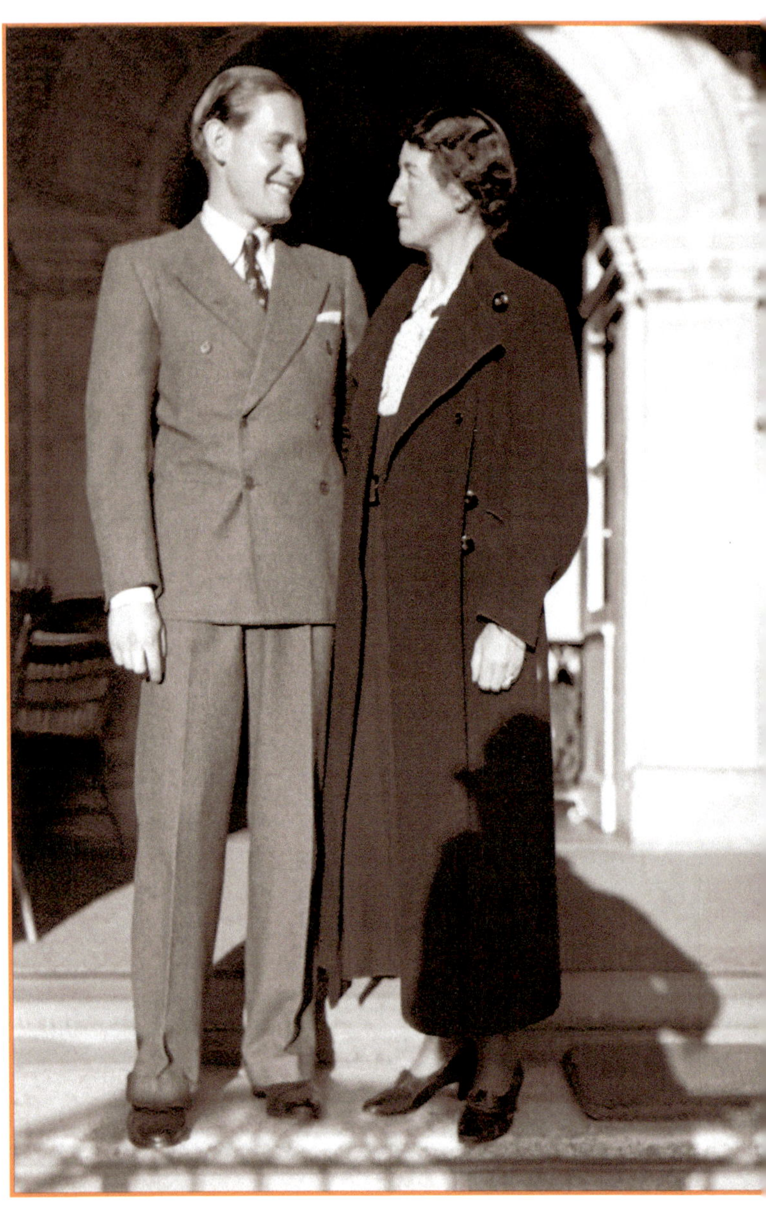

Mutter und Sohn

Der Krieg ist sehr nah, auch auf dem Land in Niedersachsen. Ständig fallen Männer und Söhne im sozialen Umfeld. Jutta von Cramm hat Angst um ihre eigenen Söhne – die sie 1943 auch nachts um 4 Uhr aus Russland in Bodenburg anrufen, um ihr zu sagen, dass es ihnen gutgehe. Gruppen von Verwundeten kommen zu Besuch in Oelber und werden bewirtet. Ab 1943 sind auch in diesem Raum um Hildesheim und Hannover nachts «ungezählte» alliierte Bomber am Himmel, im August 1944 fallen jede Nacht Bomben in der Umgebung der Schlösser. Auch das Gut Wispenstein wird getroffen – eine alte Angestellte ist verschüttet. Im Februar 1943 muss Jutta von Cramm ihrem Schlachter mitteilen, dass sein Sohn gefallen ist.

Sie holt 1944 den an Bein und Fuß schwer verwundeten Sohn Burghard in ihrer Rot-Kreuz-Tracht aus einem Lazarett in Ahlen bei Hamm nach Hause, in ein Lazarett in der Nähe. «Ein Harbarnser Fläschchen» Schnaps hilft dabei. Sie nimmt einen Angestellten mit und lässt Burghard auf einer Trage in den Zug nach Bodenburg bringen. Noch jahrelang leidet Burghard, und mit ihm fühlend die Mutter, unter herauseiternden Granatsplittern und Folge-Operationen.

Sie bringt tatsächlich im Januar 1943 zusammen mit Gottfried dringend benötigte Medikamente für Siegfried nach Königsberg, wo der tollkühne Flieger-Offizier stationiert ist, der zweimal abgeschossen wird und noch eben landen kann. Siegfried hatte sie per Telegramm erbeten.

Und sie sorgt sich um die Ehen und um die oft nicht gute Gesundheit und Gestimmtheit der verbliebenen fünf Söhne. Sie muss später, 1966, kurz nacheinander die Unfalltode zweier geliebter Schwiegertöchter verkraften. Und im

August 1962 – Jutta von Cramm hatte über Jahre ihre Sorgen wegen der Depressionen des Sohnes notiert – nimmt sich Aschwin das Leben. Die Christin Jutta von Cramm schafft es, am Tag danach ins Tagebuch zu schreiben: «Gott hat ihn in seiner Barmherzigkeit angenommen und seiner Seele den Frieden gegeben, dessen er so sehr bedurfte. Ich bin so dankbar dafür.» Und am Todestag ein Jahr später: «Sein Wille geschehe, deshalb sollen wir auch nicht so traurig sein.»

Erziehung – evangelisch, englisch, sportlich

Wilhelm Ernst von Cramm schrieb zwar in seinem Erinnerungsfragment, die Eltern hätten die Söhne kaum erzogen – denn sie hatten «zu viel zu tun, sei es mit der Verwaltung des Besitzes oder mit Ehrenposten». Und doch: Die Eltern in Brüggen, Bodenburg und Oelber scheinen das Aufrechte, Gefasste und Menschenfreundliche gelebt und vermittelt zu haben, das Gottfried von Cramm auszeichnen wird – und gerade auch die religiöse Grundierung von alldem.

Gott, Bibel, Kirchgang und Abendmahl werden Cramm lebenslang Halt sein. Sein Freund Wolfgang Hofer hat das nach Cramms Tod berichtet. Wir sehen es in Cramms Briefen aus der Haft und lesen es überall in Jutta von Cramms Tagebüchern. Cramm nimmt in Bodenburg an diesem evangelischen Leben jederzeit teil. Jörg von Morgen erinnert sich an die Choralfestigkeit und die sichere Singstimme Gottfrieds.

Auch Cramms oft gerühmte Bescheidenheit war Ergebnis einer genau dahin zielenden Erziehung. Cramm stellte sich stets vor als «Gottfried Cramm», erzählte Donald Budge. Auch bei der ersten Begegnung der beiden in Wimbledon 1935 habe er das getan – als habe er, Budge, keine Ahnung gehabt, wen er da vor sich habe. Da war Budge 19 Jahre alt und Cramm schon weltberühmt. Wer immer ihm begegnete, berichtete von seinen vollendeten Umgangsformen und von seiner ausgesuchten Zurückhaltung. Jutta von Cramm bemerkt in einem undatierten, wohl 1948 geschriebenen Brief an ihren Sohn einmal ganz nebenbei, als sie Anlass hat, jemanden «egozentrisch» zu nennen: «Du bist das gar nicht, Du kreist nicht um Dich, sondern um andere, und bist innerlich so bescheiden.»

Neben den Eltern konnte wohl vor allem eine Person sich zugutehalten, diesen Mann mit erzogen zu haben: das «Fräulein Marggraff». Vor ihrem kriegsbedingten Wechsel 1914 zu den Cramms mit den sieben Söhnen war sie Sprachenlehrerin des späteren englischen Königs Edward VIII., jenes Edwards, der dann 1936 wegen seines Heiratswunsches mit der zweifach geschiedenen Amerikanerin Wallis Simpson abdankte. Das Fräulein Marggraff war zuvor auch Sprachenlehrerin am spanischen Hof gewesen. Bei den Cramms war sie für den Benimm und für Englisch und Französisch zuständig. Von ihr kamen das perfekte Englisch und der Gentleman-Auftritt aller sieben Brüder. «Wenn wir ‹english tea› hatten, durfte nur englisch gesprochen werden.»

Aber das Englische kam auch vom Vater. Burghard von Cramm hatte in Oxford um 1900 Jura studiert. Aus der Zeit müssen die Beziehungen nach England stammen, auf die auch Gottfried von Cramm immer wieder zurückgreifen wird. So war die Familie von Cramm mit den schillernden und wohlhabenden Astors befreundet. Waldorf Astor war erst konservativer Unterhausabgeordneter, dann Peer im Oberhaus, Nancy Astor 1919 für die Konservativen das erste weibliche Parlamentsmitglied des Vereinigten Königreichs. Sie warb für das allgemeine Frauenwahlrecht –

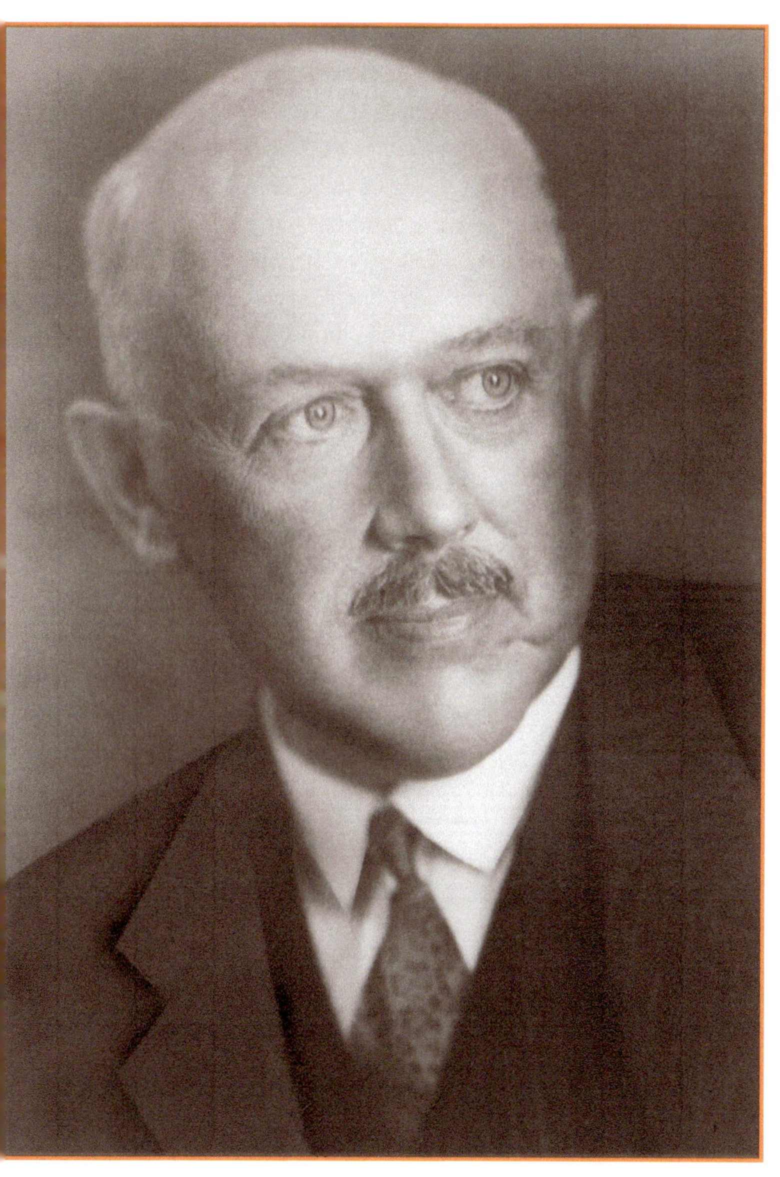

Burghard von Cramm

nicht nur, wie seit 1918 geltend, für Frauen über 30 Jahre – und für die Gleichstellung der Frau im Staatsdienst. Erst 1945 schied sie mit 66 Jahren aus dem Unterhaus aus.

In Burghard von Cramms Aufzeichnungen, später in Jutta von Cramms Tagebuch und in Gottfrieds Briefen tauchen die Astors von den 20er Jahren bis in die 50er Jahre immer wieder auf. Man wohnt bei ihnen, in London und auf dem prachtvollen Familiensitz in Cliveden, man teilt das gesellschaftliche Leben mit ihnen dort – ein glänzendes gesellschaftliches Leben: Auch Churchill, Chaplin, Roosevelt und Henry James waren in Cliveden. Als Jutta von Cramm im Juni und Juli 1936 im Stadthaus der Astors am St. James's Square wohnt, um von dort mit ihnen Gottfrieds Wimbledon-Spiele zu sehen, hat Nancy Astor George Bernard Shaw zu Besuch, dessen Stücke Jutta über Jahrzehnte auf den deutschen Bühnen sah. Gottfried selbst hatte in den 30er Jahren am St. James's Square ein sozusagen eigenes Zimmer: Ein anderer Gast dieser Zeit notierte 1937, er habe bei Astors «in Gottfried von Cramms Zimmer» übernachtet.

Und als Jutta von Cramm Ende September 1938 nach dem Münchner Abkommen erleichtert mit ihren Söhnen den – trügerischen – Frieden feiert, notiert sie im Tagebuch: «Schreibe an Nancy ‹my admiration for Chamberlain›.» An Gottfried in der Haft in Moabit berichtet sie genauer – vielleicht auch, um mögliche staatliche Mitleser auf ihre sehr guten Beziehungen hinzuweisen –, sie habe Nancy Astor gebeten, «meine ‹deepest admiration and gratitude› Neville Chamberlain zu übermitteln».

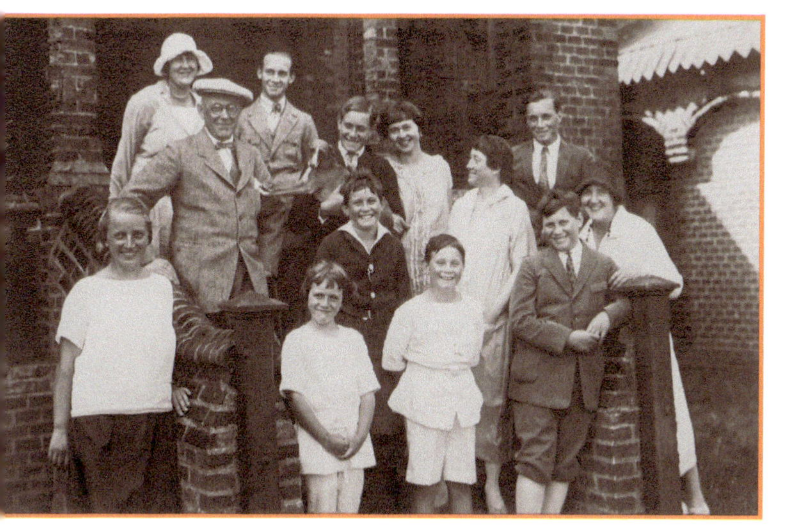

Familienurlaub auf Norderney, Gottfried mit Hund, im Profil: Jutta

Burghard von Cramm war der Meinung, in der wärmeren Jahreshälfte sollten seine Söhne sich vor allem an der Luft bewegen und den Körper ausarbeiten, die Wintermonate seien für die geistige Arbeit. Das sollten seine Söhne in seinem Namen den Hauslehrern sagen, schrieb er am 5. Mai 1925 aus Bad Kissingen. Auch das hatte er aus England mitgebracht. Eine Sportbegeisterung, gerade für Ballsportarten, für Tennis (er hatte Spiele in Wimbledon gesehen), natürlich fürs Rudern – alles unter dem Zeichen mehr von Kultur und Eleganz als von freudlos nationalem Schwitzen.

Das fand man vor 1914 nicht in Deutschland. In Deutschland turnte man – «Turnen» hieß das Fach. Tennis etwa wurde in Deutschland erst zunehmend populär mit den Erfolgen von Otto Froitzheim, den Brüdern Robert und Heinrich Kleinschroth und wenigen anderen – kurz vor dem Ersten Weltkrieg und dann wieder mit starkem Aufschwung seit Mitte der 20er Jahre.

Sport prägte die Jugend der sieben Brüder. Auch Fußball: Die örtliche Mannschaft bestand aus den sieben Brüdern Cramm und vier Jungen aus dem Dorf. Natürlich waren Reiten und Pferde Alltag. Von den Pferden im Stall Oelber haben wir Jutta schon sprechen hören. Vater Burghard war Präsident des Hannoverschen Rennvereins. Gottfrieds jüngster Bruder Wilhelm Ernst wurde ein gefeierter Springreiter, unter anderem 1952 Sieger im «Großen Preis von Deutschland».

Und die Art, wie Cramm dann Weltklassetennis spielte, gerade in Wimbledon, hatte wohl doch etwas mit seiner Herkunft, mit der Erziehung, mit dem Vater zu tun. In einem der wenigen erhaltenen (oder geschriebenen) Briefe an seinen Vater, am 14. Februar 1931 vom Skifahren aus Arosa, kommt Gottfried auf zwei Ereignisse zu sprechen, die in jenen Wochen Sportnachrichten waren: «Sportlich benehmen wir uns einmal wieder unmöglich, neben dem Krawall im Berliner Sportpalast macht Schmeling in Amerika lauter Unsinn. Es ist trostlos. Ich sehe ein, ich muss wieder ernstlich zum Schläger greifen. Wahrscheinlich wird es nicht viel Eindruck auf das Ausland machen!»

Max Schmeling wurde in diesen Monaten in Deutschland tatsächlich eher kritisiert als verehrt. Er habe den Weltmeistertitel gegen Jack Sharkey im Juni 1930 zu Unrecht erhalten, nur wegen jenes unerlaubten Tiefschlags Sharkeys, der bis dahin klar vorn gelegen hatte. Im Sportpalast wurde Schmeling deswegen ausgepfiffen.

Cramms Bemerkungen in diesem Brief klingen, als wenn er mit seinem Vater eine Art Pakt geschlossen hätte, dass er vor allem die Art und Weise, Sportler zu sein, in Deutschland, und als Deutscher für die Welt, mustergültig vorführen solle und wolle. Selten ist eine Vermutung gründlicher widerlegt worden als dieser letzte Ausrufe-Satz Cramms in dem Brief – und selten ist ein Vorsatz glänzender erfüllt worden. In seinem Nachruf auf Cramm wird Donald Budge ihn «the finest sportsman of all time in any sport» nennen.

Schlösser, Parks und Tennisplätze: Die «Welt von gestern» in den 20er Jahren

1918, im November, begehrt ein revolutionärer Arbeiter- und Soldatenrat Einlass ins Schloss Brüggen, um Gold und Waffen zu fordern, zieht aber unverrichteter Dinge wieder ab, weil Vater Burghard erklärt, beides nicht im Schloss zu haben. Die wieder Davonziehenden bittet Burghard noch: «Bitte, nehmen Sie sich in Acht, wenn Sie jetzt beim Rausgehen durch den Saal gehen, dass Sie ihn nicht zu schmutzig machen, denn meine Diener müssen ja diesen ganzen Schmutz wieder sauber machen, und das tun die nicht gern.» Die Revolutionäre waren daraufhin sehr vorsichtig.

Die von Erne von Cramm erzählte Szene ist eine wunderbare Parallele zu Thomas Manns «Buddenbrooks», als die Lübecker «Revolutionäre» der 1848er-Zeit vor dem Bürgerschaftshaus von Konsul Thomas Buddenbrook so herrlich heruntergekühlt werden. «Je, Herr Kunsel, ick seg man bloß: wie wull nu 'ne Republike», antwortet der Anführer auf Buddenbrooks Frage, was sie denn wollten. Buddenbrook darauf: «Öwer du Döskopp ... Ji *heww* ja schon een!» – «Ihr habt ja schon eine!» Und: «Ick glöw, dat is nu dat beste, wenn ihr alle naa Hus gaht!» Und den irgendwie erleichtert aus der Revolution Entlassenen ruft er noch eine Anweisung, eine zu sendende Kutsche betreffend, nach, die gleich mit «Jewoll, Herr Kunsel» beantwortet wird.

Das mag eine ähnliche Atmosphäre gewesen sein in Brüggen, angesichts des in der Gegend – wie im Stadtstaat Lübeck der künftige Senator – hochangesehenen Burghard von Cramm. Vielleicht hat Erne diese Szene bei Thomas Mann gekannt – oder es ist ein gleicher Humor der Herren, ob Hanse-Senatoren oder Niedersachsen-Barone.

Die Welt der Cramms blieb über den Krieg hinaus ziemlich intakt.

Vater Burghard hatte schon vor dem Krieg einen roten Asche-Tennisplatz, mit Übungswand, in seinen Park in Brüggen bauen lassen, nach dem Krieg dann auch in Bodenburg und Oelber, den Sommersitzen der Familie, in die man «mit Mann und Ross und Wagen, Dienern, Kindermädchen, Hausmädchen» (Erne) umzog. In Bodenburg und Oelber sind die Tennisplätze noch heute da.

Es war eine großartige Szenerie in Oelber, dem Haupt-Schloss der Cramms seit dem 16. Jahrhundert: eine Rund-Burg, in der im Dreißigjährigen Krieg einmal der kaiserliche oberste Heerführer Tilly residierte und die in jenem Film mit Liselotte Pulver im Sommer 1960 zum «Spukschloss im Spessart» wurde – Liselotte Pulver war während der Dreharbeiten dann auch zum Essen in Bodenburg.

Eine atemberaubend schöne Anlage bis heute, frei und hell in einem sanften, nicht zu großen Tal liegend, ansteigend zu beiden Seiten des sich lang dahinstreckenden Parks, eines lichten Parks mit abfallenden Wiesen- und Rasenhängen zum Schloss hin. Der Tennisplatz schon leicht erhöht über dem Schloss, noch darüber, am Feldrand, die

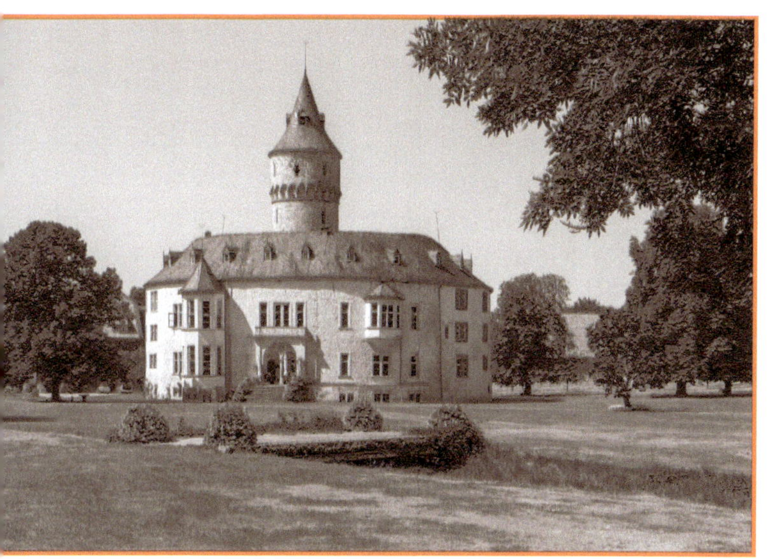

Oelber

Familienkapelle und Grablege der Cramms, mit den Gräbern der Eltern und von fünf der sieben Söhne, schlichte Einfassungen und graue, schlichte Steine mit den Namen und mit Efeu, in einem Wiesenstück mit Blick hoch über die Felder zum Wald und hinunter zum Schloss.

Es fällt leicht, sich diese Tennissituation im Sommer-Aufenthalt der Cramms auszumalen, das Spielen in dieser Landschaft und danach oder dazwischen den Hang hinunter zum Teeplatz auf dem Rasen vorm Schloss oder zum Cocktail auf der sich aus dem Schloss öffnenden Steinterrasse, die die Szenerie großartig überblickt. Auf dem Tennisplatz, um den sich die Sommergäste sammeln wie um die Plätze in den Parks von Brüggen und Bodenburg, trainiert Gottfried, seit er zehn ist.

Mit dreizehn beschließt er gegenüber dem Fräulein Marggraff – nach anderer Überlieferung gegenüber Familienfreunden –, der beste Tennisspieler der Welt zu werden. In Brüggen, Bodenburg und Oelber kann er täglich daran arbeiten. Und das tut er. Unermüdlich trainiert der Junge Aufschlag an einer Steinwand. Cramm hat erzählt, weil der Ball so oft so präzise auf dieselbe Stelle der Wand traf, habe sich dort mit der Zeit eine Höhlung im Putz gebildet. Cramm verfügt später über einen der sichersten Aufschläge seiner Zeit. Und das, obwohl dem elfjährigen Gottfried sein Pferd das obere Zeigefingerglied an der rechten Schlaghand abbeißt. Cramm spielt deshalb zeitlebens mit einem extra schlanken Schlägergriff.

Auch die anderen Brüder spielen Tennis. Sechs auf einmal springen aus dem «Horch», den der Chauffeur der Familie vor das Hannoveraner Clubgelände steuert, wo Gottfried seit 1924 Mitglied ist. Die Turnier-Organisatoren verlieren den Überblick über die jungen Barone von Cramm. – Noch am 24. Juli 1935 melden die *Hamburger Nachrichten*, bei den beginnenden nationalen Tennismeisterschaften in Braunschweig befänden sich unter den 43 gemeldeten Spielern nicht weniger als fünf Brüder von Cramm.

Es war eine elegante, sportliche, unbeschwerte Jugendzeit Cramms in diesen 20er Jahren, auf den eigenen Gütern – und auch im Schloss der nahelebenden befreundeten Familie von Dobeneck, in Burgdorf, nur wenige Kilometer von Oelber entfernt, auch dort mit zwei Tennisplätzen. Bis 1910 hatte auch in Burgdorf ein Cramm gelebt, bevor Robert von Dobeneck das Gut kaufte.

«Alles war in Burgdorf erlaubt und auch möglich. Es gab außerdem im Garten einen Golfplatz, im Teich Krebse, im Pferdestall Reitpferde und Kutschpferde, viele Autos [und Motorräder], viele Bäder im Haus und dementsprechend auch viele Fremdenzimmer, viel Personal, einen Koch. Die Cocktails waren zu stark, der Salat zu stark angemacht, die Erdbeerbowle fast zu kalt, die Witze am Rande, sodass vielen Gästen unter der immer noch gestärkten Hemdbrust des Smokings der Schweiß runterlief.»

Und es gab dort die Tochter des Hauses, Baroness Elisabeth «Lisa» von Dobeneck, geboren am 5. Januar 1912, eine der schönen, modernen, sportlichen, androgynen Frauen mit Kurzhaar-Frisur und in Hosen, die Marianne Breslauer, im Freundeskreis des Paares, später, nach 1930, in Berlin porträtiert. Großvater von Lisa war der Kölner Bankier Louis Hagen, Bankhäuser Levy und Sal. Oppenheim, ein Freund Konrad Adenauers, der 1932 die Trauerrede auf Hagen hielt. «Louis Hagen war wohl der letzte deutsche

Lebemann ganz großen Stils», schrieb eine Freundin in ihrem Nachruf in jenem Jahr. Hagen war katholisch geworden und Abgeordneter erst der Liberalen, dann der Zentrumspartei im Kölner Stadtparlament. Seine Tochter Maria, Lisas Mutter, hatte er in die Familie der Freiherrn von Dobeneck verheiratet; seine zweite Tochter Elisabeth in die Familie der Freiherrn von Wrede.

Etwas von Selbstbewusstsein, Klasse und Geschmack der Hagen-Dobenecks, vielleicht auch Lisas selbst, leuchtet aus dem persönlichen Wappen der 17-jährigen Baroness auf ihrem blauen Schloss-Burgdorf-Briefpapier. Alle Männer lagen der Baroness Lisa zu Füßen, notierte Gottfrieds Bruder Erne. 1927, mit 15, war Lisa schon Titeldame der *Eleganten Welt*, einer der führenden deutschen Modezeitschriften mit Sitz in Berlin.

Man konnte schon auf die Idee kommen, über ihr «Knabengesicht» zu sprechen – musste sich dann aber selbst ins Wort fallen wie Wilhelm Speyer im gleichen Jahr 1927 in seinem Berlin-Roman «Charlott etwas verrückt», als er über Charlotts «Knabengesicht» bemerkt: «Freilich war das ein Gesicht, wie es die Knaben auf dieser Erde gar nicht haben, sondern eben nur die Frauen unserer Tage.»

Zwischen Lisa und Gottfried entwickelte sich eine Liebe. Im Sommer 1929 in Burgdorf wurde die Beziehung immer enger. Lisa machte aber auch eine ausnehmend gute Figur. Es gab kaum eine Sportart, in der sie nicht glänzte – Tennis, Ski, Hockey, Reiten, Schwimmen, Akrobatik (man bewunderte ihre Flickflacks) und Tanzen. Sie tanzte, so Erne, mit Gottfried «hervorragend», «so gewisse akrobatische Tänze», dabei Gottfried «in seinem Frack von Knize». Knize war in und seit den 20er Jahren eine der ersten

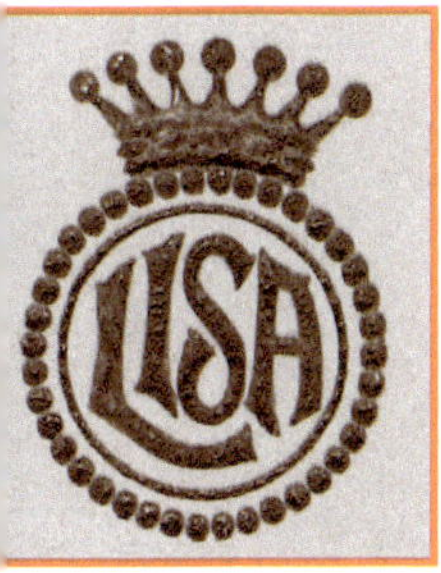

Lisas Wappen

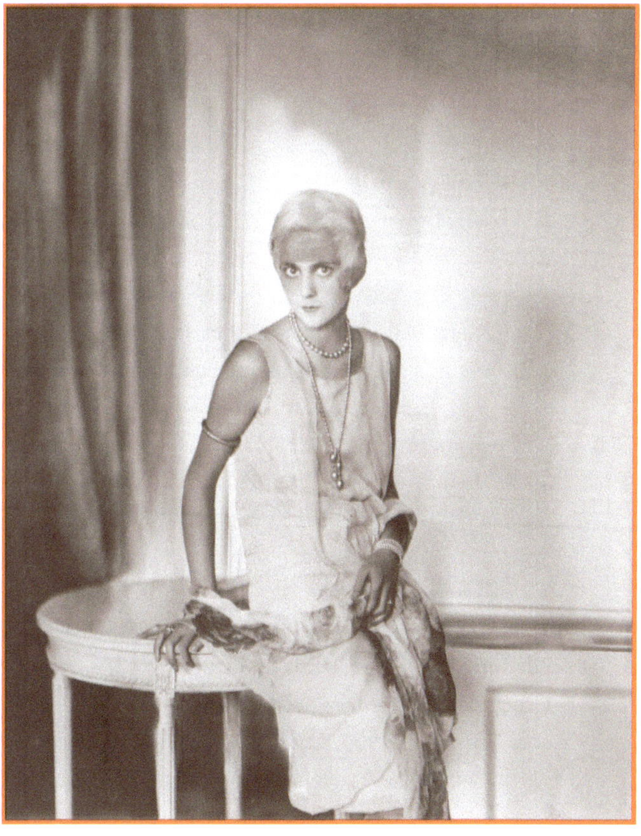

Das Foto zum Titelblatt der *Eleganten Welt*, 1927

Adressen der Modewelt. Das Berliner Geschäft des Wiener Haupthauses wurde 1924 in der Wilhelmstraße von Adolf Loos gestaltet, auch Marlene Dietrich ließ sich hier ihre Fracks schneidern.

Wie für Lisa war auch für Gottfried das Tanzen nicht biedere Pflicht und gesellschaftlich notgedrungen, sondern fiel unter seine «sports», die er sich auch auf Reisen, hier im Januar 1930 in St. Moritz, aus dem Palace Hotel brieflich an seine Eltern, mit Familie und Freunden einteilte: «Mit Lisa laufe ich Ski, mit Giulio [Julius von Schaesberg] Schlittschuh, mit Mutterchen [Maria von Dobeneck, die künftige Schwiegermutter, da 41 Jahre alt] werde ich Tennis spielen, mit Jürgen Ernst [Wedel] fahre ich Boblet [ja, Bob fuhr er auch] und mit Irene [von Schaesberg, Cousine Lisas] tanze ich.» Es war das «beginnende sportliche Zeitalter», wie Wilhelm Speyer 1927 in seiner «Charlott etwas verrückt» bemerkt.

Man kam auch in Burgdorf nicht zu Lesekreisen zusammen. Im Oktober 1929 meldet Lisa an Gottfried: «Heute sind Büdy und Adal [Gottfrieds Brüder Burghard und Adalbert] zum Mittagessen [wohl aus Oelber] hergeritten, haben dann hier Golf gespielt, und ich habe sie nach dem Tee bis Westerlinde begleitet. Jew [Jürgen Ernst Wedel] hatte sich geweigert mitzureiten, weil es in Strömen regnete.» Lisa machte das nichts. Auch in der Liebe hatte sie keine Sorge, zu ungerührt rüberzukommen: «Über Deine Liebe» – heißt es in diesem Oktoberbrief 1929 an Gottfried – «freue ich mich, und es scheint mir beinah so, als ob ich sie erwiderte.»

Eine wilde Person, die Lisa – mit einem regelmäßig ziemlich rotzigen Ton. Als die beiden die Verlobung

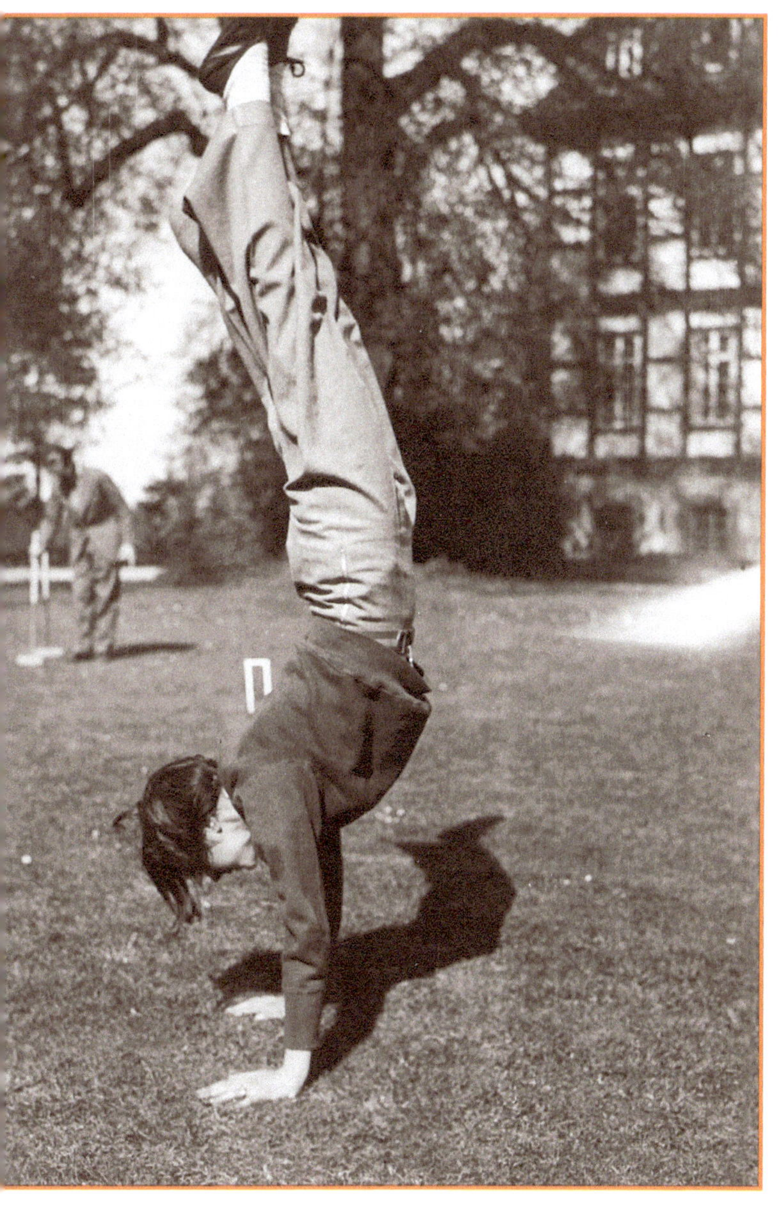

Lisa im Garten des Schlosses Burgdorf

besprechen, möchte Lisa, 17, sie so wenig «öffentlich» wie möglich haben – weil man sonst «von allen Leuten mit demselben Mist gelangweilt wird». An anderer Stelle in dieser Zeit wünscht sie Gottfried, dass er nach einigen «Abendpupsen» umso besser schlafen möge. Sie berichtet, ihr neuer Hund Petz laufe ihr schon auf Schritt und Tritt nach, und sie finde ihn reizend. «Sämtliche anderen bellt er an und versucht sie zu beißen, was ich selbstverständlich herrlich finde. Beim Essen habe ich ihn kräftig gefüttert, und er hat daraufhin sofort unter den Tisch gekotzt. Das hat aber niemand bemerkt.»

Im November 1929 schreibt sie Gottfried, sie habe mit ihrer Freundin eine Motorradtour gemacht. «Ich bin gleich hier am Haus hingefallen und habe mir beide Knie aufgeschlagen. Barbara ist vor der Zuckerfabrik in Osterlinde gestürzt. Hat aber nur ein Knie etwas aufgeschürft. In meine war Dreck gekommen, und sie taten gestern und heute etwas weh.» Im März 1930 meldet die 18-Jährige an Gottfried, der an der Riviera Turniere spielt: «Ich rauche übrigens fast gar nicht mehr. Nur 5 Zigaretten am Tag. Enorm, was?» Ebenfalls nach Monte Carlo schreibt sie ihrem Mann 1936 freimütig, sich «besoffen» zu haben und «recht aufgelöst um 4 nach Hause» gekommen zu sein.

Der Ton verliert sich nicht über die Jahrzehnte. Zu Weihnachten 1948 freut sie sich für Gottfried, dass er «wieder im eigenen gemütlichen Stübchen» in Bodenburg sitze, «nachdem Dein Arsch in den ekelhaften ausländischen Hotels wahrscheinlich Schwielen bekommen hat. In diesem Sinne fröhliche Weihnachten, alles Gute und vor allem Gesundheit. (Sauf nicht so viel zum Christfest!)»

Wenn es in Berlin Anfang der 30er mal nicht richtig

kracht beim Hockeytraining bei Rot-Weiß, berichtet sie Gottfried gelangweilt: «Wir haben nur so etwas gemurmelt, da zu wenige da waren, um ein Spiel zu machen.» Und Ende September 1935: Das Training sei «genau so blöde wie immer. Diese dummen Kühe kommen einfach nicht raus.»

Aber es krachte auch – wie im März 1936 an Gottfried: «Ich sehe momentan unbeschreiblich aus. Am Samstag hat mir Esther beim Hockey einen Ball ins Auge geschlagen. Es tut nicht weh. Nur hat es einen Bluterguss gegeben, und das Auge und seine Umgebung schillern in allen Farben. Die Leute drehen sich nach mir auf der Straße um. Natürlich hat es mich gestern bei dem Auswahlspiel etwas gestört, weil es noch geschwollen war.» – Von «Esther» werden wir noch mehr hören.

Die Verlobung zwischen Lisa und Gottfried wurde verkündet in Burgdorf in Anwesenheit beider Familien im Dezember 1929. Lisa war 17 Jahre alt, Gottfried 20.

Eine Verlobung, die einige emotionale Turbulenzen verursacht, die erst einmal zu glätten waren. Verliebt in Lisa war auch Bernhard zur Lippe-Biesterfeld («Bernilo»), der dann die niederländische Kronprinzessin heiratete. «Von Bernilo hatte ich einen sehr vernünftigen Brief, in dem er schreibt, dass er sich bestimmt nichts antun würde und wir Freunde bleiben wollten u.s.w. Du liest ihn ja, wenn Du wiederkommst.» Und war ein anderer in Gottfried verliebt? Nämlich Jürgen Ernst Wedel – dessen jüngerer Bruder Alfred 1927 Lisas ältere Schwester Victoria geheiratet hatte und der in dieser Zeit Ende dreißig war, knapp zwanzig Jahre älter als Gottfried von Cramm? «Jew ist nicht mehr böse auf Dich. Er hat mir auch in einem schwachen

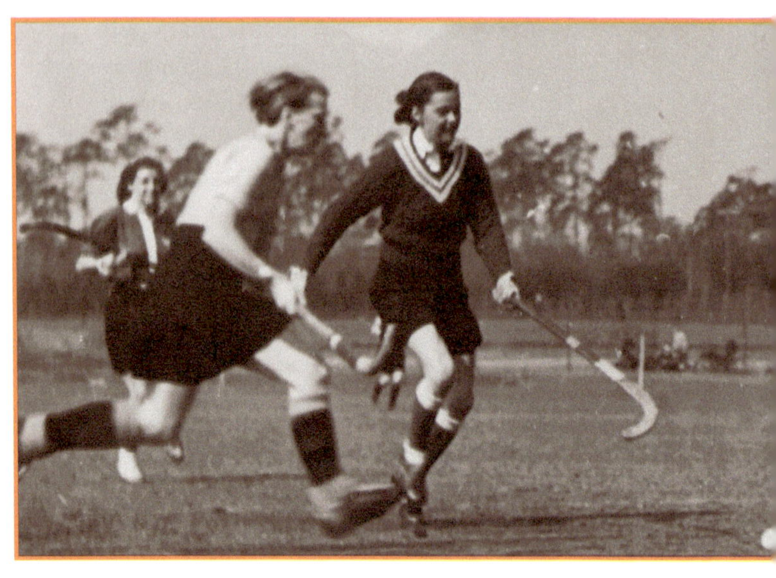

Rechts Lisa – *«Wir haben nur so etwas gemurmelt ...»*

Moment eingestanden, dass er Dich noch sehr, sehr gerne mag. Über Dein Bild vom Lido hat er beinah einen Schlaganfall bekommen. Er ist heute Abend extra noch mal hier reingekommen, um es zu besehen.» Das schreibt Lisa im Oktober 1929 dem in Venedig ein Turnier spielenden Gottfried aus Burgdorf: «Hier rein» – also in Lisas Zimmer kam Jürgen Ernst Wedel, um noch einmal das umwerfende Bild von Gottfried von Cramm am Strand anzusehen.

Schon im Sommer jenes Jahres befand Cramm sich auf einem längeren London-Aufenthalt mit Lisa und den Dobenecks. Er berichtet im Juli an Oma und Brüder in Oelber – auf dem Papier des Hotels Claridge's, auch «annexe to Buckingham Palace» genannt, in dem etwa Cary Grant stets residierte, noch nicht wissend, dass sie beide einmal dieselbe Frau heiraten würden.

Man habe Wimbledon sehr genossen! Cramm sah als Zuschauer ein französisch geprägtes Turnier und ein rein französisches Finale zwischen Henri Cochet und Jean Borotra, zwei der Musketiere, und er sah Weltklassespieler, die er schon acht Monate später an der Riviera schlagen sollte, wie den Ungarn Bela von Kehrling oder den weiteren Musketier Christian Boussus.

«Lisa und ich tanzen jeden Abend in einem anderen Lokal.» Und sie sehen «Wings» im Kino – den legendären amerikanischen Film, 1927 Premiere, 1929 bei den ersten Oscar-Verleihungen ausgezeichnet mit den Oscars für den Besten Film und für die technischen Effekte. Er kam 1927 in New York als Stummfilm und mit Orchester-

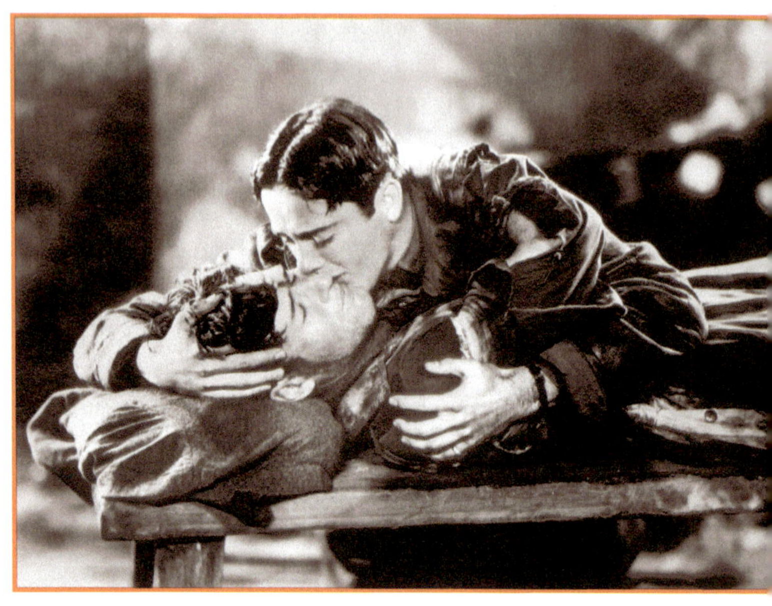

«Wings» (1927): Charles Rogers küsst Richard Arlen. Der erste Kuss zweier Männer in der Filmgeschichte

musik und Geräuscheffekten auf Lichttonspur heraus und gilt bis heute als einer der besten Fliegerfilme aller Zeiten. Gedreht mit ungeheurem Budget und mit über 300 beteiligten Piloten – diesen Pilotenaufwand unterschätzt Cramm im Brief ein wenig. Und vor allem: Der Film gilt als der erste der Filmgeschichte, in dem sich zwei Männer küssen – das erwähnt Cramm nicht, aber er wird die Szene als so hinreißend liebevoll empfunden haben, wie man sie noch heute empfindet. Es sind wirklich zwei umwerfend schöne Männer, die sich da küssen, kurz vor dem Tod des einen, schwer Verletzten.

Der Beginn seines knappen Filmberichts erinnert an die berühmte Tagebuchnotiz Franz Kafkas acht Jahre zuvor: «Im Kino gewesen. Geweint.» – «Es ist ein Fliegerfilm, entsetzlich aufregend und zum Weinen. Dauernd werden Flugzeuge abgeschossen, die Musik macht dazu einen solchen Krach mit kleinen Gewehren, dass man ganz verrückt wird. Übrigens sind die Aufnahmen mit einem lebendigen Piloten, der sich für entsetzlich viel Geld mit einem wirklichen Flugzeug, das immer gänzlich in Trümmer geht, abstürzen lässt, gegen ein Haus fliegt usw., gemacht worden.»

In Burgdorf seit der Mitte der 20er Jahre, dann auch in Oelber und Bodenburg lernt Gottfried von Cramm von den besten deutschen Spielern der Zeit – alle vom Club Rot-Weiß aus Berlin. Denn die gaben der Familie von Dobeneck, die sich das leistete, Tennisstunden und entdeckten dabei Cramms Talent. Er stand also als Jugendlicher auf vertrautem Fuße mit Otto Froitzheim, von 1905 bis 1928 bester Deutscher, in den 20er Jahren mit Leni Riefenstahl liiert – in Körperlichkeit, Mode und Athletik auch so eine Lisa von Dobeneck. Mit Roman Najuch, Trainerlegende bei Rot-Weiß. Und mit den Kleinschroth-Brüdern Robert und dem jüngeren Heinrich, der 1913 im Wimbledon-Doppel-Endspiel gestanden hatte und für Gottfried von Cramm Freund, Begleiter und Trainer wurde – noch auf der Welttournee zehn Jahre später, an deren Ende Gestapo und Gefängnis warteten.

Allerdings schrieb Heinrich Kleinschroth in jenem Frühjahr 1938 Cramm einen, man muss es so sagen, schrecklichen Brief in die Haft. «Die Karriere, die Dir vorschwebte – sie war außerdem niemals sicher, dass sie gelingen würde –, ist vielleicht zerschlagen. Bedenke aber, dass andere Zwischenfälle, z.B. Unfall oder Krankheit, sie ebenso hätten zerschlagen können, Du dann ganz andere Wege hättest einschlagen müssen, und alle diese anderen Wege und Möglichkeiten stehen Dir in Zukunft ebenso offen.» Was für ein herzloses, biederes, deprimierendes Gefasel! Vielleicht hatte Cramm auch diesen Brief im Kopf, als er seit dem Frühjahr 1939 – es allen zeigend – wieder von Sieg zu Sieg zu jenen wenigen Turnieren reiste, die sich dem Vorbestraften nicht verschlossen.

Froitzheim, Najuch, Robert und Heinrich Kleinschroth hatten kurz vor dem Ersten Weltkrieg Deutschland in den Kreis der führenden Tennisnationen gebracht. Als nach Krieg und folgender Sperre deutsche Spieler dann

1927 wieder zu internationalen Wettkämpfen zugelassen werden, Deutschland sich auch erstmals wieder am Davis-Cup beteiligen darf, ist Cramm in der besten Lage und im besten Alter, diesen Schwung, diesen Aufbruch zu nutzen.

Zunächst ließ sich der Glanz in Burgdorf aber noch steigern. 1928 bringt Otto Froitzheim zu den Dobenecks den damals berühmtesten und besten Tennisspieler der Welt mit, den Amerikaner «Big» Bill Tilden, der die 20er Jahre dominierte und noch 1930 Wimbledon gewann, bevor er 1931 Profi wurde und viel Geld mit Schaukämpfen verdiente. Tilden bringt in diesem Sommer 1928 Cramm die eigene offensive Topspin-Rückhand bei. Von dieser pädagogischen Begegnung berichtete noch zehn Jahre später aus Anlass von Cramms umjubelten USA-Auftritten die amerikanische Presse. Es gibt allerdings noch eine Version: Paula von Reznicek, die als Spielerin bei Rot-Weiß nah dran war, schreibt Cramms unwiderstehliche Angriffs-Rückhand dem Training mit Roman Najuch zu und zitiert den Berliner mit der (selbst)zufriedenen Bemerkung: «Wat sagt Ihr nu zum backhand von meinem Kleenen?» Beide Geschichten sind gut – und beide ja auch zusammen gut möglich.

Artur Graf Strachwitz, als Bruder des zweiten Ehemanns von Lisas Mutter Maria in den 30er Jahren oft in Burgdorf, erinnert sich sogar, dass dann später wegen Cramm dort auch René Lacoste und Jean Borotra gespielt haben.

Cramm will hier, 1928, nach seinem externen Abitur vor einem Prüfungskollegium in Hildesheim, ganz nach Berlin, zu Rot-Weiß. Er will trainieren und das Leben eines Tennisspielers führen. Die Eltern wollen eine Diplomatenkarriere für Gottfried und vorher ein Jurastudium. Beides beginnt nun in Berlin.

Berlin 1930 – das 20. Jahrhundert auf seinem frühen Zenit

Seit 1928 ist Cramm in Berlin für das Fach Jura eingeschrieben, widmet sich aber bald mehr und mehr dem Training im traditionsreichen Tennis-Club Rot-Weiß im Grunewald. 1931, nach seinen Turnier-Siegen in Athen, gab er das Studium ganz auf.

Diese Berliner Jahre seit 1928 waren, wie er später gesagt hat, die schönste Zeit seines Lebens.

Er lebt anfangs im Haus der Familie von Wedel in der Rauchstraße in Tiergarten (Alfred von Wedel, der Bruder von Gottfrieds Freund Jürgen Ernst, hatte gerade Lisas ältere Schwester Victoria geheiratet), seit Frühjahr 1929 in der «Pension von Saukken» am Reichstagsufer. Und er fährt gern mit seinem Opel Roadster die zweihundert Kilometer nach Brüggen oder Bodenburg oder Burgdorf, wo die 17-jährige Lisa ihn im Mai sehr vermisst und sich langweilt (und sich selbst «hysterisch und übergeschnappt» nennt): «Mit Dir ist es nun auch aus, da Du jetzt eine Berühmtheit bist und mich über kurz oder lang nicht mehr kennen wirst.»

Da hatte Lisa etwas vorgegriffen. Wie einige Hockey-Damen von Rot-Weiß, die – das überlieferte Roman Najuch – bei Cramms erstem Auftauchen auf dem Club-Gelände am Hundekehlesee bemerkten: «Wenn der ebenso gut Tennis spielt, wie er ausschaut, wird er Weltmeister.» Erst einmal verlor er in dieser Anfangszeit gegen Paula von Reznicek, die damals beste Frau im deutschen Tennis.

Aber die Blicke richteten sich von Anfang an auf den jungen Baron Gottfried von Cramm – und jede und jeder mochte dabei seine eigenen, ganz verschiedenen, aber immer starken Empfindungen haben. Cramms Schönheit spielt in zeitgenössischen Bemerkungen stets eine Hauptrolle, dazu sein flüssiges, elegantes, unangestrengtes Spiel, und danach wieder die vollendeten Umgangsformen, sein Tanzen, seine Handküsse. «Gottfried was the most fluent and best looking stroke maker I have seen in my fifty years of international tennis», der «bestaussehende Spieler mit den flüssigsten Bewegungen», legte sich später die australische Tennislegende Harry Hopman fest.

Am 1. September 1930 wurde Hochzeit in Burgdorf gefeiert. Nach den Flitterwochen, Venedig und Comer See, stieg Cramm in der deutschen Rangliste erst einmal ab.

In was für ein Berlin kommen Gottfried 1928, und Gottfried und Lisa dann Ende 1930 zu zweit, in ihrer Wohnung in der Dernburgstraße 35, 2. Stock, im Westend, Charlottenburg?

Die Weimarer Republik in Berlin war in der Krise, wirtschaftlich, mit Massenarbeitslosigkeit, politisch, mit antisemitischer Gewalt, mit kommunistischen und rechten Aufmärschen, mit einem von Nationalsozialisten, Kommunisten und Deutschnationalen blockierten Parlament. Aber daneben, und für Gottfried und Lisa von Cramm

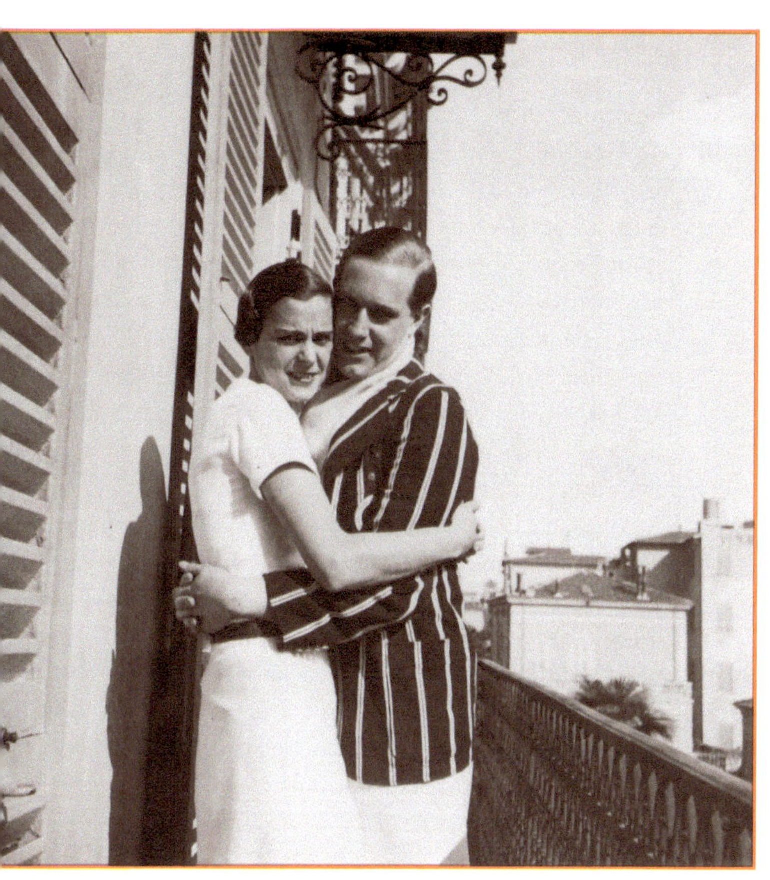

wohl vor allem, blieb es das elegante, gesellschaftlich prickelnde, ästhetisch überwältigende, sexuell freizügige Berlin der späten 20er Jahre.

Große Flaneure der Zeit, wie Franz Hessel, haben dieses Berlin der Freizeitsuperlative beschrieben. Zum Beispiel das «Haus Vaterland», diese vielstöckige Simulation europäischen kulinarischen und musikalischen Outdoorvergnügens. Irmgard Keuns «Kunstseidenes Mädchen» staunt in der Zeit: «Landschaften und fremde Länder und türkisch und Wien und Lauben von Wein und die kolossale Landschaft eines Rheines mit Naturschauspielen, denn sie machen einen Donner.» Und Blitze und Regen und Regenbogen auch!

Ein Berlin, so durchwandert es Hessel 1929, mit immer neuen riesigen Cafés für tausend Besucher, mit mehreren Stockwerken, in jedem Stockwerk andere Kapellen. Mit sogar durchaus erschwinglichem «Hummer und Kaviar und Artischockenherz». Mit dem großen Wellenbad im «Lunapark», Halensee, wo man bis tief in die Nacht im Wasser sein konnte. Curt Moreck stellt in seinem «Führer durch das lasterhafte Berlin» 1931 diese öffentlichen Nacht-Badeanstalten vor, wo man «bei magischer Beleuchtung sich im Wasser tummeln kann»; «Nutten-Aquarium» habe man dergleichen im Volksmund genannt: «Galerien mit Restaurationsbetrieb umrahmen [im Lunapark] das weite Bassin.»

Ein Berlin der Tanzflächen in Prachtlokalen mit Orchester, mit Tischtelefonen zur halb diskreten Kontaktaufnahme, mit Rohrpost-System mit Anschluss an jeden Tisch, für kleine Briefchen oder Geschenke, aber auch für Zigarettenbestellungen, mit hängenden Springbrunnen, auf Glasparkett, mit Wasser- und Lichtspielen in drehenden, farbenwechselnden Schalen. Irmgard Keun fängt im «Kunstseidenen Mädchen» das Berauschend-Verwirrende dieser Inszenierungen ein, hier – wie eben Franz Hessel – im «Resi», «Residenz-Casino», nahe der Jannowitzbrücke: «Das ist gar kein Lokal [...], das ist lauter Farbe und gedrehtes Licht, das ist ein betrunkener Bauch, der beleuchtet wird, es ist eine ganz enorme Kunst. So was gibt es nur in Berlin. Man denke sich alles rot und schillernd noch und noch und immer mehr und wahnsinnig raffiniert. Und Weintrauben leuchten, und auf Stangen sind große Terrinen, aber der Deckel wird von einem Zwischenraum getrennt – und es glitzert, und wasserartige Fontänen geben so ganz feinsinnige Strahlen.»

Neu die riesigen Warenhäuser mit Marmor, Spiegeln, Parkett, Lichthöfen, Wintergärten, Granitbänken, mit «Kunstausstellungen, die in Erfrischungsräume übergehen» (Hessel). Und die großen Modehäuser mit ihren Modenschauen, wo lächelnde Mannequins sich zu Livemusik kleiner Ensembles an gedeckten Tischen entlangschlängeln, an denen die Kundinnen sitzen.

Mode, sportliche Körper, junge Frauen, um 1910 geboren, erobern Ende der 20er Jahre Berlin mit ihrer neuen Leichtigkeit und Heiterkeit und ihrem Selbstbewusstsein, mit athletischen Schultern und herrlicher Haut, wie Hessel sah. Vielleicht war er auch der 1912 geborenen Lisa auf dem Kurfürstendamm begegnet. Curt Moreck schreibt 1931 über diese neuen Frauen auf dem Ku'damm: «Sie haben auf den Sportplätzen und in den Wassern der Havelseen ihre Muskeln gestählt, im durchsonnten Ufersand ihr Blut geglüht und ihre Lungen in den märkischen Kiefernwäldern gestärkt.» Die frühen 30er Jahre als die noch besseren, oder eigentlichen, 20er!

Man wisse heute zu wählen, so wieder Hessel, zwischen den unzähligen größeren und intimeren Feiermöglichkeiten des Nachmittags, des Abends und der Nacht. Die «neuen Berlinerinnen» wüssten, «wo die beste Band spielt, erfinden eine kluge Reihenfolge, um mehreres zu erledigen». Erstaunlich findet er, «wie viele Lokale und Menschen sie an einem Abend behandeln können, ohne zu ermüden». Gerade Film und Sport waren auf den Straßen allgegenwärtig. «Die großen Sportklubs schaffen eine neue Haltung» in diesem rastlos feiernden Berlin. Von Filmen wiederum ist in den Briefen Cramms – und in den Tagebüchern der Eltern, die mit ihrem Sohn in Berlin ins Kino gehen – in diesen 30er Jahren immer wieder die Rede. Einen Monat nach der Premiere ist er im Mai 1930 im «Blauen Engel», «den ich zum Schluss schrecklich fand».

In den schwul-lesbischen Lokalen der Stadt beobachtet Hessel eine allgemeine Aufgeschlossenheit fürs Ausprobieren in «sanften Orgien», auch für Heterosexuelle, die dort lernen: «Die Männer lernen von den weiblichen Kavalieren, ihre Partnerinnen von den männlichen Damen neue Nuancen der Zärtlichkeit.» Im Szene-Nachtclub «Eldorado» in der Lutherstraße «ist das richtige Durcheinander»: «Smokings und Sportjacken, Transvestiten, kleine Mädchen und große Damen.» Curt Moreck sah dort «ein äußerst elegantes Publikum» vor extravagantem Programm: «Eine männliche Chanteuse singt mit ihrem schrillen Sopran zweideutige Pariser Chansons. Ein ganz mädchenhafter Revuestar tanzt unter dem Scheinwerferlicht weiblich graziös Pirouetten. Er ist nackt bis auf die Brustschilde und einen Schamgurt […]. Eine der entzückendsten und elegantesten Frauen, die im ganzen Saale anwesend sind, ist oft der zierliche Bob», also keine.

Oder die «Jockey»-Bar in der Lutherstraße 2, auch die, wie das «Eldorado», von Bedeutung für Gottfried von Cramm. Über der Bar hing das Foto von Marlene Dietrich in Frack und Zylinder. Am Klavier mischte großartig Ernst Engel Jazz und Klassik – später, seit 1935, Pianist bei den ins Exil gegangenen Mitgliedern der Comedian Harmonists. Unter den Gästen der 30er und 40er Jahre: Marlene Dietrich, Gustaf Gründgens, Alfred Kerr, Max Liebermann, Max Slevogt, Klaus und Erika Mann, Erich Kästner, André Gide, Jean Cocteau und Ernest Hemingway.

Oder das «Pan-Palais» am Schiffbauerdamm, ein Tanzpalast für Schwule, ebenfalls mit Tischtelefonen, auf das sich möglicherweise die spätere Notiz eines amerikanischen Tennisspielers bezieht: An so einen Ort hätten Bill Tilden und Cramm ihn und einen anderen Spieler Anfang der 30er Jahre einmal mitgenommen: Männer mit Lippenstift, die sich gegenseitig anriefen – «we were shocked».

Oder die «Sherbini»-Bar, die Bar von Mostafa El Sherbini, in Kairo geboren, in der Uhlandstraße im September 1933 eröffnet: «Heiße Jazzmusik, Negertänze, Luxuspreise, fremde Sprachen», kritisiert 1934 die Nazizeitung *Berliner Herold*. Cramm ist oft dort. Sherbini übrigens ist nicht der einzige gutaussehende junge Ägypter, der in Berlin eine für ihre Jazz-Kapelle gerühmte Bar betreibt – eine andere ist in der Rankestraße die «Ciro»-Bar von Ahmed Moustafa Dissouki, früher Eintänzer in der Femina-Bar. «Ins Ciro» geht sogar Jutta von Cramm mit ihren Söhnen ganz selbstverständlich, wenn sie in Berlin ist.

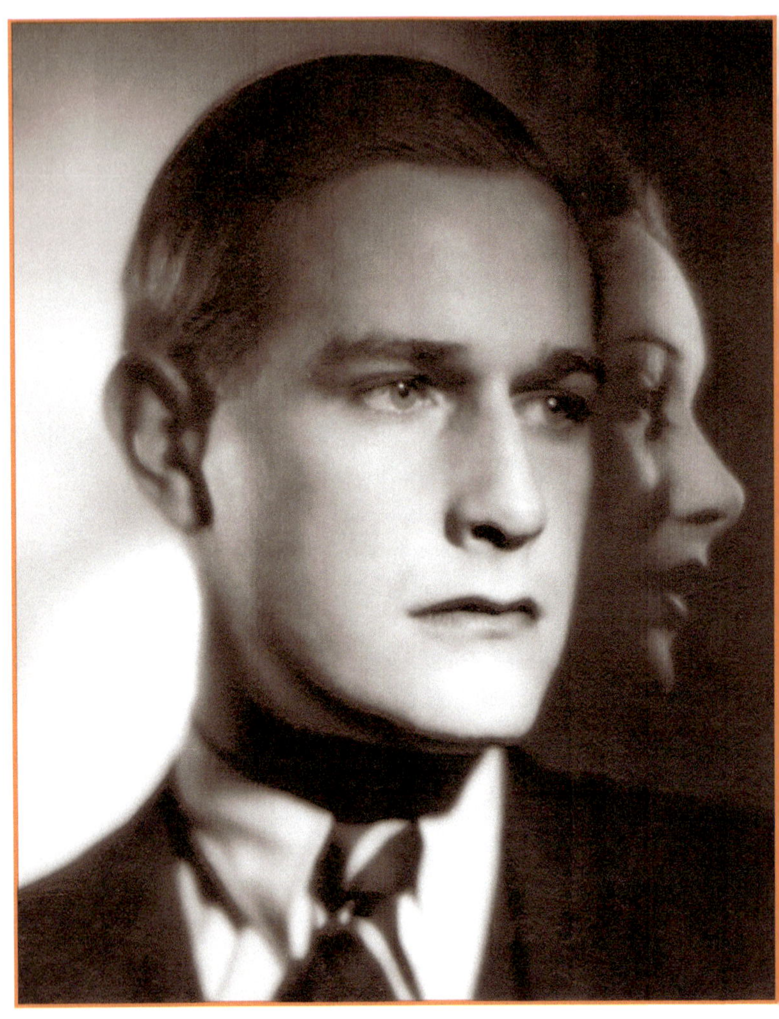

Rechts Lisa

In diese Welt warfen sich Gottfried und Lisa mit ihren Berliner Freunden. Paula von Reznicek: «Gottfried war immer dabei, aber er rauchte nicht, trank wenig und benötigte viel Schlaf. [...] Er trainierte eisern.» Um 24 Uhr stand er auf und ging. Auch in der «Roxy Sportbar», Joachimsthaler Straße, tat er das, wo die Sportstars der Weimarer Republik hingehen und wo er 1928 erstmals Max Schmeling trifft. Es gibt auch weitere Spuren von Cramms Berliner Abenden mit Bill Tilden, die auf der Dachterrasse von Tildens bevorzugtem Berliner Hotel, dem «Eden» an der Kreuzung Budapester Ecke Nürnberger Straße, begannen – beim legendären Fünf-Uhr-Tee mit den besten Tanzorchestern. Man feiert im Restaurant «Horcher», gegenüber dem «Eldorado» in der Lutherstraße, 1904 gegründet, von Fritzi Massary bis Hermann Göring ist ganz Berlin unter den Stammgästen. Curt Moreck nannte es 1931 «Berlins exklusivstes Restaurant»: «Hier finden sich die feinsten Zungen ein, die Leute, die ihre Gaumen in den vornehmsten Gaststätten der Welt geschult haben.» Bei Horcher frühstückte man Ende der 20er Jahre «Mayonnaise von Langusten mit Ananasscheiben. Kein Fleisch. Ganz dicke Spargel. Manhattan-Cocktail, Gartenerdbeeren, Gorgonzola und Schluss.» So die Bestellung dort von «Charlott etwas verrückt» bei Wilhelm Speyer – allerdings «frühstückte» man um halb zwei am frühen Nachmittag.

Man geht ins «Theater der 5000», das Große Schauspielhaus Berlin am Schiffbauerdamm, Vorläufer des Friedrichstadtpalastes, in dem viele hundert Mal – und mindestens einmal unter den Augen von Gottfried und Vater Burghard von Cramm, der das am 17. März 1931 im Tagebuch notiert – die Revueoperette «Im weißen Rössl» aufgeführt wird, voller erotischer Anspielungen, 1933 als «entartet» verboten. Darin der Auftritt des jungen jüdischen Schauspielers Manasse Herbst als «Piccolo», Kellnerlehrling.

Cramm lernt den siebzehnjährigen galizischen Juden aus der Grenadierstraße, er selbst 21 und gerade verheiratet mit Lisa, Anfang 1931 im «Eldorado» kennen – oder in der «Jockey»-Bar (unklares Bild in den Verhör- und Prozessakten 1938), jedenfalls in der Lutherstraße. Im Prozess wegen Gottfrieds Beziehung zu Manasse Herbst wird es 1938 im Schriftsatz der Verteidigung heißen, der «feminine, schwarze schlanke Mensch mit brauner Haut» habe im Aussehen Lisa geähnelt. Laut Verhörprotokollen hat Gottfried im April 1938 gesagt, Herbst sei ihm «wegen seiner großen Ähnlichkeit mit seiner Frau Lisa aufgefallen». Cramm schafft es, diese Beziehung und Selbst-Neuentdeckung mit Lisa zu teilen.

Dies ist die eine Welt von Gottfried von Cramms beginnendem Berliner Leben mit – und ohne – Lisa. Die andere, die Welt des Amateurtennis um den Rot-Weiß-Club, macht ihn in diesen frühen 30er Jahren zu einem der größten Sportstars seiner Zeit und des 20. Jahrhunderts überhaupt.

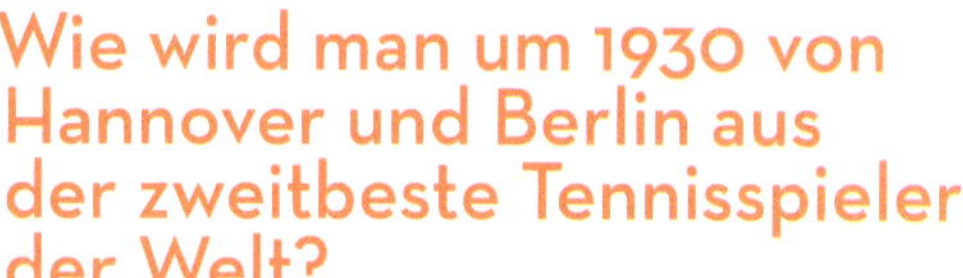

Wie wird man um 1930 von Hannover und Berlin aus der zweitbeste Tennisspieler der Welt?

Zunächst, indem man eben bei Rot-Weiß in Berlin spielt und trainiert. Mit den besten Trainern: Roman Najuch, Dr. Heinrich Kleinschroth. Und den besten Spielern: Hans Moldenhauer, Dr. Daniel Prenn, beide knapp an den ersten Zehn der Welt. – Doktoren und Barone kamen in der Tenniswelt entschieden öfter vor als heute.

Mit den besten Trainern – die Cramm offenbar außergewöhnlich langsam aufbauen. Das ist jedenfalls die Geschichte, die John R. Tunis erzählt, der führende amerikanische Tennisexperte der Zeit: Anders als die Amerikaner, schrieb er 1937, sei Cramm nicht schon in der Highschool der kommende Champion und dann mit 20 schon ausgebrannt gewesen – sondern habe eben erst mit 20, 1929, überhaupt begonnen, am Turniergeschehen teilzunehmen, und sei dann mit 23 ganz oben dabei gewesen.

Und Cramm trainierte wirklich. Roderich Menzel, in den 20er und 30er Jahren tschechischer Weltklassespieler, nach dem Krieg in München Autor von 156 Büchern, viel Kinder- und Jugendliteratur, aber auch ein Buch über Max Reinhardt (Doktoren, Barone *und Schriftsteller*!) – Roderich Menzel notierte später, unter den Großen habe nur Bill Tilden Ende der 20er Jahre so viel trainiert wie später Cramm. Fünf, sechs, woanders heißt es sieben Stunden am Tag, genau durchdacht, stundenlang gegen die speziellen

Schwächen bei einzelnen Grundschlägen, Seilspringen ab zehn Uhr morgens und der Masseur noch davor.

Die Präzision seines Aufschlags trainierte er mit Ball-Pappschachteln im gegnerischen Aufschlagfeld, bis er sie wegschoss. So machte er es noch Ende der 50er Jahre, als er in Bodenburg Freunden das gleiche mit weißen Taschentüchern vorführte, die er dreimal hintereinander traf.

Emmy Rau-Bredow, zu Cramm-Zeiten Spielerin in der Ersten Damenmannschaft von Rot-Weiß, erinnert sich, sie habe Cramm kurz nach seinem ersten Sieg 1934 in Roland Garros morgens im ansonsten leeren Club am Hundekehlesee Aufschlag trainieren sehen – damals völlig unüblich, ein solches Verhalten, so Rau-Bredow. Bei aller Konzentration auf die eigene Form aber blieb Cramm auch den Clubkameraden zugewandt. Vor wichtigen Spielen der Ersten Damenmannschaft habe er in dieser Zeit mit jeder einzelnen Spielerin jeweils zweimal eine Stunde eisern trainiert.

1929, im Juli, gewinnt der Jurastudent Gottfried von Cramm das erste Turnier, an dem er aus diesem Training bei Rot-Weiß heraus teilnimmt: die deutschen Studentenmeisterschaften in Münster.

Mit dem Zentrum Rot-Weiß wird Tennis Ende der 20er Jahre zum Massen-Zuschauersport. Nur zwei Jahre nach der Wiederzulassung gewinnt das deutsche Davis-Cup-Team 1929 mit seinem Star, dem Berliner Juden Daniel Prenn, die Spiele der Europazone, im Juli in einem stets ausverkauften Rot-Weiß-Stadion gegen den Favoriten England, scheitert dort dann aber an Amerika mit Bill Tilden – Cramm noch unter den Zuschauern. Tennisfieber brach aus in Berlin.

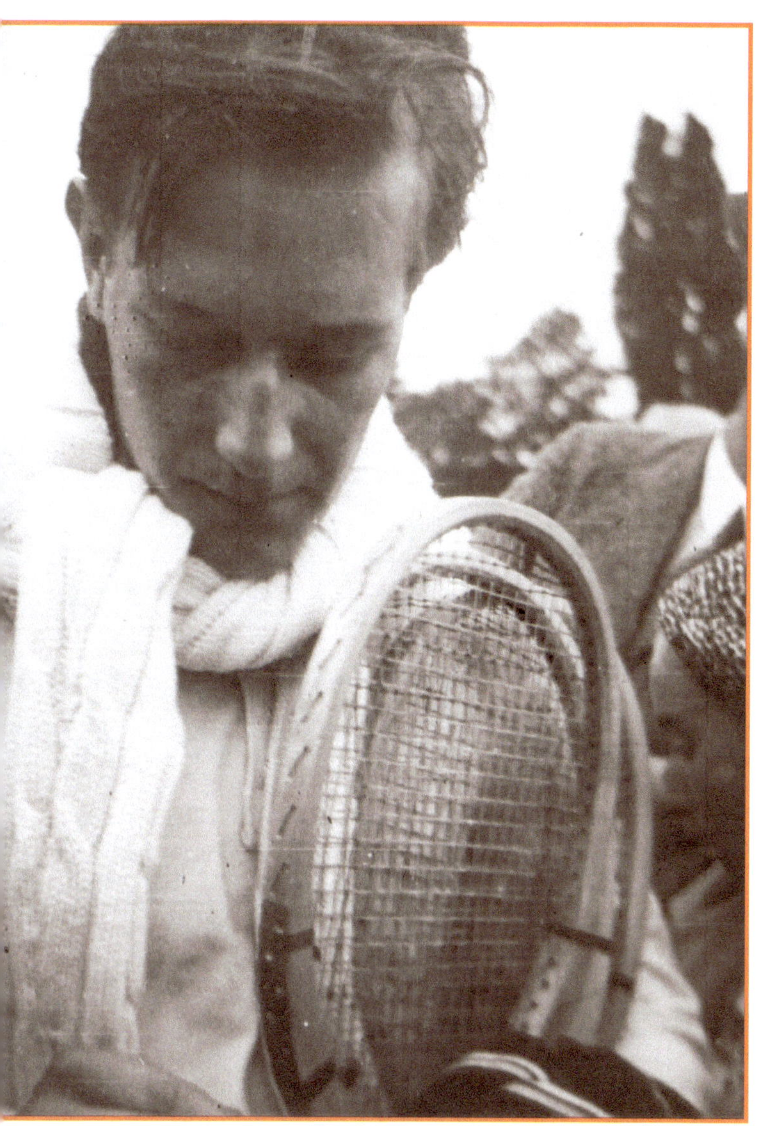

«Wenn der ebenso gut Tennis spielt, wie er ausschaut, wird er Weltmeister.» (Hockey-Damen von Rot-Weiß, als Cramm dort erstmals auftaucht)

Und der Club war selbstbewusst genug, die eigene Rolle in dieser Geschichte zu würdigen. In den *Klub-Nachrichten* schwärmte man im August 1931 vom «meteorhaften Aufschwung des deutschen weißen Sports, dessen unmittelbarer Impuls von der Elitegarde von Rot-Weiß ausging».

Mitglieder bei Rot-Weiß waren oft Künstler, Musiker, Schriftsteller – zur Hälfte Juden: eine liberale Atmosphäre, im Gegensatz zum konservativeren, militärischeren Blau-Weiß-Club im Grunewald nahebei.

Das Leben im *Lawn-Tennis-Turnier-Club* (LTTC) «Rot-Weiß», so der vollständige Name des 1897 gegründeten Clubs, war ein gesellschaftlich glänzendes Leben.

Der Rot-Weiß-Gala-Abend Ende 1930 in der eigens dafür gemieteten Kroll-Oper, nahe dem Brandenburger Tor, bot: Kurt Weills Dreigroschenmusik (zwei Jahre zuvor am Schiffbauerdamm uraufgeführt), die einaktige Oper «Hin und Zurück» von Paul Hindemith, eine Tanzpantomime von Debussy: ein Liebesspiel zu dritt auf einem Phantasietennisplatz (Dorothea Albu, Eugenia Nikolajewa, Jens Keith vom Ballett der Staatsoper) und Ravels «Spanische Stunde» mit fünf großen Sängerinnen und Sängern – all dies unter drei Dirigenten, darunter Otto Klemperer, dem Direktor und musikalischen Leiter der Kroll-Oper. Und Paul Hindemith war anwesend.

«Durch den nächtlichen Tiergarten sausen die Autos, verschwommen leuchten ihre Lampenaugen durch den ersten Nebel.» Es sei noch Zeit, schreibt die auch sonst literarisch ambitionierte Berichterstatterin Bella Fromm im Dezember-Heft der *Klub-Nachrichten*, im Garderobenbereich «noch schnell ein wenig Puder aufzulegen, noch den letzten roten Strich über die Lippen zu ziehen, eine

Locke verführerisch in die Stirne zu zupfen». Dann folgt die üppigste Aufzählung von Schmuck, Stoffen, Schnitten, Schönheit, Eleganz: «pfundschwere Jade- oder Onyxsteine», «das rote Moiréegewand der schlanken Frau Legationsrat Schlimpert», die «reizende Annemarie Berglas» in «blauen Chiffonwolken». «Sonst macht Weiß aber das Rennen, hat die Modefarben Schwarz, Noir und Black abgelöst.»

Diese Versammlung schlage «alle eleganten Publikümer, denen man diesen Winter schon begegnet». Die Wirtschaftskrise drumherum ist dabei auch Bella Fromm präsent: «Recht so, ihr, die ihr es euch leisten könnt, feiert und nützt damit denen, die nicht feiern können. Wie kurzsichtig, Feste direkt oder indirekt verbieten zu wollen und noch mehr Arbeitslose zu schaffen.»

Viele Botschafter und Gesandte waren anwesend, darunter der ägyptische und der afghanische Gesandte, Majore, Ministerialbeamte, Professoren, Generaldirektoren, «die Ufa-Gewaltigen», Prinzen und Gräfinnen. Gottfried von Cramm war schon dabei und unter den «vorteilhaftesten Erscheinungen» «die zierliche Baronin v. Cramm».

Als nach der Aufführung «alle heißhungrigen Rot-Weißen und ihre Freunde in den Sälen und Logen verstaut waren und manierlich ihr Hühnchen zerlegten oder ein Stück Rheinlachs zerzupften und Sekt tranken», ging die Musik los und das Tanzen: «Zaubermeister Gaden und Marek Weber […] im großen Marmorsaal», also die berühmten Berliner Tanzorchester von Robert Gaden und Marek Weber. «Auch in den anschließenden kleinen Sälen ist ein unermüdliches Jazz- und Tangotreiben. Die blonde Tochter des dänischen Gesandten in roten Spitzen macht hier Furore.»

Der Tänzer, Choreograph und Ufa-Tanzmeister Jens Keith tanzte bis weit nach Mitternacht – auch er 1937 verhaftet wegen eines Verhältnisses zu einem Mann. Daneben wurde Daisy d'Ora bewundert, eigentlich Daisy Baroness von Freyberg, Miss Germany 1931 und Schauspielerin. Oder die große tschechische Opernsängerin Jarmila Novotná. Der Prominenz war kein Ende.

Bella Fromm hat sie alle gesehen. Übrigens eine jüdische Journalistin und Gesellschaftsreporterin für Berliner Blätter des Ullstein-Verlags – u.a. die *B.Z. am Mittag* und die *Vossische Zeitung* und eben auch für die *Klub-Nachrichten*. Rudolf Ullstein, der «Drucker», der Techniker in der Ullstein-Familie, war in dieser Zeit Rot-Weiß-Club-Präsident. Fromm musste 1938 nach New York emigrieren, veröffentlichte dort 1942 den Bestseller «Blood and Banquets. A Berlin Social Diary», deutsch 1993 bei Rowohlt. Man hat noch immer keine ausreichende Vorstellung davon, welchen Esprit wir Deutschen in uns selbst ausgelöscht, aus uns selbst vertrieben haben in jenen Jahren.

Man wird in diesen Jahren von Hannover und Berlin aus der zweitbeste Tennisspieler der Welt – indem man, zweitens, auf der Welle einer allgemeinen Sportbegeisterung reitet.

Sport wird in den 1920er Jahren Kultur, Glamour, Haltung – Haltung einer Generation, Haltung eines städtischen Lebens und körperlich-modischen Sich-Genießens. Franz Hessel sah das 1929 überall in der Stadt, auf den Straßen Berlins.

Es öffnete sich ein neues weites Feld der Eleganz und der Sensationen. Die 20er und 30er Jahre sind «the golden age of sports». Massenvergnügen, mitreißend beschrieben von den intellektuellen Beobachtern der Zeit, Robert Musil über das «Crawlen», Joseph Roth über das Sechstagerennen im Sportpalast, besser darüber sogar noch Curt Moreck 1931 – genau in dem Jahr waren auch Gottfried und Lisa von Cramm dort, und sie werden den von Moreck gezeichneten Typen in den Logen und in der «Diele» geglichen haben:

«Die Augen der Zuschauer glühen in einem dunklen Fieber. Die Galerien stampfen mit den Füßen, animieren die Favoriten. In wildem Tempo kreisen die Fahrer. Unermüdlich spielt die Musik. In den Logen blühen angeschimmert von Streiflichtern die schönen Schultern eleganter Frauen neben schwarzen Smokings. Blasiertes Geflüster, von Lächeln begleitet, von matten Gesten umflattert, erstirbt unter dem unmenschlichen Gebrüll, das von oben die Vorgänge auf der Bahn verfolgt. In olympischer Höhe behauptet sich die Unterwelt. In der Diele lehnen unterdessen elegante Snobs an der Bar, saugen eisgekühlte Getränke durch Strohhalme. In tiefen Sesseln kuscheln Frauen, lächeln, kokettieren, flirten, rauchen … Fetzen des Geschreis wehen von draußen herein.»

Vicki Baum, die «erstklassige Schriftstellerin zweiter Güte» (Baum über Baum), die tatsächlich selbst boxte, führt uns 1929 in ihrem Roman «Menschen im Hotel» ebenfalls in den Sportpalast zum Boxkampf: «Vor der Sporthalle ist es dunkel von Menschen, wie Bienen vor dem Flugloch klumpen sie sich zusammen, still und emsig summend.» Drinnen, beim Kampf, nach einigem Tänzeln, vom ersten Schlag, «mitten in die Stille hinein, der dumpfe, runde Schall von Leder – und der Saal rauscht zum ersten Mal auf bis ganz oben hin, wo im Dunst die tausendgesichtige Galerie unter dem Sparrenwerk des Daches verschwimmt». Der Zuschauer «wird eingeschmolzen», «ist einer von vierzehntausend, er ist ein grünes, verzerrtes Gesicht von den unzähligen Gesichtern der Halle, sein Schrei gehört zu dem großen Schrei, der aus allen zugleich herausstößt».

Am Ende war Tennis doch noch etwas anderes. Aber die Begeisterung war die gleiche. Auch von hysterischen Reaktionen der Zuschauer in Spielsituationen endloser Matchbälle lesen wir oft genug. Bill Tilden hat gerade das deutsche Tennispublikum dieser Jahre seit 1927 geliebt. «Das Publikum war freundlich, begeisterungsfähig, patriotisch in der Unterstützung der eigenen Spieler, ohne sich jemals irgendwie gegen die Anderen zu richten. [...] Die Leute waren immer bereit, sich am Spiel eines Gaststars zu freuen und es zu würdigen.» Beim deutschen Publikum finde man eine entspannte und offene Haltung, die wunderbar sei. Und zwar ganz eindeutig im Unterschied zu England: «ein wenig zu geschäftsmäßig», zu Amerika: «eine ins Persönliche gehende Gegnerschaft oder Unterstützung», die auch «hässlich» werden könne, und zu Frankreich: «Die Franzosen kommen mit dem Gefühl Frankreich Zuerst, Zuletzt und Immer und zur Hölle mit allen anderen.» «Die Deutschen kommen, um eine gute Zeit zu haben.» – Wir kennen nicht viele so freundliche Sätze über uns.

Gottfried von Cramm, von der Sportbegeisterung der Zeit emporgetragen, hat dann wiederum die Zahl der Tennisbegeisterten und Selbstspielenden stark vermehrt –

Cramm habe, so Tilden, die Jugend inspiriert und «enormous numbers» zum Tennisspielen gebracht.

Hier beginnt die Entwicklung des Tennis hin zum Volkssport, die allerdings noch Jahrzehnte dauern sollte. 1953 hatte der Deutsche Tennis Bund 110 000 Mitglieder (so viele waren es schon einmal in den 30er Jahren), zehn Jahre später hatte sich die Zahl verdoppelt. Aber auch in dieser Zeit war Tennis immer noch Amateursport – mit allerdings zunehmenden Honorar- und Einnahmemöglichkeiten. Das Amateurtennis endete im April 1968 im englischen Bournemouth. Die britischen Hartplatzmeisterschaften dort waren das erste Turnier der Tennisgeschichte, in dem die immer noch wenigen Schaukampfprofis gegen die Amateure antreten durften und Preisgelder ausgelobt wurden. Und Wimbledon 1968 war dann das erste Wimbledon, in dem so verfahren wurde. Die Millionengrenze der Mitgliederzahl im Deutschen Tennis Bund wurde Anfang der 80er Jahre überschritten.

Zu Gottfried von Cramms Zeiten gab es also keine Preisgelder, nicht einmal Reisekosten, wie wir gleich sehen werden, nur «Tagegelder». – Die habe er, so seine Aussage im Prozess 1938, Manasse Herbst 1935 von seinen Turnieren in St. Moritz und Stockholm als Hilfe überwiesen.

Man wird in diesen Jahren von Hannover und Berlin aus der zweitbeste Tennisspieler der Welt – indem man, drittens, sich in einen ganzjährigen, zu Beginn des Jahres südeuropäischen und bald auch nordafrikanischen Turnier-Reigen begibt.

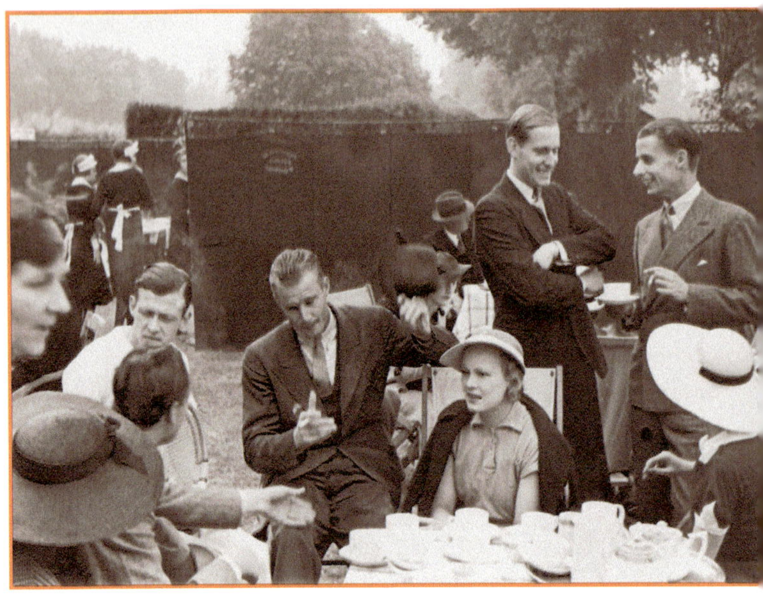

In Wimbledon

Ab Ende Januar beginnt man – das ist üblich seit der Jahrhundertwende – die Saisonvorbereitungen an der Riviera. Cramm ist dort erstmals im Februar und März 1930. Man spielte Turniere in Nizza, Cannes, Beaulieu, Mentone, Monte Carlo, Bordighera, Antibes und Juan les Pins, bis Ende April. Dazu auch die populären Handicap-Turniere, «Vorgabe-Turniere», bei denen sich «die Champions mit ihren Frauen, Männern, Flirts oder Freunden paarten» (Paula von Reznicek). Auch das vermögende Publikum wurde so einbezogen.

Tennis war der «Riviera-Sport» schlechthin, in der «englischen Kolonie» Riviera, wo sich «Sport und Society» im Tagesverlauf abwechseln, berichten die Rot-Weiß-*Klub-Nachrichten* im Dezember 1930. Frühstücken unter schon im Januar blühenden Orangen, Segelregatten, Motorbootrennen, und «für damals nicht allzu teures Geld in Austern, Hummer, Bouillabaisse und ‹champagne nature› an den Quais von Juan le Pins bis San Remo schwelgen», wie die Tennisfreundin und Clubkameradin Cramms, Paula von Reznicek, notierte – auch sie schrieb für die Ullstein-Blätter *B.Z.* und *Dame* und wurde nach dem Krieg von Erich Kästner zur *Neuen Zeitung* nach München geholt.

Dabei waren es hier einmal gar nicht die Männer, bemerkt Paula von Reznicek, die das Riviera-Tennis um 1930 prägten, sondern die Frauen: etwa das elektrisierende (Dauer-)Duell zwischen Helen Wills und Suzanne Lenglen. Lenglen, «die Göttliche», französische Legende der 20er Jahre, eine der besten Spielerinnen aller Zeiten, betrat den Platz im offenen Pelzmantel, mit weitem Dekolleté und weißen langen Strümpfen ohne Unterrock.

Sehr schön zeigen diese ästhetisch prägende Rolle des

Damentennis auch Erika und Klaus Mann 1931 in ihrem Riviera-Buch. Als sie eine lange Reihe von Malern, Schriftstellern, Musikern, Filmstars und Sportlern aufführen, die in dem von ihnen gepriesenen Café de la Colombe d'Or in St. Paul gern saßen, eröffnet diese Reihe: Suzanne Lenglen. Erika und Klaus Mann nennen das ein «internationales Künstler- und Sportpublikum», was sie da als relevant und glamourös aufzählen – das ist die Verbindung, die hier, Anfang der 30er Jahre, auf ihrem Höhepunkt, bestand.

Ein Jahr, bevor Erika und Klaus Mann ihr Riviera-Buch in einer gemeinsamen Sommerreise verfassten und veröffentlichten, resümierte eine Riviera-Zeitung nach Gottfried von Cramms erstem Saisonauftritt, nach erstaunlichen Siegen gegen die Besten: «Wie ein Komet fiel ein neuer Stern vom Tennishimmel.»

Dort, bei den Handicap-Turnieren, spielte stets ein älterer Herr, den alle nur «Mr. G.» nannten – der über 70-jährige König Gustav V. von Schweden, der liberale, unzeremonielle König, der sogar auf eine Krönung verzichtet hatte und so der erste ungekrönte König Schwedens war und dessen Rolle für das schwedische Tennis kaum zu überschätzen ist. Gustav erkannte schon im Frühjahr 1930 Cramms Klasse und gab das zu Protokoll. Es war der Beginn einer lebenslangen Freundschaft, zwischen dem (homosexuellen) König und dem Baron. In den kommenden Jahren spielten die beiden an der Riviera zusammen Handicap-Doppel. – Ein Jahrzehnt später wird Cramm über diese schwedischen Beziehungen neben Adam von Trott zu Solz in Stockholm bei den Versuchen mitwirken, einem anderen Deutschland den Weg zu bereiten. – «Mr. G.» kam alljährlich auf der Hin- oder Rückreise von

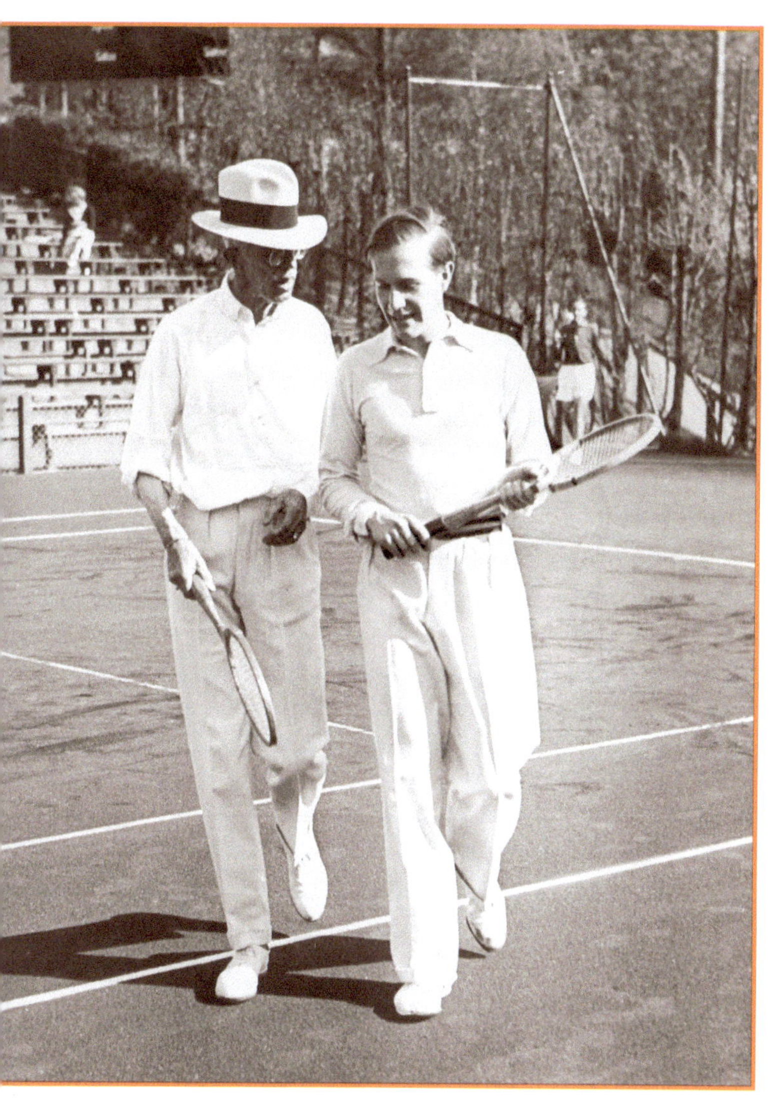

König und Baron: Cramm mit Gustav von Schweden

der Riviera bei Rot-Weiß im Grunewald vorbei und spielte mit den Top-Spielern. Der Club war stolz darauf und berichtete davon in den *Klub-Nachrichten*. Am 21. April 1933 schlug der König Bälle mit Cramm und Daniel Prenn nach einem Lunch mit Hindenburg und Hitler, wie wir aus Bella Fromms Tagebuch wissen.

Daniel Prenn hat in den *Klub-Nachrichten* im März 1930 von dieser Riviera-Saison berichtet, die mit einer 36-stündigen Zugreise nach Beaulieu begann. Eine «zahlreiche und bunte Rot-Weiß-Kompanie» war dort, unter anderen Paula von Reznicek, gerade französische Hallenmeisterin geworden und Mixed-Partnerin Cramms in diesen Wochen, «Frau Arthur Goldschmidt», die auch auf der Weihnachtsgala 1930 in der Kroll-Oper ins Auge stach – und Cramm. Der spielt das Turnier Monte Carlo in einer Turnierbesetzung, die, so Prenn, sonst nur Wimbledon und Paris kennen: die Besten ihrer Zeit. Für den nicht in einer Woche zu bewältigenden Spielplan, kritisiert Prenn, müssen die Spieler täglich vier bis fünf Matches spielen.

Das Schwärmen über die Szenerie der Tennisanlagen bei Monte Carlo überlässt der sachliche Prenn der *Dame*, im Februar 1931: «ein Bergzug, der fast senkrecht ins Meer fällt, in den Fels sind drei Terrassen gesprengt, drei Terrassen übereinander, auf diesen Terrassen liegen die [10] Tennisplätze des Country Clubs. Unten rauscht das Meer, ein Ozeandampfer liegt im Hafen von Monaco, Lustjachten segeln vorbei.»

Cramm selbst schreibt in diesen Februar-Wochen 1930 bester Dinge aus Cannes an die Mutter von vielen Einladungen bei Giulio und Irene Graf und Gräfin Schaesberg, Lisas Cousine, für die er sich «durch fleißiges Tennis-

und Tanztraining revanchiert» habe. «Heute Abend hatten wir großes Abschiedsessen mit Caviar und Hummer, da Giulio beim Baccaratspielen einige Tausende gewonnen hatte.» Morgen esse er mit Opa Louis Hagen zu Abend, der für ihn Cilly Aussem dazu geladen habe – damals die zweitbeste Tennisspielerin der Welt, die ein Jahr später als erste Deutsche Wimbledon gewann. «Louis le Grand», wie Hagen sich selbst oder Cramm ihn nennt, lädt seinen künftigen Schwiegerenkel zwei Wochen später in Monte Carlo zu «großem Gala-diner de la Cour» ein. Er soupiere täglich mit Opa Hagen: «Er hat einige Bekannte hier, die er abwechselnd einlädt. So kann ich immer etwas tanzen.»

Aber es geht schon auch um die Bezahlung des Ganzen: Weil er in Monte Carlo spielen werde, beruhigt Cramm die Mutter, habe er den Aufenthalt dort frei – die Hinreise jedoch nicht. Das falle aber nicht so ins Gewicht, da Maria, Lisas Mutter, die Herreise an die Riviera übernommen habe. – Aus dieser Richtung wurde überhaupt vieles übernommen. Lisa hat 1951 als Zeugin in Cramms Straftilgungssache ausgesagt, ihr Mann habe damals «keine eigenen Einnahmen» gehabt, hätte also nicht von ihr unbemerkt größere Summen an Manasse Herbst zahlen können. Die finanzielle Situation der Cramm'schen Güter sei schwierig gewesen. «Wir lebten also damals faktisch nur von meinem Vermögen.»

Wie man in dieser Anfangszeit überall sieht, spielt Cramm auch jetzt Tennis nicht nur, um so schnell wie möglich immer besser zu werden. In St. Moritz spielt er mit der künftigen Schwiegermutter, hier in seiner Riviera-Turnierzeit mit Schaesbergs – und leicht genervt mit dem Prinzen Schaumburg. «Mangels eines besseren deutschen

Partners spiele ich im Butler Cup mit Prinz Schaumburg zusammen, sodass ich wenigstens den Aufenthalt in Monte Carlo frei habe.» Eine Woche später: «Mit dem Prinzen habe ich natürlich gleich verloren.» Aber er ziehe nun in Monte Carlo in die Villa von Schaumburgs. Nach Mentone sei es ja nicht weit – «der Prinz und ich werden jeden Tag zum Spielen hinüberfahren».

Der «Prinz» könnte der Rennfahrer Max zu Schaumburg-Lippe sein, geboren 1898. Auch der bekanntermaßen tennisspielende Adolf zu Schaumburg-Lippe – bis 1918 der letzte regierende Fürst des Geschlechts – und seine Frau, die Schauspielerin Elisabeth «Ellen» Bischoff-Korthaus, waren an der Riviera notorisch: 1929 im Dezemberheft der *Dame* mit ihrem Achtzylinder Horch vor dem Schloss in Monte Carlo abgebildet und auch in diesem Jahr 1930 vor Ort. – Cramm hat also mutmaßlich mit dem jüngeren Prinzen seine Doppel verloren, dann abends mit ihm und dessen älteren Verwandten diniert, bevor Ellen im Casino in Monte Carlo oder in Cannes in einer Nacht 10 Millionen Reichsmark verspielte, und das wiederholt.

Man ist dann bald zu Jahresbeginn auch in Ägypten und kann in Kairo und Alexandria mit den weiteren Vorbereitungen auf das Jahr beginnen.

Ab 1925 werden Anfang März die Egyptian Championships auf Asche im Gezira Sporting Club von Kairo gespielt. Ägypten wurde ein Sehnsuchtsort für Europäer in diesen Jahren. Anzeigen des Egypt Travel Bureau in London werben in der *Dame* 1930 für den «idealen Winteraufenthalt», den «bedeutendsten Winteraufenthaltsort» in einer Atmosphäre, in der Altertümer und Bazare «neben der Pariser Eleganz» stünden, mit Luxus-Hotels und inzwischen «zahlreichen Reiseerleichterungen» und «ausgezeichneten Gelegenheiten für Golf, Tennis und Pferdesport». «Aegypten ist heute der Winteraufenthalt der modernen Welt geworden», heißt es dann auch redaktionell in der *Dame* im Oktober 1931.

Oder man schifft sich Mitte März von der Riviera aus nach Algier ein, um das dortige Turnier zu spielen. Im weiteren Frühling kann es dann nach Capri gehen oder nach Mailand – oder nach Athen. Dort ist Cramm erstmals im April 1931, mit Lisa, und wird Mittelmeer-Champion – «Meister der Mittelmeerländer» – im Einzel und im Doppel. Die Eltern willigen ein in die Beendigung des Jurastudiums.

Entschieden werden diese Reisen des Tennisjahres oft erst an der Riviera. Die *Klub-Nachrichten* beobachten im März 1930, dass Südfrankreich so etwas wie die «alljährlich sich erneuernde Geburtsstätte der jeweiligen Jahresspielzeit» sei. Hier werde über die Gestaltung der europäischen und überseeischen Turnierverhältnisse entschieden. Hier machten die Spieler ihre Jahresprogramme.

Dann Paris – auch hier Cramms erster Auftritt 1931, wo einem Tennisjournalisten in seinem Spiel gleich eine «genießerische Freude beim Schlag» auffiel, der «Wille, in jeden Ball sein Bestes zu legen» – und das Fehlen des leisesten Zeichens von Entmutigung, dass diese «Schönheit seines Stils» im Achtelfinale so wenig ausrichten konnte. Danach, wie noch heute, Queen's Club und Wimbledon – und auch Cramms erster Auftritt in Wimbledon endet 1931

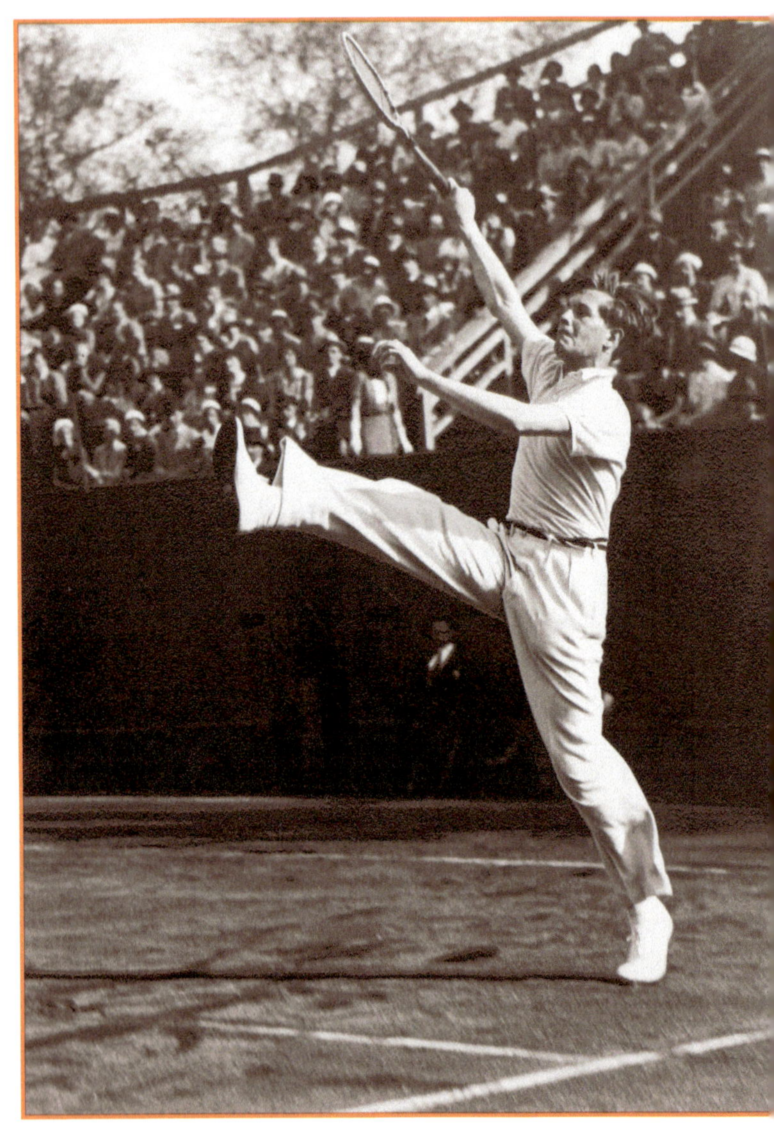

Davis-Cup in Wien

im Achtelfinale, gegen Fred Perry, den großen Engländer, den ersten Wimbledonsieger aus der Arbeiterklasse, Sieger dort 1934, 1935 und 1936, die letzteren beiden Siege im Finale gegen Gottfried von Cramm.

Zu den Turnieren in die USA und nach Australien reisen die europäischen Spieler Anfang der 30er Jahre noch nicht. Man spielt in Europa Turniere, zu denen die Amerikaner und Australier anreisen – nicht andersherum.

Dann fährt Cramm – hier 1934, über welches Jahr wir viel wissen, weil er darüber im Prozess 1938 detailliert aussagen musste – Ende Juli «mit dem Wagen» zum Turnier nach München, von dort sofort nach Hamburg zu den Internationalen Deutschen Meisterschaften, Ende August, nach Spielen in Kopenhagen, zu den Schweizer Meisterschaften in Luzern. 1935 folgen auf die Schweiz noch Venedig, Capri, Rom, Mannheim und Saarbrücken.

Neben und nach den dazwischengestreuten Davis-Cup-Begegnungen überall in Europa geht das Tennisjahr bis zum Herbst in Meran – wo jährlich im Oktober der europäischen Freiluftsaison «die letzte Runde angeläutet» wurde, bei meist «überirdisch schönem Herbstwetter», so die Rot-Weiß-*Klub-Nachrichten.* Hier ist Cramm zum Abschluss seiner Flitterwochen 1930 zum ersten Mal und wird im Doppel mit Heinrich Kleinschroth Dritter. Die Cramms machten auch gesellschaftlich eine gute Figur: «Bälle im Meraner Hof und Palace lösten einander ab», melden die *Klub-Nachrichten*; alles stets bis «spätabends in der Palace-Bar», mit einer «lustigen Gesellschaft um das allgemein beliebte Ehepaar Cramm – wir brauchten noch mehr solcher im wahrsten Sinne des Wortes ‹repräsentativen› Tennisspieler in Deutschland». – Gleich nach diesem gesellschaftlich brillanten Auftritt schaffte es Gottfried in die *Dame*. Im November zeigt ihn ein Foto in lässiger Anzugkombination, mit dem Unterarm entspannt auf die Schulter eines Kollegen gestützt, auf der Tennisanlage vor den Bergen.

Man erging sich in Meran offenbar in Verkleidungsspielen: «Wohlgelungen war auch das Erscheinen der amerikanischen Meisterspielerin Miss ‹Christianette Green› ([der französische Weltranglistenspieler Christian] Boussus) mit ihrem ‹Verlobten› (Frau v. Cramm) eines Abends beim Diner.» – Boussus war vielleicht der «französische Tennisspieler», mit dem, wie es im Prozess 1938 hieß, Lisa schon kurz nach der Hochzeit «Beziehungen» gehabt habe. Das «Crossdressing», von dem da berichtet wurde, war übrigens ein angesagtes Vergnügen in der Zeit. Ruth Landshoff und ihr schwuler Freund Francesco von Mendelssohn etwa erschienen in Berliner Gesellschaften gern – und gern gesehen – in vertauschten Kleidern.

Nach seinem ersten Tennisjahr dieser Art ist Cramm Ende 1931 mit Daniel Prenn zusammen in der Amtlichen Rangliste des Deutschen Tennis Bundes die Nummer 1. Gustav Jaenecke übrigens, um den Namen schon einmal anklingen zu lassen, der deutsche Eishockey-Star und Freund Gottfrieds, der dann Lisas zweiter Mann werden sollte, war die Nummer 3.

Die *Klub-Nachrichten* bilanzieren im Spätsommer das Tennisjahr für Rot-Weiß und sprechen von «Gottfried Freiherrn v. Cramm» als dem «in diesem Jahre zur Extra-

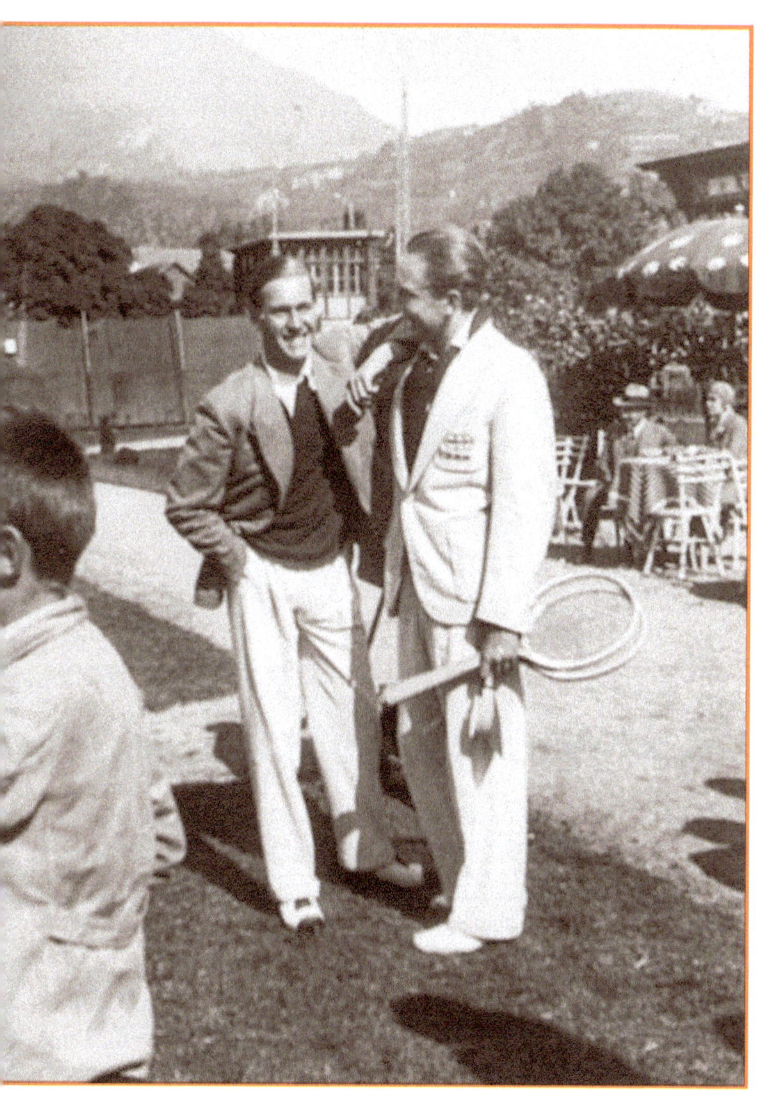

In Meran mit Herman von Artens – aus der *Dame* vom November 1930

klasse aufgestiegenen Hannoveraner», preisen vor allem sein «mit allen technischen Raffinessen gespicktes Flugballspiel», «ohne das man heute nun einmal in internationalen Großkämpfen nicht mehr auskommt». Auch in der *Dame* im April 1932 ist sich der Sport- und Gesellschaftsautor Burghard von Reznicek, Paulas Ehemann, in seinem Stück über «Kommende Tennis-Sterne» sicher: «Deutschland hat in Gottfried Freiherrn von Cramm einen Exponenten des Idealtyps eines jungen Sportmanns. Elegante Figur und stilvolle Spielweise, echter Kämpfergeist, taktische Reife im Verein mit einer natürlichen technischen Schlagbegabung haben den für den Rot-Weiß-Klub Berlin spielenden Sproß hannoverschen Landadels zu einem gern gesehenen Gast auf allen Turnierplätzen Europas gemacht.»

Also Turnier auf Turnier, und je weiter Cramm kam in den Turnieren, desto weniger Zeit dazwischen – das alles anfangs mit Lisa, dann mehr und mehr allein, wie wir Lisas vielen «Sitze-hier-allein»-Briefen der 30er Jahre aus der Dernburgstraße entnehmen.

Und dann kam bald auch noch der Winter hinzu – nachdem Cramm, der gute Hockeyspieler, anfangs noch im Winter zum Erhalt der Fitness in die Erste Herren-Hockeymannschaft von Rot-Weiß auswich wie die anderen Tennisspieler des Clubs auch. – Ein guter Fußballer war er übrigens auch: Mit der Fußball-Elf von Rot-Weiß spielt er im April 1932 im Berliner Poststadion gegen den Künstlerclub «Oase» – eine aus Künstlern, Journalisten und Fußballern gebildete Spielgemeinschaft – und schießt als halblinker Stürmer allein 3 Tore des 6:3-Sieges. Das meldet in Wien (!) die *Illustrierte Kronen Zeitung*.

Im September 1930 berichten die *Klub-Nachrichten*,

Berlins erste Tennishalle sei im Bau, in Wilmersdorf, Brandenburgische Straße. Mit vier Plätzen, davon einer mit Zuschauertribüne für 2000 Menschen, und einem Squash-Raum ebenfalls mit Zuschauerplätzen, «um dieses in den angelsächsischen Ländern weitverbreitete Spiel auch in Deutschland einzuführen». Im Art-déco-Stil entworfen von Rot-Weiß-Mitglied Bauingenieur Franz Domany, werde das die größte Hallentennisanlage Europas – mit Friseur und allem, was man gesellschaftlich gewohnt war, bis hin zu Lese-, Schreib- und Billardräumen. Schon im Dezember 1930 wurde die Halle eröffnet.

Jetzt waren die Turniere ganzjährig, mit Hallen-Länderkämpfen etwa gegen Dänemark und Schweden.

In seinem zweiten Jahr, das er in dieser Weise durchspielte, war Cramm eines der bekanntesten Gesichter des Sports in den Straßen Berlins – spätestens nach dem Davis-Cup im Juli 1932 auf dem Rot-Weiß-Gelände. «Drei Tage Davis-Rausch», «Wimbledon im Grunewald» – so die *Klub-Nachrichten*, selbst im Rausch. «Das war für das ganze deutsche Tennis – nicht nur für den Klub – der größte sportliche und gesellschaftliche Erfolg seit dem Kriege.» Man war hochzufrieden. «Der Sonnabend brachte nach Sonnenuntergang wieder einmal jenes glanzvolle Bild, gemischt aus landschaftlichem Zauber und mondäner Geselligkeit, ohne das Rot-Weiß nicht mehr denkbar ist. [...] feenhafte Lampionbeleuchtung, lustwandelnde Pärchen am See und aufopferungsvolle Paare auf dem Tanzparkett trotz 26 Grad bei Mondenschein» – mitten darin das Ehepaar von Cramm. Beim Finale dann, auf der Ehrentribüne: «Von Reichskanzler Herrn von Papen bis zu Lilian Harvey fehlte kein Stern der hohen Diplomatie, der Politik oder des Films.» Am Ende, als Daniel Prenn sensationell gegen Fred Perry in fünf Sätzen gewonnen hatte, «ein Geschrei [...], das man verbürgterweise über den ganzen Grunewald hinüberschallen hörte».

Die *Klub-Nachrichten* bringen dann ein Stück über «Modische Variationen» bei diesen Davis-Pokal-Tagen: Man habe «auf dem Wege zum Center Court, auf den Tribünen, auf der Klubterrasse und den Anlagen am See die elegantesten und bestangezogenen Frauen Berlins» gesehen. Die *Dame* brachte im August unter zwei Fotos von den Rot-Weiß-Anlagen eines der mädchenhaft-sportlichen Lisa von Cramm mit Jungs-Frisur im langen weißen gegürteten Sommerkleid.

Die Rot-Weiß-Weihnachtsgala 1932, die letzte ungetrübte Gala des Clubs, war erneut ein prachtvoller Ball. Es gibt wieder einen sprühenden Bericht von Bella Fromm in den *Klub-Nachrichten*. Im Esplanade-Hotel mit 1500 Gästen spielt das Jack Hylton Orchestra, das einige Monate später mit dem Duke Ellington Orchestra in Frankreich und Holland auf der Bühne steht – Jack Hylton damals der «British King of Jazz». Gottfried und Lisa und Daniel Prenn, der kurz darauf wegen seiner jüdischen Herkunft aus dem Davis-Cup-Team ausgeschlossen wird, mit seiner Frau Charlotte sind die Stars des Abends.

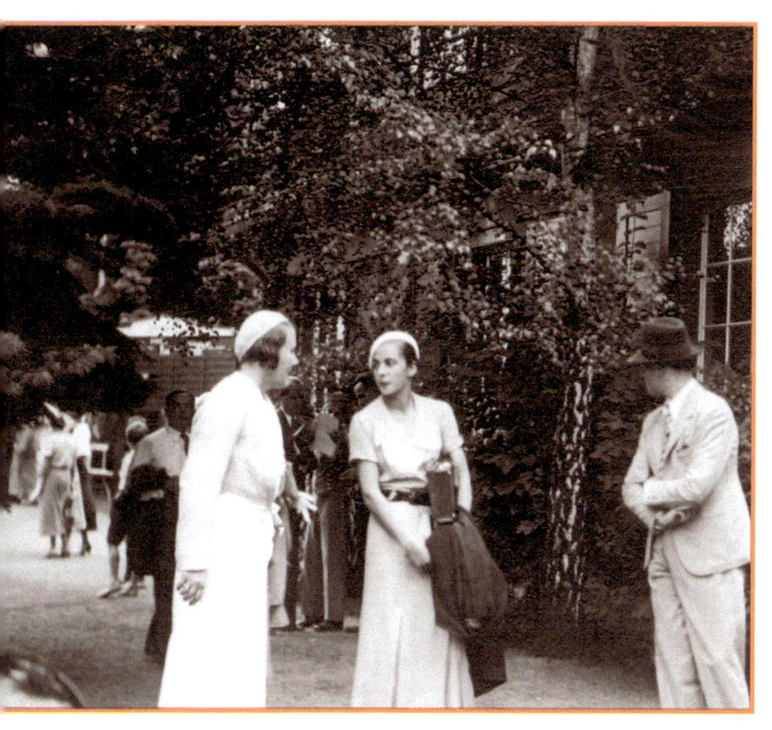

Lisa in der Mitte – aus der *Dame* vom August 1932

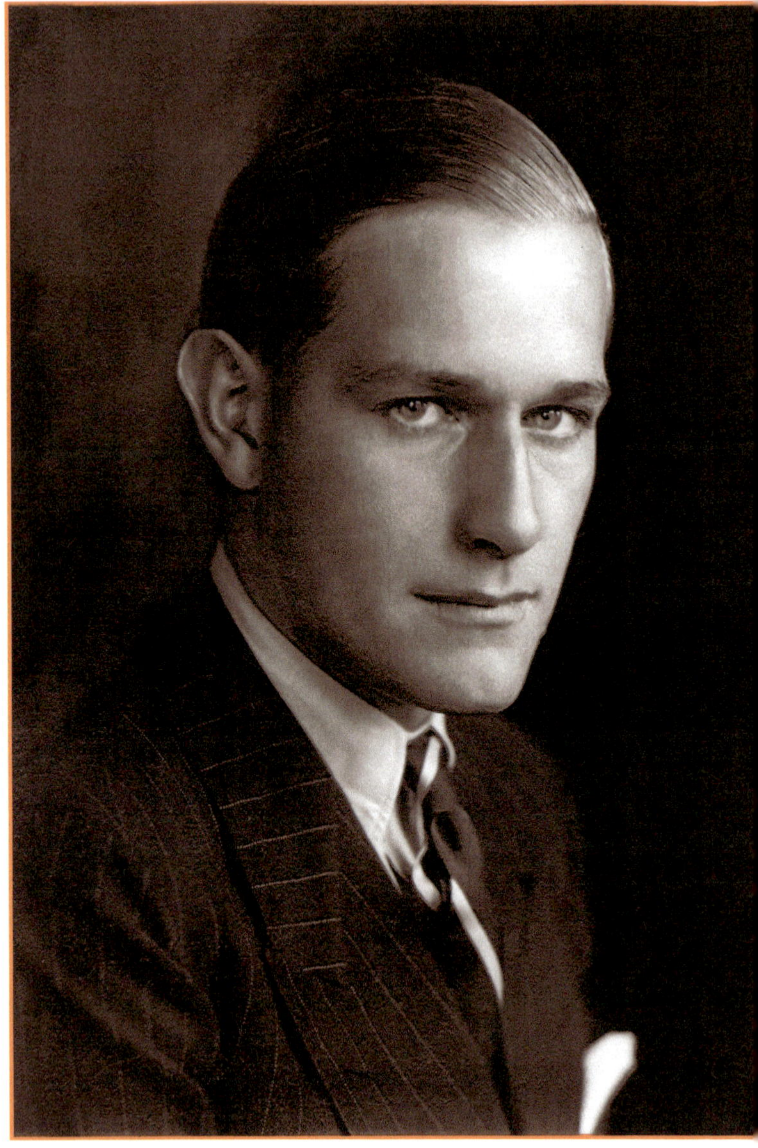

Man wird in diesen Jahren von Hannover und Berlin aus zum zweitbesten Tennisspieler der Welt – indem man schließlich zu alldem dann noch zum allgemeinen Star taugt.

Es war eine sexy Filmstarhaftigkeit um Gottfried von Cramm; eine wirkliche Familienähnlichkeit mit den Männeridolen der Zeit, mit den etwa gleichaltrigen Cary Grant, Henry Fonda oder Gary Cooper.

«Jedes Jahr, wenn von Cramm den Center Court von Wimbledon betritt», so 1937 der BBC-Filmkritiker und Radiojournalist Alistair Cooke, «richten sich einige hundert junger Damen in ihren Sitzen etwas straffer auf [sit a little straighter] und vergessen ihre Begleitungen.» Roderich Menzel erinnert sich, eine Engländerin habe ihn einmal gefragt: «Dass die Deutschen so charmant sein können – hat er nicht doch französische oder österreichische Vorfahren?» Und Donald Budge fand: «Gottfried verströmte eine Anziehungskraft, die jede Situation dominierte, bei der er zugegen war.»

Er selbst bat stets, überliefert Paula von Reznicek: «Keine Interviews, keine Artikel, keine Broschüren und kein Aufsehen irgendwelcher Art mit meiner Person!»

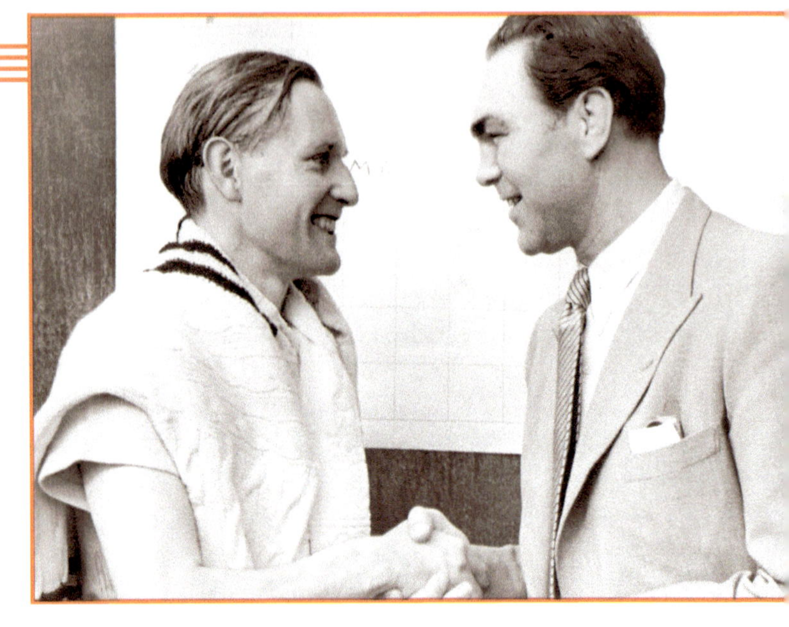

Mit Max Schmeling

Roland Garros und Wimbledon – umjubelt, geliebt, geachtet

Cramm spielt sich in diesen frühen 30er Jahren in die Tennis-Weltspitze. Ende 1934 ist er Nr. 3, Ende 1935 Nr. 2 der Weltrangliste, hinter Fred Perry. Er ist in dieser Zeit der neben Max Schmeling beliebteste Sportler Deutschlands und für Donald Budge der populärste Tennisspieler der Welt.

Man sah in diesen Jahren seine Spiele in der Wochenschau. So notiert sein Vater auf Kur in Wiesbaden am 16. Oktober 1934: «Abends ins Kino, wo Gottfrieds Spiel gegen [Hans] Nüsslein in der Wochenschau gegeben wird.» Cramm hatte am 7. Oktober in Berlin in einem Schaukampf gegen den deutschen Profiweltmeister von 1932, 1933, 1936 und 1937 gewonnen.

Und mehrfach konnte man in diesen Jahren der Meinung sein, er hätte auf der Rangliste, die «Tennispapst» Wallis Meyers beim *Daily Telegraph* jährlich im Herbst erstellte, auf Platz 1 liegen müssen. Lisa von Cramm schreibt das – empört über Meyers – an Gottfried im September 1935; Roderich Menzel findet das im Rückblick für diese Zeit Mitte der 30er, und für das Jahr 1939. Die Erklärungen Menzels für jene dann doch anderen Reihenfolgen sind die, die auch in späteren Jahrzehnten in vergleichbaren Fällen angeführt werden: das Übergewicht bestimmter (Rasen-) Turniere über andere – und deshalb seien dann Cramms

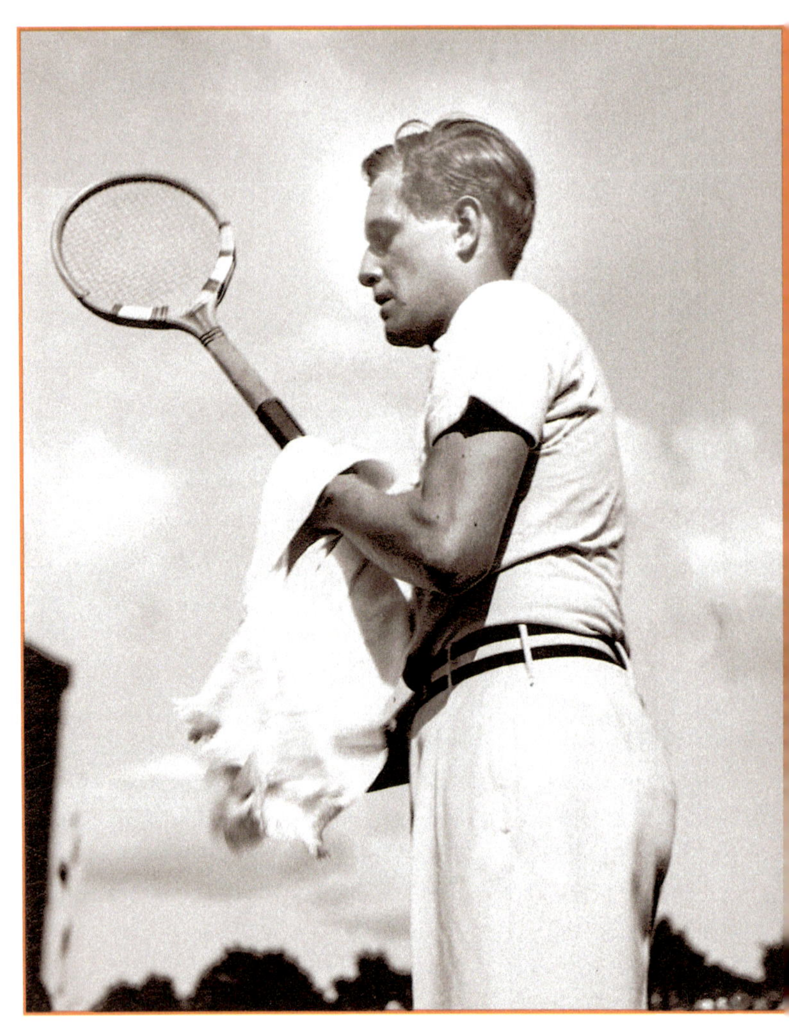

Im Spiel gegen Hans Nüsslein, 1934

Siege über Weltranglisten-Erste bei den «falschen» Turnieren zu wenig berücksichtigt.

Aber die Pokale seiner Siege verstopfen im September 1935 die Wohnung in der Dernburgstraße. Lisa: «Deine Pokale aus Capri stehen auf dem üblichen Platz im Wohnzimmer. Das Ding aus Hamburg ist ins Esszimmer gewandert. Hoffentlich bringst Du nicht zu viel Neues mit.» Von Mai bis Oktober 1935 spielte Cramm Turniere in Paris, London, Prag, Braunschweig, Hamburg, Genf, Venedig, Capri, Rom, Mannheim, Saarbrücken und Meran.

Cramm wird bis 1937 zum erfolgreichsten Davis-Cup-Spieler der Welt: 61 Siege in 73 Kämpfen. Er siegt mit Hilde Krahwinkel 1933 in Wimbledon, gewinnt zweimal die French Open – 1934 der Sieg im Stade Roland Garros ist sein erster Grand-Slam-Titel und der erste Sieg eines Deutschen dort – und steht dreimal hintereinander im Finale von Wimbledon, 1935, 1936, 1937. Jedes Mal unterliegt er – aber wie! Als «Gentleman of Wimbledon» und, nach drei Niederlagen, «Gracious Loser» lieben ihn die Engländer. «The best player who never won Wimbledon.» Wie kaum einer hat er Rudyard Kiplings Formulierung charakterlicher Reife entsprochen, die in Wimbledon über der zum Centre Court führenden Tür der Umkleideräume zitiert ist:

> «If you can meet with Triumph and Disaster /
> And treat those two impostors just the same»
> «Wenn du mit Sieg und Niederlage umgehen /
> Und diesen beiden Blendern gleich begegnen kannst»

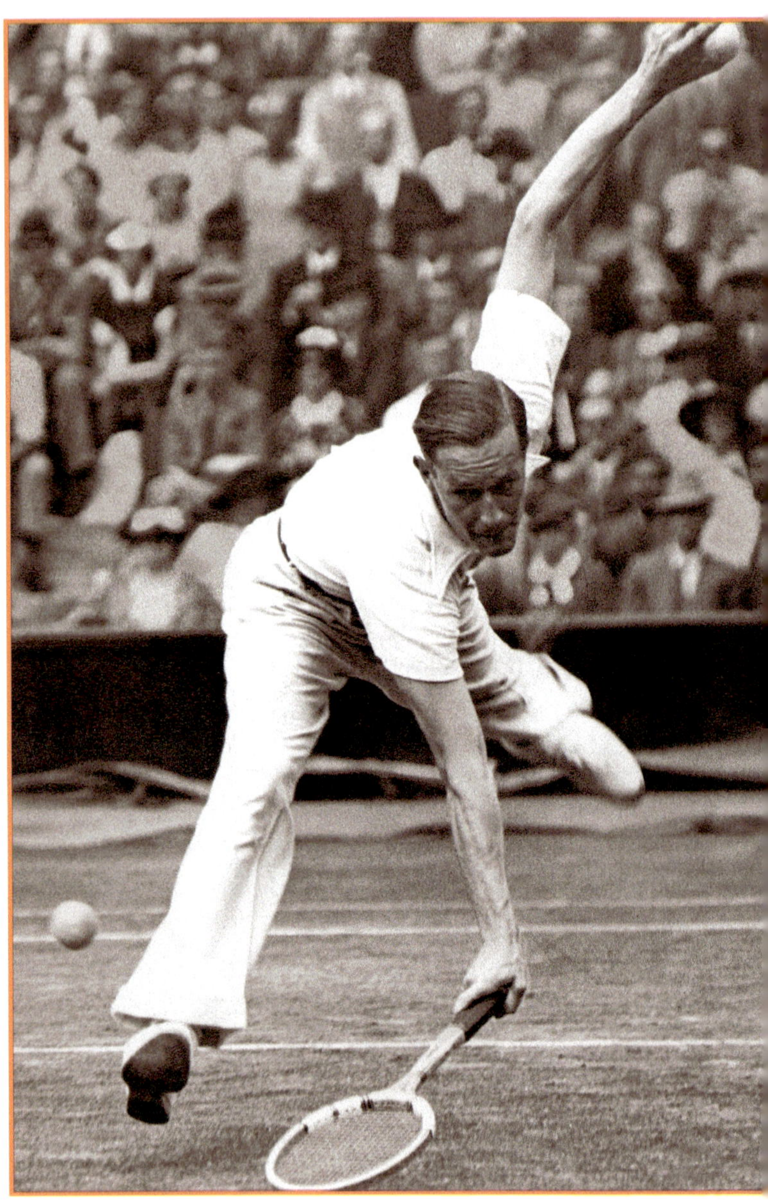

Im Wimbledon-Finale 1937

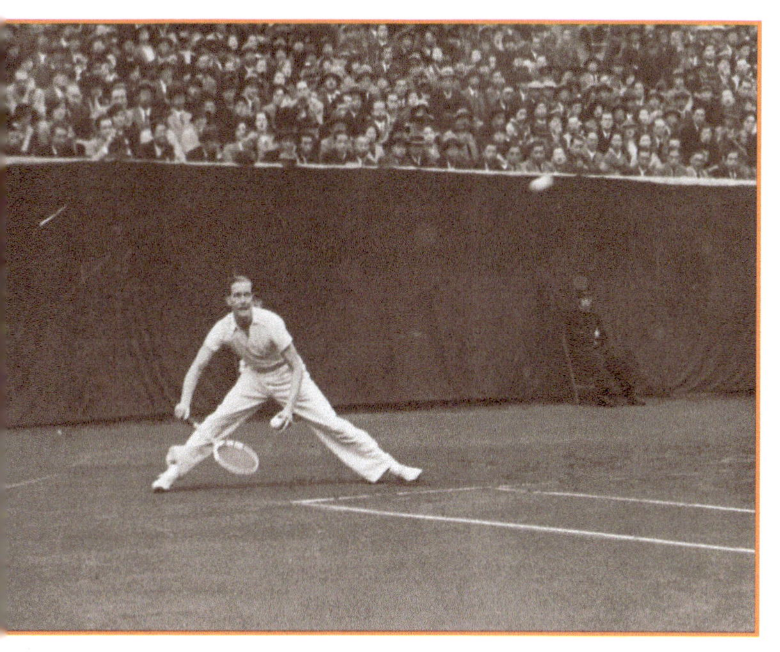

In Japan, November 1937

Auch Frankreich liebt ihn. John R. Tunis, der große amerikanische Sportautor, hat erlebt, wie die Franzosen diese Cramm'schen Siege aufnahmen: «They loved it. They loved Cramm.» Tunis zitiert einen französischen Sportjournalisten aus den Jahren: «Wenn Deutschland alle seine Söhne in einen Test geschickt hätte, es hätte keinen Würdigeren, oder Französischeren, finden können als diesen, den Titel eines Französischen Meisters zu tragen.» Die Franzosen fanden ihn französisch, die Engländer englisch. «Nur zwei Ausländer haben, nach meiner Beobachtung, jemals das Pariser Publikum erobert. Einer war unser Bill Tilden. Der andere ist dieser deutsche Adlige, Gottfried von Cramm.» Das schrieb Tunis für *Collier's* im Juli 1937 in einem Porträt als Vorgeschmack auf Cramms bevorstehende USA-Auftritte.

Cramm spielt das eleganteste Tennis seiner Zeit: der «Tennis-Baron», stets in langen weißen Hosen, auch später noch, als die anderen schon ganz anderes tragen. Leo von König hat ihn 1936 so porträtiert. Das Bild hängt heute im Salon in Bodenburg.

Er wird zum Vorbild des Fair Play – spielt beherrscht, ärgert sich nicht expressiv nach Fehlern auf dem Platz, sucht nie Entschuldigungen nach Niederlagen, gibt zu: Der andere war eben besser! Er bleibt im Sieg bescheiden, untersagt sich jeden Protest gegen Fehlentscheidungen der Schiedsrichter, wirft Linienrichtern keine tödlichen Blicke zu, korrigiert falsche Schiedsrichterentscheidungen zugunsten seines Gegners, auch in spielentscheidenden Momenten. «Jeder Spieler könnte lernen von Auftreten und unaufdringlich guten Manieren des Barons», schrieb der *New Yorker* im September 1937 zur Begrüßung Cramms in Amerika. «Er war, ganz einfach, der größte Sportler [«greatest sportsman»], dem ich je begegnet bin. Niemand kam ihm auch nur nah. […] Von dem Tag an, als ich [1935] zuerst auf der Terrasse in Wimbledon auf ihn traf, ist er zu einem der stärksten Einflüsse in meinem Leben geworden» (Donald Budge).

Aber auch bei der Selbstbeherrschung fand John R. Tunis keine Übertreibung: «Er ist ruhig und bescheiden, aber keinesfalls steif. […] Poker face? Überhaupt nicht. Er kann grinsen, wenn die Situation nach einem Grinsen ist.»

Das berühmteste Beispiel seiner Gradlinigkeit auf dem Platz soll stellvertretend für viele andere erzählt werden: 1935, im entscheidenden Doppel des Davis-Cup-Interzonen-Finales gegen die USA, klärt Cramm nach einem über ihn hinweg ins Aus geschlagenen Ball – er und Deutschland hätten in diesem Moment Matchball gehabt – den Schiedsrichter darüber auf, dass er gespürt habe, wie die Fasern des Balles seinen Schläger noch berührt hätten, niemand hatte das gesehen – und verliert das Match. Auf den wütenden Satz eines Teamkollegen danach, er sei ein Vaterlandsverräter, antwortet Cramm: «Im Gegenteil, ich finde nicht, dass ich das deutsche Volk verraten habe. Ich finde vielmehr, dass ich es geehrt habe.»

Es gibt atemberaubende Spiele, die Cramm gewinnt – wie das Einzel im Interzonen-Finale des Davis-Cups gegen den Australier Adrian Quist, den Viertbesten der Welt, in Wimbledon 1936, eines der intensivsten Spiele der Tennisgeschichte, das Cramm nach neun nicht verwandelten und fünf seinerseits abgewehrten Matchbällen im fünften Satz mit 11:9 gewann – die Zuschauer standen auf ihren Sitzen, im Delirium, so ein Reporter damals.

Und es gibt bittere Niederlagen, wo Cramm verletzt mit einer Muskelzerrung bis zur chancenlosen Niederlage weiterspielt, weil die Regeln sagen: «Play shall be continuous» – in einem der Wimbledon-Finals, im Juli 1936, an dessen Ende er den Schiedsrichter sich für ihn beim Publikum trotzdem für sein Spiel entschuldigen lässt, worauf tosender Beifall ihn vom Platz begleitet. – Cramm spielte seine Wimbledon-Spiele auch chancenlos mit Halsentzündung und hohem Fieber, wie im Juli 1934.

Dann – vielleicht der Höhepunkt von Cramms Tennis – das mutmaßlich beste Tennisspiel aller Zeiten: das Interzonen-Finale des Davis-Cups am 20. Juli 1937 auf dem Centre Court von Wimbledon, Gottfried von Cramm gegen Donald Budge.

Doch zuvor noch einmal zurück in die Berliner Welt.

Der elegante Weltstar und die Nazis – ein bisexueller regimekritischer Judenfreund

Wenn er in Berlin ist, führt Cramm ein Leben mit Lisa auf der Höhe der Berliner Möglichkeiten dieser Jahre. Die beiden sind ein strahlendes Sportlerpaar, oft aussehend mehr wie ein schönes Geschwisterpaar. Und jenes Profil-Doppelporträt auf dem Titelblatt der *Berliner Illustrierten Zeitung* war nicht bloß blendende Pose: Die beiden sind 1931 beim Turnier in Athen, wo Cramm im Einzel und im Doppel mit Heinrich Kleinschroth gewann, noch im Mixed miteinander angetreten. Lisa war sofort eine führende Figur beim Hockey der Damen von Rot-Weiß, Deutsche Meisterin dann 1940.

Es ist ein erotisierendes gesellschaftliches Leben unter sportlichen, lebenswilden, selbstbewussten Menschen. Seit Anfang 1931 wohnen die beiden im zweiten Stock der Dernburgstraße 35, Charlottenburg, mit Zofe, Köchin, Diener und Chauffeur, ermöglicht durch monatliches Geld von Louis Hagen. Jörg von Morgen erinnert sich an ein «Edel-Apartment» wie eine Filmkulisse für Fred Astaire und Ginger Rogers. Film- und Theaterstars wie Zarah Leander sind unter den Ein- und Ausgehenden, es gibt Cocktailpartys vor Theaterbesuchen oder nächtliches Baden der Abendgesellschaften in den Seen des Grunewalds, im Wannsee.

Aus einer trüben Quelle haben wir einen Eindruck von der Eleganz von Gottfried von Cramms Garderobe in dieser Zeit. Im Gestapo-Verhör, noch in der Nacht seiner Festnahme am 5. März 1938, musste Cramm – wegen der Aussage des Denunzianten zu seiner Kleidung – Auskunft über den Inhalt seines Kleiderschranks geben. Nadelstreifenanzüge, verschiedene Hüte, Wildlederschuhe, Paletot, Kamelhaarmantel, Handschuhe, Lederbörsen. In der Staatsanwaltschaft Hannover kommentierte man diese Passage 1952 süffisant: «Allem zu entnehmen: Cramms ausgesuchte Eleganz.»

Gottfried und Lisa feiern zusammen mehrfach auf einer – wie Cramm sie bei der Gestapo später beschreibt – «ballähnlichen Veranstaltung, die vorwiegend von Männern besucht wurde, fast ausschließlich sollen die Teilnehmer Homosexuelle gewesen sein», man trug etwa «rosaseidene Pyjamas», allerdings nicht er selbst, auch wenn man ihn in einem solchen gesehen haben will.

Es handelt sich um die unter Schwulen und Lesben – und auch bei allen anderen – berühmten Bälle «in den Zelten» in Tiergarten, einem heute verschwundenen Straßenzug nahe dem Haus der Kulturen der Welt. Hubert von Meyerinck: «Da drängten sich Süßwassermatrosen, so genannt, weil sie keine wirklichen Matrosen waren und nur deren aufregende Uniformen trugen, zu andersgearteten Herren, lasterhafte Damen zu Boxern und Ringkämpfern, da tanzten feminine Jünglinge, degenerierte Aristokraten, Lebedamen und richtige Damen, und all das in einen Dunst gehüllt von Bier, Sekt und sexuellen Wünschen.» 1933 verboten die Nationalsozialisten diesen Ball sofort.

Cramm war in Berlin befreundet mit «Hubsi» (oder «Hupsi») von Meyerinck, dem großen Film- und Theater-Schauspieler, bekennend und ausgelassen schwul, seit den

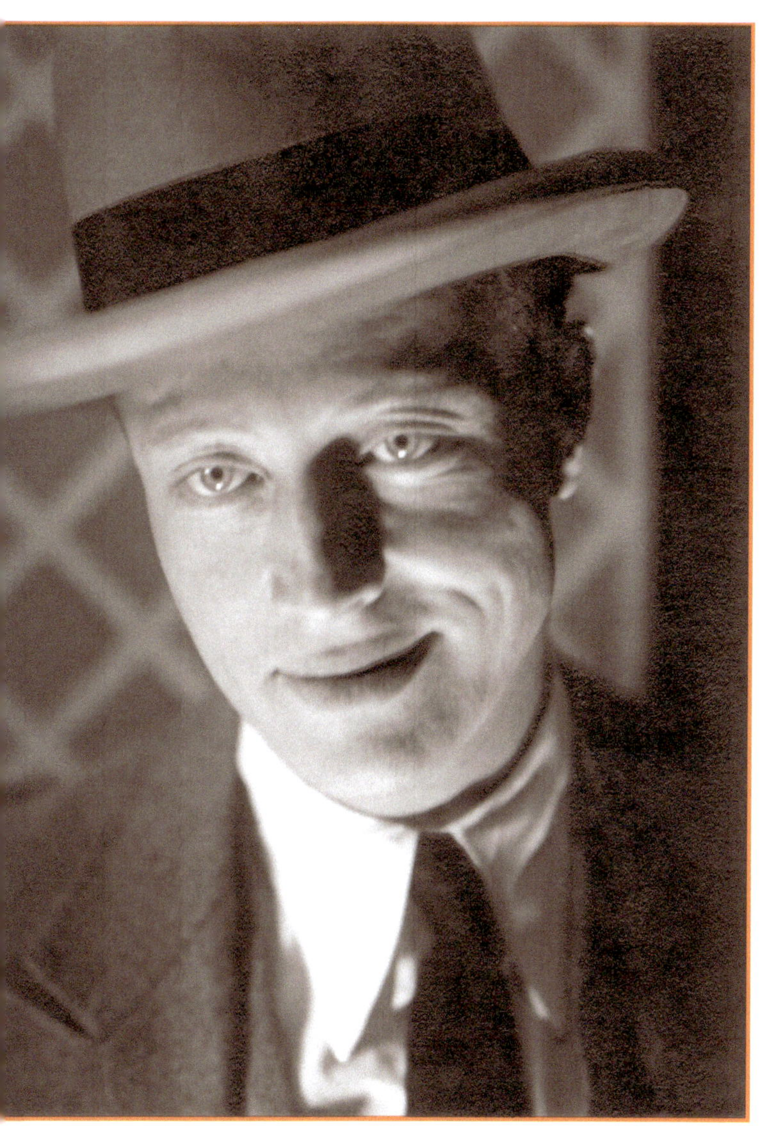

Hubert von Meyerinck, 1930

1930er Jahren immer wieder als «Gottfrieds Freund» auch in den Schlössern der Cramms anwesend – und weit später noch preisgekrönt für seine Rolle im «Spessart»-Spukschloss Oelber neben Liselotte Pulver. Meyerinck muss ein beeindruckender Mann gewesen sein – befreundet wiederum mit allen, die im Berlin der Weimarer Republik glänzten. Gerade mit den großen Frauen: Zwischen Marlene Dietrich und Tilla Durieux fehlt kaum eine unter seinen Freundinnen.

«Ich erinnere mich an einen schwulen Schauspieler, den wir ‹Hubsi› nannten, Hubert von Meyerinck. Er hat sich selbst dessen nie gerühmt, aber in der Kristallnacht ist er über den Kurfürstendamm gelaufen und hat gerufen: ‹Wer auch immer unter Ihnen jüdisch ist, folgen Sie mir.› Er hat die Leute in seiner Wohnung versteckt. Ja, es hat sie gegeben, die anständigen Menschen, deren Worten man glauben konnte, dass es schwierig war, Widerständler zu werden in jener Zeit. Menschen wie Meyerinck waren herrlich, wunderbar.» So Billy Wilder viel später.

Wenn Meyerinck Cramm auch nur gelegentlich mitgenommen hat auf seinen Wegen durch Berlin, ahnt man die Freude, die da aufgekommen sein muss.

Auch Lisa von Cramm hatte Spaß. Ein undatierter Zeitungsausschnitt wohl aus diesen frühen 30er Jahren zeigt sie auf einem wegen der Größe des Autos notgedrungen sehr breiten Foto, lässig, schwarz, streng kurz frisiert und in dunklem Mantel in der offenen Fahrzeugtür stehend vor ihrem riesigen Cabriolet – darunter: «Restlos glücklich

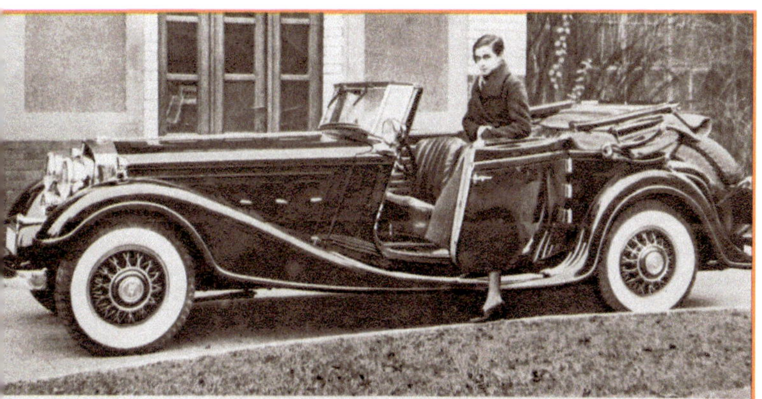

estlos glücklich waren Gottfried von Cramm und seine entzückende junge Frau, als sie von den elterlichen Gütern fort nach Berlin ziehen konnten. Gottfried konnte jetzt endlich ganz und gar seiner Leidenschaft zum nnis nachgehen. Auf den nahegelegenen Plätzen des Rot-Weiß-Klubs hatte er die Elite des internationalen Tennissports sich, zu der er bald selbst zählen sollte. Lisa stürzte sich Hals über Kopf ins gesellschaftliche Leben. Sie war ganz große me. Mit ihrem 12-Zylinder-Horch-Sportkabriolett brauste sie von Party zu Party und von Reitturnier zu Reitturnier. Foto: Ullstein

Lisa im Horch-Auto. Zeitungsausschnitt

waren Gottfried von Cramm und seine entzückende junge Frau, als sie von den elterlichen Gütern fort nach Berlin ziehen konnten. […] Lisa stürzte sich Hals über Kopf ins gesellschaftliche Leben. Sie war ganz große Dame. Mit ihrem 12-Zylinder-Horch-Sportkabriolett brauste sie von Party zu Party und von Reitturnier zu Reitturnier.»

Jörg von Morgen war hingerissen von Lisa, der engen Freundin seiner Mutter Ruth, beide Hockey-Kameradinnen bei Rot-Weiß im Grunewald wie auch Marianne Breslauer.

Jörg erinnerte sich an Lisa als «die erste Frau, die mit mir wie mit einem Gleichberechtigten sprach». «Sie führte ein rechtes Schmetterlingsleben, lernte Steptanz, ließ sich für Modemagazine ablichten, fotografierte auch selbst ein bisschen, raste mit ihrem MG durch die Lande und fuhr verwegen Ski […], und sie zeigte mir, wie grässlich sie mit ihren großen braunen Augen schielen konnte. Außerdem war sie eine sehr gut aussehende Frau.»

Der MG (in welchem Verhältnis der MG zum oben abgebildeten Horch stand, bleibt unklar) war Lisa sehr wichtig – er taucht immer wieder in den Briefen an Gottfried auf. Noch im August 1939 freut sie sich, dass sie ihn jetzt nach einiger Zeit wiederbekomme: Er sei «doch sehr viel schöner als der komische Zwirbel, den ich jetzt habe». Der «Zwirbel» wiederum scheint der «Alfa» zu sein, von dem Cramm Ende Juli 1938 aus dem Gefängnis an seine Mutter bekundet, er imponiere ihm.

Über die Avus zu «brausen» gehört zum Berlin-Gefühl dieser faszinierenden Frauen um 1930. Alle taten es: Vicki Baum fuhr selbst und ließ Baron Gaigern in «Menschen im Hotel» dort auf 118 aufdrehen. «Charlott etwas verrückt» rast dort 1927 – und auch Lisa wird es großen Spaß gemacht haben. Die *Dame* machte seit Ende der 20er Jahre Auto-Sonderausgaben für «die Dame am Steuer», die «selbstlenkende» Frau, mit ausführlichen Texten etwa über die Frage: «Wie ist das nun eigentlich mit dem Vorfahrtrecht?» Und mit herrlich komischen Fotoanleitungen, wie man als Frau im Tweed-Kostüm sachgerecht die Reifen wechselt.

Jörg von Morgen berichtet auch über selbstverschuldete Unfälle dieser selbstlenkenden Frauen in der Clique seiner Mutter. Über einen im Mai 1932 allerdings nicht. «Lisa hat am Sonntagvormittag einen Automobilunfall gehabt. Der Motorradfahrer, mit dem sie kollidierte, ist tot.» Schwiegervater Burghard von Cramm notierte im Tagebuch später auch die «Verhandlung gegen Lisa» im November des Jahres: «Urteil 2 Monate Gefängnis oder 1000 Mk Geldstrafe wegen Fahrlässigkeit bei Automobilfahren u. Tötung eines Menschen.»

Lisa «lernte Steptanz». Sie saß beim Unterricht 1934 auf jener Stuhlrückenlehne, als gerade Fred Astaire und Ginger Rogers durch ihre ersten Filme wirbelten – nur dass Lisa da schon anders als Ginger ganz nach heute aussah. Lisa wird die Abende 1935 in der Sherbini-Bar, die Gottfried so mochte, nicht verpasst haben, an denen man von der Jazzband des schwarzen Posaunisten Herb Flemming «Top Hat» und «Cheek to Cheek» hören konnte, aus dem Astaire-Rogers-Film «Top Hat» – so wenig wie die Abende 1936 während der Olympia-Wochen dort, als mit Flemmings Band zwei schwarze Stepptänzer brillierten.

Das Stepptanz-Training war ambitioniert wie alles, was Lisa anpackte: Im September 1935 berichtet sie Gottfried, sie trainiere ihren Tanz gerade zwei Stunden täglich, in der Tauentzienstraße – bevor sie dann jeden Nachmittag Hockey spiele – trotz eines «riesigen Verbandes» um den Daumen: «Eigentlich sollte ich nicht Hockey spielen, aber das ist doch unmöglich.»

Lisa rauchte – in diesem Punkt muss man die Liste von Jörg von Morgen ergänzen. Das war so wichtig wie das Autofahren. Lisa spricht in ihren Briefen um und seit 1930 immer wieder vom Zu-viel-Rauchen und gelegentlich vom Weniger-Rauchen.

Sie trug Hosen. Sie bestand darauf. Gottfrieds jüngster Bruder Wilhelm Ernst begründet seine spätere Erinnerung «Mit ihr verheiratet zu sein war nicht ganz einfach» nur mit dieser einen Geschichte: «U.a. erklärte sie, jederzeit zum Essen zum englischen Botschafter zu gehen, aber nur in Hosen, – und das war unmöglich in der damaligen Zeit.»

Und sie ging ziemlich wild mit Hunden um. Ihre Freude an ihrem beißenden und kotzenden Hund haben wir oben zitiert. Auch da ist sie in der Gesellschaft dieser freien Frauen 1930, auch das ist ein weibliches Lebensstil-Element der Zeit. «Charlott etwas verrückt» lässt sich glücklich nach monatelanger Abwesenheit von ihrer Dogge umwerfen und die Festgarderobe nur deshalb nicht ruinieren, weil sie kurz vorher in Erwartung der Attacke einen dicken Ledermantel übergezogen hat, in den die Dogge sich verbeißen kann. Und Louis Lou in Ruth Landshoffs «Die Vielen und der Eine» freut sich ebenso unbändig wie ihr «graublauer» Terrier, als er sie beim Wiedersehen umreißt und ihr das Kleid und die Schuhe zerfetzt. Maria Daelen in diesem Berliner Freundinnenkreis, erinnert sich Jörg von Morgen, reiste nie ohne ihre Kerry-Blue-Terrier-Hündin, deren Nachwuchs sie an den gesamten Kreis ver-

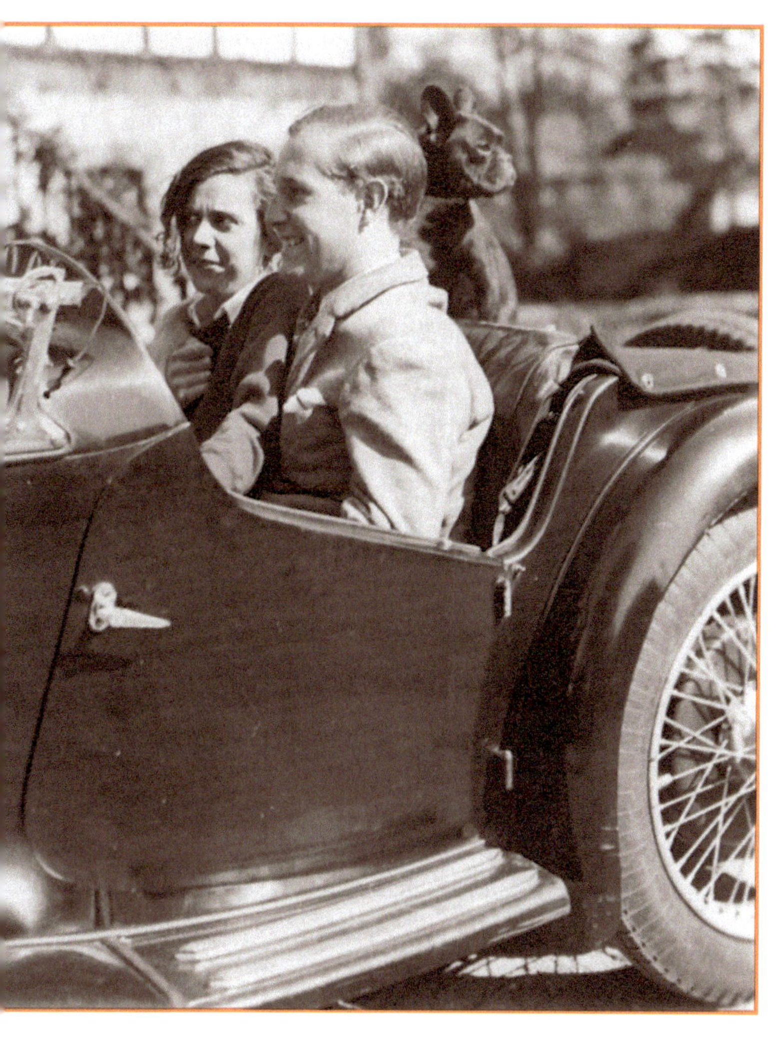

Lisa mit Hund in Gottfrieds Opel Roadster

schenkte. So kam der Terrier von Maria Daelen über Ruth Landshoff zu Louis Lou. Ein Sonderheft der *Dame* widmet sich im Juni 1929 dieser neuen Beziehung zwischen Frau und Hund – und prompt ist Ruth Landshoff dort mit ihrem Kerry-Blue-Terrier porträtiert. Bei Lisas Hund in Gottfrieds Opel Roadster handelt es sich offensichtlich um eine französische Bulldogge.

Die *Dame* schaffte 1930 auch die Verbindung von Hund und Auto, als sie das Problem aufwarf: «Der Hund im Auto der Dame» – denn nicht jeder Hund eigne sich gleich gut als Mitfahrer. Und es gelingt auch die Verbindung von Rauchen und Auto: Die Kabriolett-Fahrerin, die Glut und Asche in den Augen und auf dem Mantel vermeiden will, brauche eine gerade konstruierte, fein durchlöcherte zweiseitige Zigarettenspitze, die nur den Rauch durchlasse.

Wer von diesen Frauen übrigens nicht schrieb – Feuilleton, Gesellschaftsreportagen, Romane –, die fotografierte: Marianne Breslauer, Germaine Krull, Lotte Jacobi – aber auch Lisa von Cramm! Wir haben den Hinweis bei Jörg von Morgen. Und es fanden sich weitere. Nach der Trennung von Gottfried schreibt Lisa um 1940 immer wieder von ihrer Arbeit «im Atelier». Wohl ein Fotoatelier, daher die auffallenden großen Schwarz-Weiß-Abzüge in einem Karton des Familienarchivs in Bodenburg. Einige dieser Abzüge haben rückseitige Stempel oder Aufkleber: «Ullstein Fotografisches Atelier». Es sind großartige Bilder darunter, die auch im Werk der Besten der Zeit auffallen würden: Lisa von Cramm, die Fotografin – eine Entdeckung.

Jörg von Morgen hatte Schwung und Duft dieses Berliner Kreises der 30er Jahre um Lisa und seine Mutter Ruth gut in Erinnerung: «Nicht nur Männer, sondern auch manche Frauen waren hinter ihr [Ruth] her. Eine bunte Clique aus Sport- und Musikwelt tobte durch die Nachtlokale oder fuhr hinaus an die märkischen Seen zum nächtlichen Krebsessen im Gartenrestaurant. Ab und zu beugten sich elegant aufgeputzte Damen und Herren über mein Bett und sagten mir gute Nacht, ehe alle mit Juchhei ins Vergnügen abrauschten, eine Wolke von Wohlgeruch zurücklassend.» Bei der Wahl der Mittel zur persönlichen Ausstrahlungsoptimierung war man dabei nicht zimperlich: Seine Mutter habe sich vor solchen Abenden Atropin in die Augen gekippt, «damit sich die Pupillen interessant weiteten».

In Sommerurlauben an Nord- und Ostsee mit Ruth, Lisa, Annemarie Schwarzenbach, Maria Daelen und anderen lief man, «wenn es ging, nackt» (Jörg von Morgen) durch die Dünen und den Wellen entgegen. Annemarie Schwarzenbach hat sich 1931 in Lisa – vielleicht darf man sagen – verguckt: «Ich habe mich mit Maria Daelen angefreundet. […] Und dann auch mit Lisa von Cramm, die ich schon vor zwei Jahren in St. Moritz kannte. Jetzt ist sie 19 Jahre alt und hat Augen wie Medi.» – Im Fall Maria Daelens ist das «angefreundet» eindeutig zu schwach: Schwarzenbach war verliebt in die Ärztin. «Medi» ist übrigens Elisabeth Mann, Lieblingskind und jüngste Tochter Thomas Manns, geboren 1918. Sie war also knapp 13, als Annemarie dies bemerkte.

In diesem Freundinnenkreis, Lisa offenbar keineswegs ausgenommen, war Raum für lesbische Erfahrungen und Bisexualität – überhaupt für eine unbekümmerte, offene

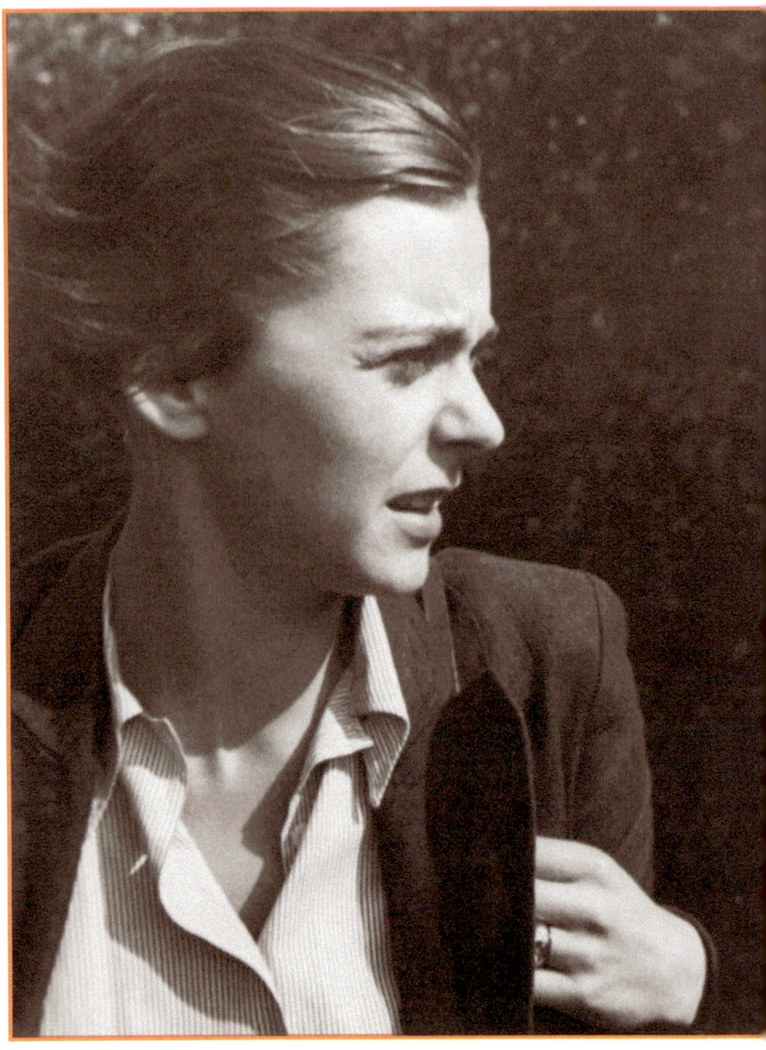

Sexualität. Jörg von Morgen vermutet eine Affäre zwischen Maria Daelen und seiner Mutter Ruth. Daelen war später, von 1935 bis 1942, die Partnerin Wilhelm Furtwänglers.

Im Verteidigungsschriftsatz von Gottfried von Cramms Anwalt 1938 wird es jedenfalls heißen, Lisa habe seit 1931 außereheliche Verhältnisse gehabt und ihrem Mann früh erklärt, er könne auch seinerseits tun, was er wolle. In diesem Jahr, 1931, habe er dann Manasse Herbst kennengelernt.

Zu den von Marianne Breslauer so berückend porträtierten Freundinnen dieses Berliner Kreises gehörte auch das Fotomodell Maud Thyssen, geborene Feller, seit 1932 lose verheiratet mit Heinrich Thyssen-Bornemisza, dem Kunstsammler. – Um kurz nach Mitternacht rief Maud Thyssen bei Lisa an. «Wir waren beim Boxen. Es war aber nicht sehr doll. Um 12 kam ich nach Hause. 2 Minuten später klingelte das Telefon. Ferngespräch aus Paris. Maud war dran. Sie wollte nur sagen, dass alles, was man über sie erzählte, gelogen sei. Sie hätte weder ein Auge verloren, noch die Sprache. Sie hätte nur eine kleine Narbe über dem linken Auge, die man aber noch entfernen könnte. […] Dich soll ich tausendmal grüßen. Das hat sie mindestens 3-mal gesagt. […] Es ist ja phantastisch, dass ihr nicht mehr passiert ist. Sie soll 45 Meter durch die Luft geflogen sein.» So Lisas Bericht Ende September 1935 an Gottfried.

Hinter Maud Thyssens Anruf aus Paris steckt eine der erstaunlichsten Geschichten aus diesem gesellschaftlichen Geflecht. Maud hatte in Paris einen Geliebten: Alexis

Mdivani, georgischer Sohn eines Zaren-Generals, Polospieler, Beau und einer von fünf Geschwistern, die in den 30er Jahren als die «Marrying Mdivanis» notorisch waren. Alexis Mdivani war im Mai 1935 geschieden worden von – Barbara Hutton. Die unter anderem einen goldenen Rolls Royce für ihn hatte anfertigen lassen, in dem Alexis nun mit Maud in Spanien unterwegs war, als sich das Auto am 1. August auf einer Küstenstraße vielfach überschlug. Alexis war sofort tot. Und Maud, die im goldenen Rolls Royce Barbara Huttons überlebte, lässt Gottfried tausendmal grüßen, der zu diesem Zeitpunkt Barbara Hutton noch gar nicht begegnet ist. Vier Ehemänner sollten noch folgen, bis Gottfried von Cramm an der Reihe war.

Auch international begegnet sich dieser Berliner Kreis. Gottfried und Lisa, Marianne Breslauer, Ruth Landshoff und andere Freundinnen und Freunde treffen etwa im Spätsommer 1930 in Venedig im Palazzo Vendramin bei Karl Vollmoeller zusammen. Vollmoeller war der große Berliner Zampano-Bohemien der Zeit; der Palazzo Vendramin Richard Wagners letzter Wohn- und Sterbeort.

Und gerade die Skiurlaube Lisas und Gottfrieds boten Raum für die Entfaltung von sportlichem und gesellschaftlichem Glanz. Im Winter 1929/30 in St. Moritz – dem «Mittelpunkt des Wintersportlebens der ganzen Welt» (*Die Dame* im Dezember 1930) – hat man Fotos gemacht. Die beiden sahen umwerfend aus in ihrer makellosen Eleganz im Schnee. Sie jungenhaft im lässigen Anzug, darunter Strickpullunder mit großem Ausschnittkragen und

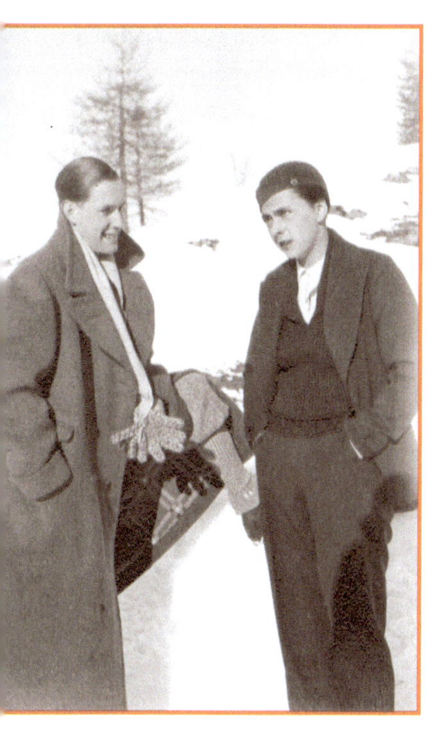

Im Winterurlaub. Cramm war auch ein ausgezeichneter Bobfahrer

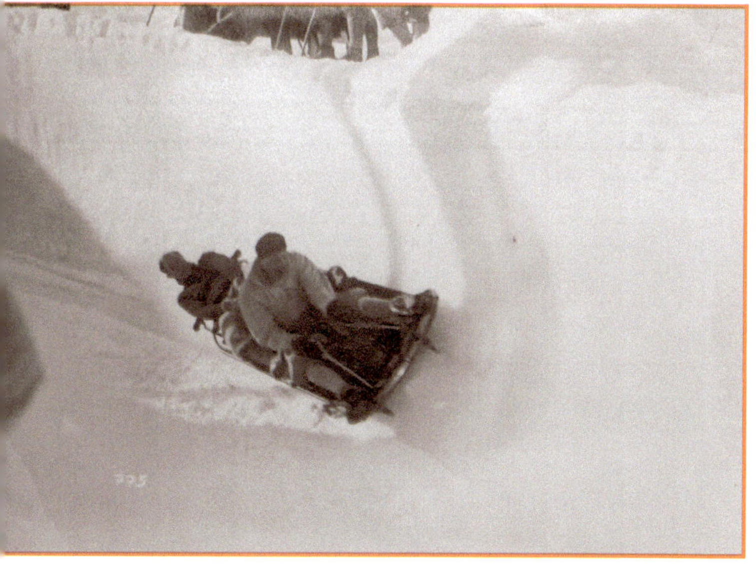

weißer Kragenbluse, auf dem Kopf eine enge Kappe, die die Haare verschwinden ließ. Er im Traummantel, darunter ein gestreifter heller Winteranzug mit Dreiviertelhose und Kniestrümpfen.

In seinem dichten Sport- und Tanzprogramm fuhr Cramm auch Bob, als zweiter Mann im Eiskanal, vorn Jürgen Ernst Wedel. «Mit Jürgen Ernst fahre ich Boblet. [...] Wir fuhren gestern eine recht gute Zeit, die drittbeste des Tages. Weltmeister Heaton fährt auch mit, er war um 5 sec. schneller als wir. Die Bahn ist so ausgezeichnet, dass nichts passieren kann.» Ebenfalls an die Eltern heißt es dann kurz darauf: «Heute und morgen ist Boblet-Derby. Wir haben die zwei ersten Fahrten in recht guter Zeit gefahren, liegen von allen Deutschen an erster Stelle. Gewinnchancen haben wir aber absolut keine.»

Spätere Skiurlaube verbringt Lisa auch mit Ruth von Morgen und Wilhelm Furtwängler in St. Anton. Ruth, eine sehr gute Pianistin, hat bei Maria Daelen und Furtwängler oft am Flügel gesessen. Als Lisa – schon Jahre nach der Scheidung – und Ruth hier im Februar 1941 aus St. Anton an Gottfried schreiben, haben wir auch einmal den schönen Ton von Ruth gegenüber Gottfried: «Liebster Gottfried. [...] Was machen meine Sachen, die Du mir für 20 M. besorgen wolltest? Schadet nichts, wenn Du es vergessen hast. Liebe Dich trotzdem.»

Und Cramm führt ein Leben mit Manasse («Manfred») Herbst – nicht so versteckt, dass sich nicht Gerüchte darüber verbreiten. Man darf nicht vergessen: Wenn auch

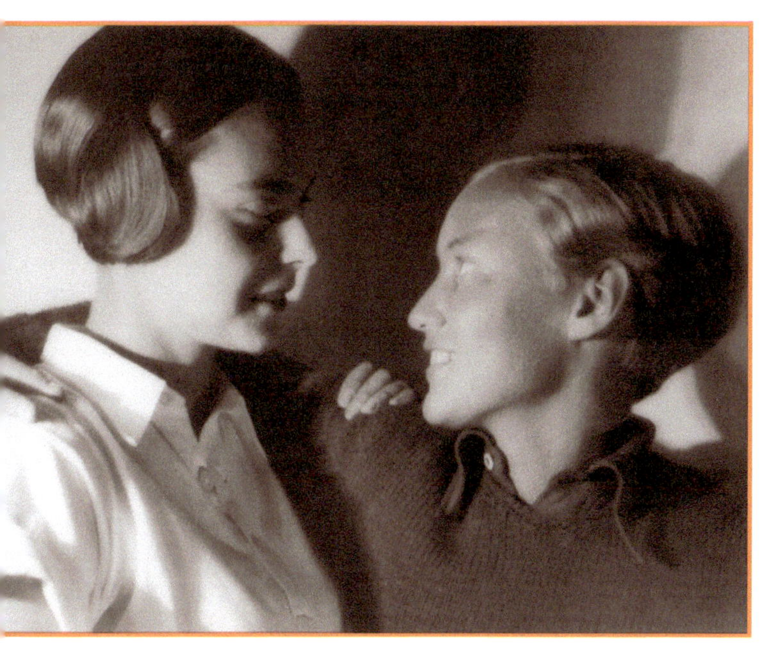

Lisa und Ruth von Morgen, aus der *Dame*, 1933

Kultur und Subkultur in den 1920er Jahren, zumal in Berlin, liberaler wurden, blieb gleichgeschlechtliche Liebe unter Männern auch in der Weimarer Republik verboten und wurde mit Gefängnis und dem Verlust der bürgerlichen Ehrenrechte bedroht.

Vor allem aber seit 1933 waren das gefährliche Gerüchte, die sich über Gottfried von Cramm verbreiteten – und die etwa die Prinzessin zu Schaumburg-Lippe ihm erzählte, die meinte, dies sogar bei einem Empfang beim «Führer» 1934 oder 1935 gehört zu haben. Sein großer Freundes- und Bekanntenkreis, so Cramm im Gestapo-Verhör, habe ihm immer wieder berichtet, solche Gerüchte würden nicht verstummen.

Er trifft sich mit Herbst seit dem Frühjahr 1931 immer wieder im Hotel «Petersburger Hof» in der Mittelstraße, geht mit ihm in die – so die Gerichtssprache 1938 – «homosexuellen Verkehrslokale» «Silhouette», «Idé», «Kleist-Kasino» oder «Hollandaise». Hubert von Meyerinck schwärmte in seinen Erinnerungen vor allem von der «Silhouette» in Schöneberg – «dieses schmale, anrüchige Lokal in der Geisbergstraße, in dem ein geschniegelter, schwarzer Kellner bediente und vorne an der Bar Jünglinge in Frauenkleidern saßen». Sein Freund Jürgen Ernst Graf Wedel sei auch immer da gewesen. Meyerincks Erinnerungen an die vielfältigen Anwesenheiten von Jürgen Ernst Wedel im Berliner Nachtleben legen nahe, dass neben Meyerinck vor allem Jürgen Ernst es war, der Freund aus Burgdorf, der Gottfried von Cramm seit Ende der 20er Jahre in diese Welt einführte.

Im Prozess hieß es später auch, Manasse Herbst habe mit Gottfried und Lisa in deren Wohnung zu Abend gegessen; Lisa sei in die Beziehung eingeweiht gewesen. Das hat Lisa noch 1951 im Zusammenhang von Cramms Anträgen auf Urteilsaufhebung und Straftilgung bezeugt. Ab 1934 habe Herbst sie gelegentlich auch zusammen «mit seiner Braut» (er war später verheiratet) in der Dernburgstraße besucht.

Nicht nur «besucht» – Herbst wohnte zeitweise dort. Lisa berichtet Gottfried Ende Juni 1934, sie habe bei einem kurzen Berlinaufenthalt von Burgdorf aus bei Ruth von Morgen übernachtet, sei auch «einen Moment» in der Dernburgstraße gewesen. «Manfred war etwas geniert, aber sehr nett. Es war alles tadellos in Ordnung, und er schien mir wohl und vergnügt» – «es war wirklich keine Gefahr dabei». Noch Monate später, im Februar 1935, hilft sie Herbst und schreibt an Gottfried, Manfred wolle einen Wagen abholen, sie habe ihn aber noch nicht erreicht, sie versuche es morgen noch einmal.

Gottfried von Cramm war seit Januar 1933 ein Star in Gefahr. Er wird zu einer Audienz bei Hindenburg geladen – den eine jahrzehntelange Freundschaft mit König Gustav von Schweden verband –, als zweiter Sportler und als einziger Tennisspieler. (So Max Schmeling in seinen Erinnerungen, doch ein ganz klein wenig verschnupft, dass er über den Berliner Regierenden Bürgermeister nicht hinausgekommen sei.) Und er wird Hitler vorgestellt.

Die Nationalsozialisten wollen Cramm vereinnahmen, er bleibt auf Distanz, tritt – obwohl oft gedrängt, gerade von Hermann Göring, dem Rot-Weiß-Vereinskameraden,

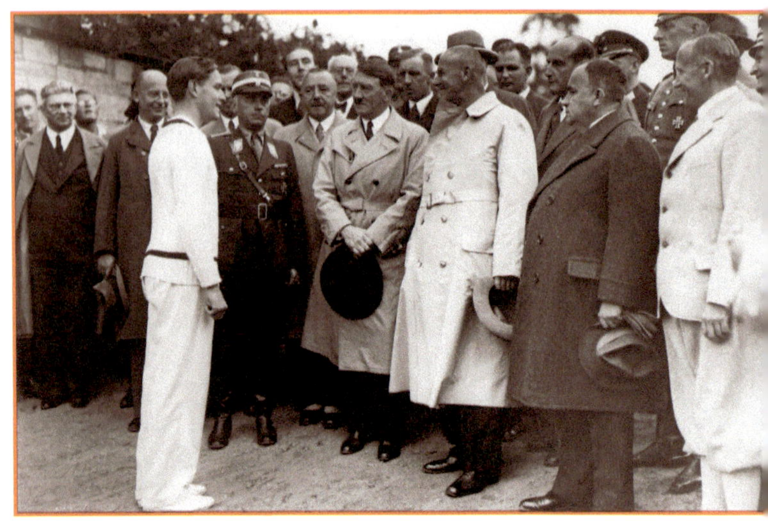

Cramm vor Hitler, in der Mitte der Reichssportführer von Tschammer und Osten, Oktober 1933 auf dem Gelände des «Deutschen Stadions» in Berlin

auch von Reichssportführer von Tschammer und Osten – nicht in die NSDAP ein. Dass Göring drängte, hat am verlässlichsten vielleicht Wilhelm Ernst, Gottfrieds Bruder, notiert. Einer ungesicherten, aber oft wiederholten, ursprünglich von Donald Budge erzählten Geschichte nach wollte Göring Cramm ködern, indem er vor dessen Augen Hypotheken jüdischer Banken auf Cramm'sche Güter zerriss – Cramm habe geantwortet: «Wenn das die Art ist, wie Nationalsozialisten Geschäfte machen, werde ich *niemals* Parteimitglied. Und wenn ich die Nationalsozialisten überlebe, werde ich diese Schulden bedienen, so gut ich kann.»

Die Distanz zu den Nationalsozialisten ist früh greifbar. An den Vater Burghard von Cramm – der republik- und regierungsfreundliche Adelsaufrufe unterschrieben hatte – schreibt Gottfried Ende Februar 1931 aus Arosa: «Übrigens finde ich, dass unsere Regierung sich fabelhaft macht. Meine Schadenfreude über die Nazis kann ich nicht ganz unterdrücken.» Die Abgeordneten von NSDAP und DNVP verließen am 9. Februar den Reichstag, nachdem ihre Misstrauensanträge abgelehnt worden waren.

Burghard von Cramm weigerte sich im November 1933 als Vorsitzender des Rennvereins Hannover und im Vorstand des Golfclubs, «Nichtarier» auszuschließen. Er notiert im Tagebuch, man habe ihm im Rennverein «mit dem Concentrationslager» gedroht, «wenn ich die Juden nicht aus dem Klub entferne». Drei Wochen später: «Abends Golf-Sitzung, ich lehne die Magistratsaufforderung, die Juden aus der Golfabteilung zu entfernen, ab.» Es half nichts. Im März 1934: «Generalversammlung des Rennvereins, die ich leite. Die Nichtarier werden gegen meinen Willen aus dem Klub entfernt.»

1933 kritisiert Gottfried von Cramm gegenüber ausländischen Reportern den Ausschluss seines Freundes Daniel Prenn aus dem deutschen Davis-Cup-Team wegen dessen jüdischer Herkunft. Spätestens seit dem Sommer 1932 nach seinem Davis-Cup-Sieg gegen Fred Perry auf dem Rot-Weiß-Centre-Court war Prenn ein Berliner Held. Er wurde in Vilnius geboren, war in St. Petersburg aufgewachsen und 1920 nach Berlin geflohen. Nun, nach dem Ausschluss aus dem deutschen Tennis, emigrierte er mit seiner Frau nach England, wurde ein erfolgreicher Unternehmer – und kam erst 1984, 80-jährig, noch einmal nach Berlin und auf das Rot-Weiß-Clubgelände.

Auch in dieser Arier-Frage rückte die Gefahr noch näher. Lisa war eine «Viertel-Jüdin». Die Wiener Zeitung *Die Stunde* meldet Ende April 1933, Daniel Prenn dürfe als Jude beim Davis-Pokal nicht antreten – und jetzt werde auch gegen Cramm «von Seite der Hakenkreuzler Stimmung gemacht»: «Sie wollen entdeckt haben, dass die Gattin v. Cramms jüdischer Abstammung ist und halten es aus diesem Grunde für unwürdig, dass er Deutschland im internationalen Tennis-Wettbewerb vertritt.»

Vorerst blieb das ohne Folgen. Aber auch Manasse Herbst war schon im März 1933 per Schiff nach Lissabon emigriert, war dann allerdings ab Ende 1933 bis 1936 – mit Unterbrechungen durch Aufenthalte in Lissabon und Tel Aviv – wieder in Berlin. Cramm finanzierte solche Fahrten und den Lebensunterhalt Herbsts, der in Berlin keine Arbeit fand. Immer wieder ließ er Herbst in diesen Jahren auf den verschiedensten Wegen auch ins Ausland Geld zukommen – hart bestrafte Devisenvergehen.

Anfang März 1936 – Cramm ist von seinem erstmali-

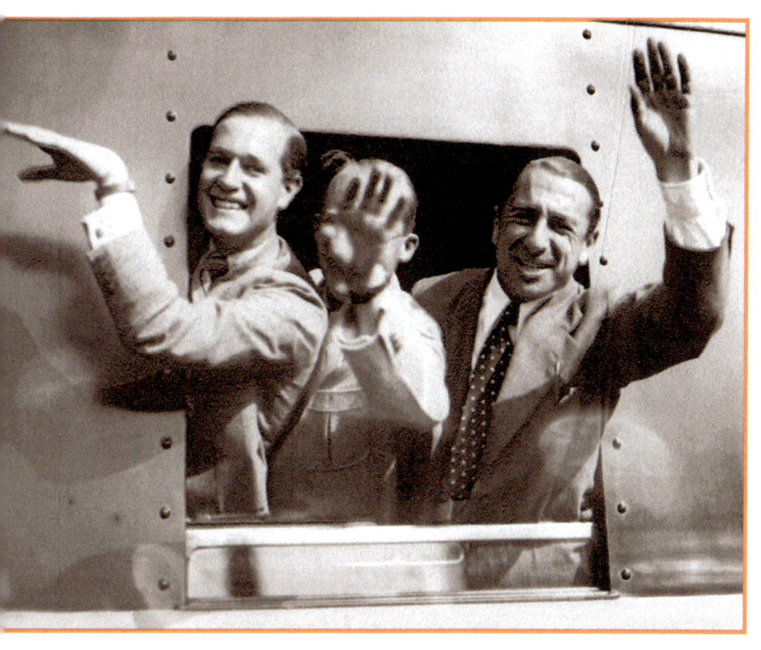

Cramm mit Daniel Prenn (rechts) bei der Abfahrt nach Mailand, 1932

gen Auftreten bei den Turnieren in Kairo und Alexandria zurückgerufen ans Krankenbett des Vaters – verlässt Herbst dann endgültig Deutschland, lebt zunächst wieder in Lissabon, dann in Paris. Am 17. März stirbt Burghard von Cramm an Leukämie. Noch gab es mit Herbst ein – vor dem Krieg letztes – Wiedersehen. Cramm ist Ende April 1936 zum Davis-Cup gegen Spanien in Barcelona. Herbst kommt Anfang Mai dorthin, noch einmal haben sie eine Nacht gemeinsam im Hotel – dann erreicht Gottfried ein Brief von Lisa, die ihn um Scheidung bittet. Am nächsten Tag verlor er ein eigentlich sicheres Einzel glatt.

Lisa und Barbara

Lisa war in der Scheidung der «allein schuldige Teil», aus gleich drei Gründen: erstens wegen des Verhältnisses mit Gustav Jaenecke. Jaenecke war Tennisfreund und zeitweiliger Doppelpartner Cramms, 1933 nach Prenns Ausschluss sogar im Davis-Cup eingesetzt, aber eigentlich der beste deutsche Eishockeyspieler der Zeit: Deutscher Meister, Vizeweltmeister, Europameister, umjubelter Star des Sportpalastes. Zweitens wegen eines früheren Verhältnisses schon kurz nach der Hochzeit – mit einem französischen Tennisspieler, vielleicht Christian Boussus. Und drittens überhaupt wegen ihrer Liebe zum Berliner Nachtleben. All das betont Cramm noch in Verhör und Verhandlung 1938.

Wie Lisa von Manasse Herbst, so schien Gottfried früh von Lisa und Gustav zu wissen. In Lisas Briefen der 30er Jahre an Gottfried ist immer wieder offen von Gustav die Rede. Einmal, undatiert, schreibt sie ihm nachts um drei noch, sie sei heute mit Gustav im Haus Marquardt essen gewesen – das Schloss nördlich von Potsdam, seit 1932 Kempinski-Hotel und -Restaurant –, danach, weil es «noch zu früh für Lokale war», in ihre Dernburgstraßen-Wohnung gefahren, «dann hier hängen geblieben». «Es ist nichts Wesentliches passiert. Kein Grund zur Aufregung vorhanden. – Ich liebe nur Dich. Es ist schrecklich, jetzt so allein ins Bett gehen zu müssen. Dein Bett ist so kahl und leer. Es küsst Dich ganz fest und lang Deine Lisa.»

Alle diese Briefe Lisas an Gottfried – vor wie nach dem Einreichen der Scheidung – sind sehr liebevoll.

«Ich freue mich rasend auf Dich. Viele tausend dicke Küsse von Deiner Lisa» – im März 1934 nach Mailand. «Hier ist es ganz scheußlich ohne Dich. Dies ist keine Höflichkeitsphrase. […] sehr viele liebe Küsse von Deiner alten dummen Lisa» – im Februar 1936 nach Monte Carlo. Selbst kurz vor dem Entschluss zur Scheidung, im März 1936, nach Ägypten: «Sonst sitze ich mal wieder ziemlich verlassen hier rum. G.[ustav] ist in München. Ich denke oft mit Sehnsucht an Dich, mein winzig kleiner Petit. Hoffentlich bleibst Du gesund und kommst auch mal zurück. Du bist so entsetzlich weit weg. […] Leb wohl mein kleiner Schatz und lass Dich ganz fest umarmen von Deiner Lisa.» Kurz nach dem Einreichen der Scheidung, am 27. April 1937 (am Tag zuvor notiert Jutta von Cramm im Tagebuch: «Abends rief Gottfried an, er war sehr traurig. Lisa hat ihn heute früh endgültig verlassen»): «Ich will Dir nicht sagen, dass ich traurig bin und Dir auch keinen Liebesbrief schreiben. Nur danken will ich Dir, für alles was Du für mich getan hast. Besonders in letzter Zeit. Du warst wieder so wahnsinnig anständig und rührend zu mir. Petit, Du glaubst es mir ja sicher nicht, aber ich werde Dir das nie vergessen. Ich könnte mich ermorden für jede Gemeinheit die ich Dir gegenüber begangen habe. Jetzt ist es zu spät, nun kann ich nichts mehr gut machen. Warum bin ich nur so ein widerliches Schwein.» Und Ende Juli 1937: «Ich finde es ja sehr traurig, dass Du von Hamburg nicht mehr hier nach Berlin gekommen bist. Ich hätte

Dich sehr gerne gesehen.» Als kurz darauf feststeht, dass Cramm auf die halbjährige Welttournee geht: «In 14 Tagen schon, Petit. So weit und so lang! Ich mag gar nicht daran denken. Bitte Petit fahr nicht weg, ohne dass ich Dich noch einmal gesehen habe.»

Cramm muss Ende Juli 1937 von Berichten verletzt gewesen sein, Lisa ziehe nun sofort mit Gustav zusammen und werde ihn möglichst bald heiraten. Lisa schreibt ihm, sie werde Gustav vorläufig nicht heiraten. «Dass Du nicht viel Gutes von mir denken kannst, ist mir völlig klar, ich hatte nur gehofft, Du würdest mir glauben, dass ich Dich noch sehr gerne habe und unser gemeinsames Leben nicht von heute auf morgen vergessen kann.» In eine neugemietete Wohnung ziehe sie jetzt allein, nicht mit Gustav. «Ich kann Dich nur bitten, mir zu glauben. Bei all meiner Schlechtigkeit würde ich es doch nicht über mich bringen, Dich gerade jetzt zu belügen. [...] In der Hoffnung, dass Du mir glaubst, umarmt Dich Deine Lisa».

Zwei Jahre später, zu Gottfrieds Geburtstag am 7. Juli 1939: «Ich finde es sehr traurig, dass Du nur so kurz nach Berlin kommst. Ich hätte gerne einen gemütlichen Abend mir Dir verbracht [darüber hinzugefügt: «oder auch mehrere»]. Früher hätte ich das ja leicht haben können, aber da war ich so dumm, lieber in stinkende Lokale zu rennen mit törichten Menschen. Leider muss man ein biblisches Alter erreichen, um genügend Erfahrungen zu sammeln.» So die 27-Jährige.

Es wird immer deutlicher, dass es sich hier um eine unzerstörbare Lebensbeziehung handelte. Im Winter 1939/40 aus St. Anton: «Wie soll ich Dir nur mein grässliches Benehmen der letzten Zeit erklären? Es ist zu trostlos, dass ich immer wieder dieselben Fehler mache. Ich habe mich gegen Gustav benommen wie das letzte Schwein. Erst bin ich mit ihm aufs Standesamt gerannt und habe zu allem ja gesagt und ein paar Tage, bevor es passieren sollte, habe ich Angst bekommen. Dann habe ich alles in Bewegung gesetzt, um diese Heirat zu verhindern. Es ist mir ja dann auch mit ekelhaften Mitteln gelungen, es rauszuschieben. Aber kannst Du mir sagen, warum ich das tue? Ich weiß es nicht. Wie kann man nur so sein, wie ich bin? Kaum habe ich mich zu was entschlossen, finde ich es das Blödeste was es gibt. Wenn ich es dann mühsam rückgängig gemacht habe, finde ich, dass es doch ganz praktisch gewesen wäre, es zu tun. Wirklich erreicht habe ich ja auch jetzt nichts, denn die leidige Heirat ist ja nur bis zum März rausgeschoben. Ich bin der Überzeugung, dass es falsch ist, wenn ich es tue, aber ebenso überzeugt bin ich, dass ich Kuh es tuen werde. Jemand der so verrückt ist wie ich ist eben nicht zu helfen. Ach Petit, ich wünschte oft Du wärest hier. Helfen kannst du mir zwar auch nicht, aber Deine bloße Gegenwart wäre mir eine große Freude und Beruhigung. Ich habe mich gerade in letzter Zeit viel über Gustav geärgert, aber trotzdem komme ich von diesem Menschen nicht los. Seine ganze Lebensauffassung ist so verschieden von der meinigen und über alles was er sagt fühle ich mich irgendwie erhaben, aber seine Gegenwart macht mir Freude. Er ist wie ein Hund, den man sehr gerne hat, von dem man aber weiter nichts erwartet.»

Gottfried hat auf diese Zweifel offenbar sehr emotional reagiert – Lisa antwortet: «Du schreibst, es wäre mir nicht klar geworden, zu welchen Opfern Du bereit gewesen wärest, falls wir wieder geheiratet hätten. Darin hast Du völlig recht, denn ich war der Ansicht, dass ich in diesem Fall diejenige gewesen wäre, die alles aufgeben hätte müssen und mich ganz Deinem Leben anzupassen. Ein wüster Satz, aber Du wirst ihn schon verstehen. Nun ist dieser Fall ja sowieso überholt. Ich bin nach wie vor sicher, es wäre für uns beide das beste gewesen. Das Leben ist doch sehr kompliziert. Ich bin jedenfalls zu dumm dafür.»

Aus der Ehe mit Gustav Jaenecke – die 1947 geschieden wurde – schreibt sie dann Ende 1940 an den Kanonier Gottfried von Cramm nach Utrecht: «Petit, denkst Du manchmal noch an unsere Ehe? Mir erscheint sie in der Erinnerung ideal. [...] Du bist für mich immer noch der einzigste Mensch, dem ich alles sagen kann. [...] Deine alte Lisa.» Und, vermutlich kurz darauf oder 1941: «Wenn ich jetzt so über die letzten 10 Jahre nachdenke, dann muss ich doch sagen, dass wir ganz schöne Zeiten zusammen verbracht haben. Leider haben wir (besonders ich) damals alles zu selbstverständlich genommen. Wie würden wir das jetzt alles genießen. Wir waren leider blöde verzogene Kinder, die eben bestraft werden mussten.»

Klingt das alles nach einer Ehe, die wegen Cramms Sexualität zu Ende gegangen ist? Dieses Urteil war oft schnell bei der Hand. Nein, es klingt nicht danach. Und es ist auch deshalb unwahrscheinlich, weil Lisa selbst ja homosexuelle Abenteuer nicht floh.

Man darf zuletzt auch – bei aller Vorsicht und Diskretion, was diese Quelle betrifft – die Aussage Cramms bei der Gestapo im März 1938 ernst nehmen: Er habe mit Lisa seit der Verlobung und auch in der Ehe stets Geschlechtsverkehr gehabt. Das wollte die Gestapo wissen, weil sie herausfinden wollte, wie ausschließlich Cramms Homosexualität war.

Es sieht so aus, als habe die 24-jährige Lisa 1936, im sechsten Ehejahr, beschlossen, noch einmal ein anderes Leben in Berlin zu leben und sich nicht mehr nach ihrem berühmten abwesenden Ehemann zu richten – und als habe dann schon die 27-Jährige das als Fehler empfunden. Und über diese Entwicklung «sehr traurig» waren alle. Jutta von Cramm notiert das auch von Lisa nach einem Gespräch zwischen den beiden im August 1936. Und Maria, Lisas Mutter, in einem Gespräch mit Jutta in Burgdorf im September über die Trennung, «weinte sehr», so Jutta im Tagebuch.

Noch Weihnachten 1948 endet ein kurzer Brief Lisas an Gottfried: «Herzlichste Grüße und eine weihnachtliche Umarmung von der einzigsten Frau, die die Ehre hatte, mit Dir verheiratet gewesen zu sein.»

Auch das war voreilig. Im April 1937 in Kairo bei den ägyptischen Turnieren – die Scheidung von Lisa wird gerade eingereicht – lernt Cramm auf den Tennisanlagen des Gezira Sporting Clubs die attraktive amerikanische Woolworth-Erbin Barbara Hutton kennen, wie Lisa 1912 geboren und gerade mit ihrem zweiten von am Ende sieben Ehemännern verheiratet, mit Curt Graf Haugwitz-Reventlow. Sie leistete sich in Kairo tägliches Tennistraining mit den Weltklassespielern. Barbara will Gottfried sofort haben. Cramm fühlt sich zu ihr hingezogen, aber seine Reaktion bleibt in der Schwebe.

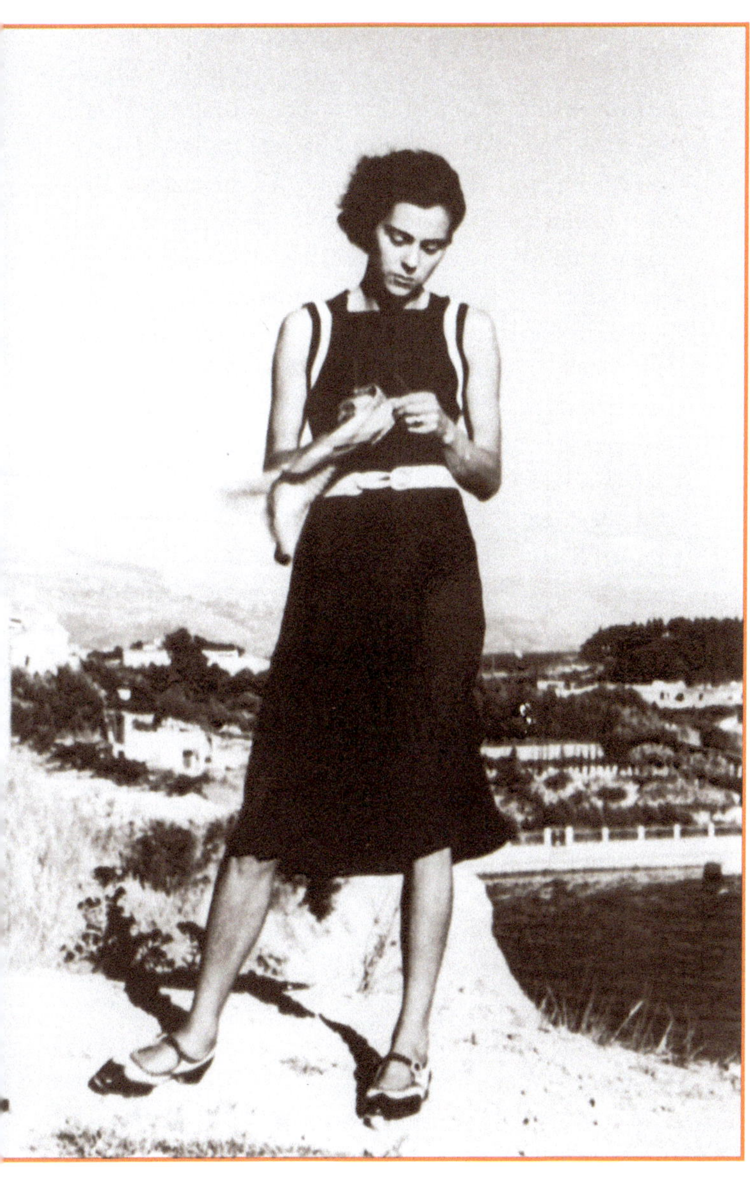

Handelt es sich von Anfang an um eine «Affäre»? Barbara Hutton ist *das* Society-Girl der 30er Jahre – ihr nächster Ehemann wird Cary Grant – und die reichste Frau der Welt, die in ihrem Leben eine Milliarde Dollar ausgibt und am verarmten Lebensende, 1979, noch dreitausend Dollar hat. Cramm trifft sie 1937 auch in London und Venedig, Boston und New York, im Frühjahr 1939 erneut in Kairo und dann erst 1946 wieder in Paris. Dazwischen gibt es Telegramme, Telefonate und Briefe zwischen Amerika und Deutschland – mit immer neuen Liebesschwüren Barbaras, die sich festhält wiederum, hier im November 1941, an seinen antwortenden «dear letters». Aber auch nach Paris 1946 sehen sie sich nur mit längeren Abständen, bevor sie erst 1955 heiraten: «Wir hätten eigentlich schon vor achtzehn Jahren heiraten sollen», werden sie nach der Trauzeremonie sagen. Ein Fragezeichen zu Cramms Gefühlen bleibt bisher.

«I loved you the first time I laid eyes on your face», schrieb Barbara ihm später im Jahr 1937. Sie sieht, unter Begeisterungsausbrüchen, das 1937er Wimbledon-Endspiel gegen Donald Budge, das Cramm in drei Sätzen verliert – die dritte Finalniederlage dort in Folge, aber Cramm ohne jede Enttäuschung und lächelnd Budge gratulierend. Er hatte aber auch sehr gut gespielt – Wallis Meyers im *Daily Telegraph* schwärmte von Cramms «brillanten Schlägen», «Schlägen von unfassbarer Geschwindigkeit und höchster Delikatesse».

Mit Barbara Hutton sah dieses Spiel der junge Oxforder Student Richard von Weizsäcker: «Nur einen Deutschen habe ich 1937 in England erlebt, dessen Ansehen auf der Insel völlig unangefochten war: den Tennisbaron Gottfried von Cramm im Wimbledon-Finale. Mit der Kombination seines zähen Sportsgeistes und seiner bezwingend liebenswürdigen Fairness legte er für den deutschen Namen Ehre ein.»

Die Beziehung zwischen Gottfried, Lisa und Gustav bleibt gut. Er hilft den beiden, als später ihre Wohnung von Bomben zerstört wird. Und die früheren Ehepartner werden sich zeitlebens weiter treffen. Aus ihrer dritten Ehe mit Dr. Wolfgang Ammann am Ammersee schreibt Lisa Gottfried zu seinem Geburtstag am 7. Juli 1954: «Petit! Es ist heute der 7.7. Ich denk an Dich. Hoffentlich kommst Du mal nach Bayern. For ever and ever, Deine alte Elisabeth.»

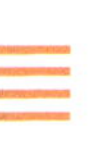

Gewinnen, um in Ruhe gelassen zu werden – Verhaftung, Gefängnis, Karrierebruch, Krieg

1936 nach seinem großen Fünfsatzsieg gegen den Weltranglistenersten Fred Perry im Finale von Paris erhält Cramm ein Glückwunschtelegramm von Reichssportführer von Tschammer und Osten: «Herzliche Glückwünsche zum Sieg gegen stärkste europäische Klasse. Lade Sie nunmehr ein, Deutschlands Farben in Amerika zu vertreten.»

Nichts, um wirklich ruhig sein zu können. 1935 hatten die Nationalsozialisten ihr Vorgehen gegen Homosexuelle noch einmal verschärft. Der Paragraph 175 wurde so geändert, dass nicht nur, wie seit 1871, «beischlafähnliche Handlungen» mit Gefängnis bestraft werden konnten, sondern jede «Unzucht» zwischen Männern – mit Zuchthaus bis zu zehn Jahren. Denunziationen waren erwünscht und kamen in Menge, die seit 1934 erstellten Listen wuchsen, Verhaftungen zu vielen Tausenden, Misshandlungen, Gefängnis, Konzentrationslager. Lieben, wie man wollte, das war einmal.

Der Bruder Wilhelm Ernst von Cramm notierte später, Gottfried habe sich bei den Nationalsozialisten in dieser Zeit auch damit unbeliebt gemacht, dass er seine Freunde in den Konzentrationslagern zu besuchen versuchte.

Der beste Schutz angesichts seiner Systemdistanz und der Gerüchte über seine Homosexualität, mag Cramm sich gesagt haben, lag in seinem sportlichen Erfolg. Einerseits kommt also von daher ein hoher Siegesdruck. Andererseits ist und bleibt er der selbstbewusst gelassene Amateurspieler par excellence, der das alles nicht fürs Siegen tut, der im Zweifel lieber fair und schön spielt als gewinnt.

Es gibt einen Hinweis, dass Cramm selbst seine Lage so gesehen hat. Bill Tilden hat in seiner Autobiographie von 1948 ein Gespräch mit Cramm aus dem Frühjahr 1937 wiedergegeben. Cramm habe ihm von der kommenden großen Turnierreise in die USA und nach Australien erzählt – und hinzugefügt: «Ich spiele um mein Leben. Ich meine das ernst. Die Nazis wissen, wie ich über sie denke. Und sie wissen, was mit *mir* ist. Sie werden mir nichts tun, solange ich die Nummer eins in Deutschland bin und gewinne. Aber ich muss gewinnen. Ich darf nicht verlieren, und ich darf nicht aufhören zu spielen.»

Gut möglich, dass Göring persönlich seine Hand über den Vereinskameraden Cramm hielt. Göring tat das für Menschen, die etwas konnten, das ihm Genüsse verschaffte – wie Gustaf Gründgens auf der Bühne, Otto Horcher in seinem Restaurant (Göring schützte Horcher vor Goebbels' Anti-Luxus-Furor) oder eben Cramm auf dem Tennisplatz. Aber die anderen: Himmler, Hitler, hassten alles, was Cramm war und wofür er stand – vom alten Adel über die Liebe zu Männern bis zur Ehe mit einer «Viertel-Jüdin».

Im April 1937 wird Cramm erstmals von der Gestapo abgeholt zu einem Verhör. Er stehe im Verdacht, in Hannover sexuelle Beziehungen zu männlichen Personen unterhalten zu haben. Cramm stellte «jede gleichgeschlechtliche Betätigung in Abrede» und durfte gehen.

Etwas war im Gang. Im Mai in Paris meldet ihn der gleichgeschaltete Deutsche Tennis Bund nicht für das Einzel – man hat mit Grund vermutet, nicht ohne höhere Weisung. Nur die Doppelkonkurrenz darf er spielen – und gewinnt sie.

Nach außen hin hat man sich allerdings tatsächlich für Cramms Gesundheitszustand vor dem Pariser Turnier interessiert. Jutta von Cramm notiert in diesen Tagen, Mitte Mai 1937, mit Gottfried in Berlin: «Finde ihn sehr bedrückt. Er spielt matt.» Gerade war die Scheidung von Lisa eingereicht, gerade hatte ihn die Gestapo zum Verhör abgeholt. Gründe genug für die Bedrücktheit gab es. Jutta weiter: «Ich lerne Tschammer kennen, und er veranlasst, dass ich nach Paris fahre, weil Gottfried einen kl. Nervenzusammenbruch hat.»

Wie auch immer die genaue Mischung von sportlicher Sorge und politischem Nadelstich auf Seiten der Verantwortlichen war: Es wirkt in diesem Jahr alles wie ein Ringen zwischen dem glänzenden und freien Leben, das Cramm sich erarbeitet hat und das er leben will, und Mächten, die diesen selbständigen Glanz immer weniger dulden wollen.

Während der Wimbledon-Wochen im Juni und Juli 1937 verbringt Cramm viel Zeit mit Geoffrey Nares, einem 20-jährigen Schauspieler und Bühnenbildner – im Prozess später räumt Cramm einen sexuellen Kontakt in diesen Wochen in London ein. Er besucht vornehmste Empfänge jeder Art, oft unter den Augen von Botschafter Joachim von Ribbentrop – bei dem Gottfried und Jutta von Cramm

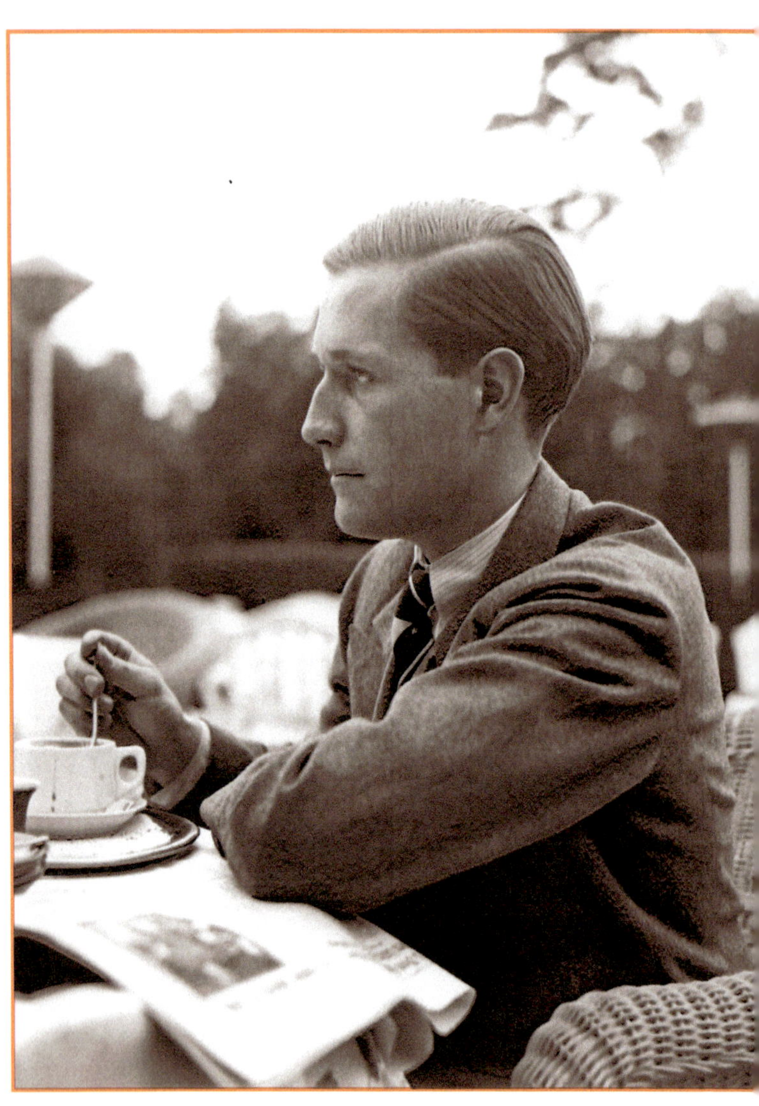

Gottfried, 1937

Anfang Juli auch zu Abend essen. «Schönes Haus, unangenehmer Gastgeber», notiert Jutta. Und Cramm sieht Barbara Hutton – auf ihren Dinner-Partys in ihrem Anwesen Winfield House, dem größten privaten Anwesen in London nach dem Buckingham Palace.

Auch nach Wimbledon war Wimbledon. Zwei Wochen nach Cramms drittem verlorenem Endspiel stand der Davis-Cup dort an, am 20. Juli 1937, das Interzonen-Finale zwischen Deutschland und den USA, wieder Centre Court, wieder Gottfried von Cramm gegen Donald Budge, das entscheidende Spiel – eines der begeisterndsten Matches der Tennisgeschichte, das Cramm im fünften Satz mit 6:8 verliert.

Viele haben später gesagt, wenn Cramm hier gewonnen und den Davis-Cup nach Deutschland geholt hätte, hätten ihn die Nationalsozialisten vielleicht in Ruhe gelassen. Er habe im Grunde um sein Leben gespielt. Budge hat deswegen später immer wieder bedauert, dass er gewann.

Budge hat später, 1969, auch erzählt, dass unmittelbar vor dem Match Hitler in der Kabine angerufen und Cramm Glück gewünscht habe. Marshall Jon Fisher hat alle Versionen und Zurückweisungen dieser Geschichte geprüft und kommt zu dem Schluss, dass sie ziemlich sicher falsch ist. Allein dass Cramm sie mehrfach freundlich zurückgewiesen hat, sollte dafür schon reichen. Warum hätte Cramm diesen Anruf leugnen sollen? Das war nicht sein Stil. Es wäre auch nichts Kompromittierendes daran gewesen.

1980 wurden die führenden Tennisreporter der Welt

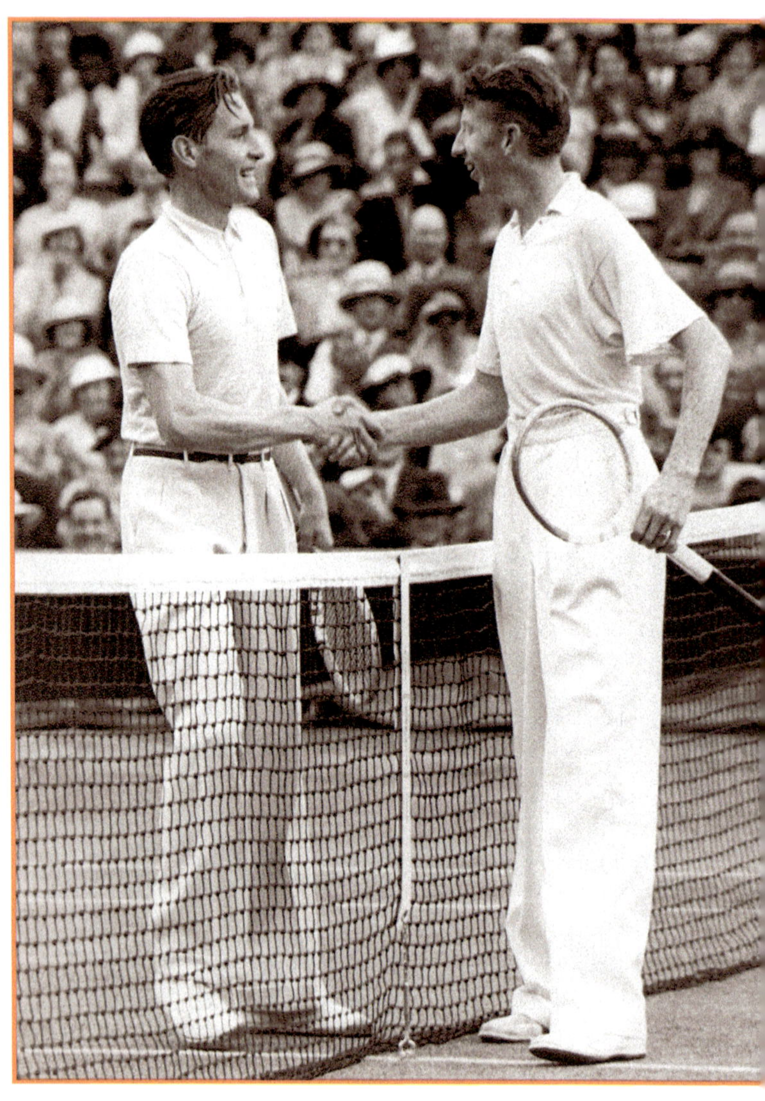

Cramm und Donald Budge. Die Gratulation nach dem Davis-Cup-Finale in Wimbledon am 20. Juli 1937

gefragt, was das beste und spannendste Spiel der letzten 50 Jahre gewesen sei. Alle nannten dieses Match am 20. Juli 1937.

Schon unmittelbar nach dem Spiel war allen, die dabei waren, klar, dass sie etwas absolut Außergewöhnliches gesehen hatten. Bill Tilden sagte Budge noch in der Umkleide: «This is the greatest Davis Cup match I have ever seen.» Die *London Times* am nächsten Tag nannte es «ein Spiel, das für immer unvergesslich bleiben wird in jedem Land, in dem man Tennis spielt». Und Allison Danzig von der *New York Times* – später der erste Journalist, der in die International Tennis Hall of Fame aufgenommen wurde – fand «die Brillanz des gezeigten Tennis nahezu unglaublich». Von ständigen «hysterischen Schreien» im Publikum während des Spiels berichtete das *Wiener Sporttagblatt*.

Ein bewegendes Detail am Rande: Daniel Prenn war aus Kensington gekommen, um das Spiel zu sehen.

Der Schriftsteller James Thurber sah etwas wie «physische Genialität», «so nah an eigentlicher Kunst, dass es am Ende eher war, als wenn ein Konzert endete als ein Tennismatch. Die ‹Bravo!›-Rufe zum Schluss stammten aus Gefühlsschichten, wie sie sonst nur von wichtigeren Dingen angerührt werden.» Sekunden vorher noch, beim Stand von 7:6 im fünften Satz, Aufschlag Budge, nach siebzehn Punkten in diesem Spiel der fünfte Matchball für Budge, herrschte absolute Stille im vollgepackten Stadion, ein «vacuum of sound», das Walter Pate, dem Kapitän des US-Teams, noch Jahre später gegenwärtig war.

Noch jemand war völlig zermürbt von dem Spiel. Am Radio in Bodenburg, Deutschlandsender, hörte Jutta von Cramm die Übertragung aus Wimbledon mit Gottfrieds

Brüdern und mit Jürgen Ernst Wedel: «Es war nervenzermürbend u. aufregend! [...] Wir waren ganz ermattet u. mitgenommen.» Vier emotionale Begriffe für einen Sachverhalt – das ist absolut ungewöhnlich für Jutta von Cramm.

So unfassbar wie das Spiel war Cramms Haltung an seinem Ende, lächelnd am Netz auf Budge zur Gratulation wartend, wie auch Budge empfand: wirklich entspannt – und dann die Sätze: «Don, this was absolutely the finest match I have ever played in my life. I'm very happy that I could have played it against you, whom I like so much.»

Trotz dieser Niederlage und der prekären Situation Cramms kommt es von Mitte August 1937 bis Anfang März 1938 noch zu jener Turnierweltreise des umjubelten Stars mit drei deutschen Tennis-Kollegen (Henner Henkel, die damals beste Frau Marlies Horn und Betreuer Heinrich Kleinschroth) in die USA, nach Japan, auf die Philippinen und nach Australien. Von Paris mit dem Zug nach Cherbourg, von dort auf der 80 000 Tonnen schweren «Queen Mary» in vier Tagen, 10 Stunden und 50 Minuten nach New York, wie Henner Henkel festhält.

Cramm war in Amerika ungeheuer populär. Das *Time*-Magazine nahm ihn im September aufs Titelblatt, in New York brauchte er Bodyguards, um von Fans und Autogrammjägern nicht völlig lahmgelegt zu werden. Beim Bostoner Turnier waren auch die Augen von Barbara Hutton nur auf ihn gerichtet. «Nie wanderte ihr Blick», erinnerte sich ein Freund, der neben ihr in der Box saß.

Der Berichterstatter des englischen *Tatler* wird sich im August 1938 in einem empörten Artikel über Cramms Inhaftierung erinnern, er habe 1937 in Boston das «seltene Schauspiel» erlebt, dass das Publikum bei den Doppelmeisterschaften Cramm und Henkel siegen sehen wollte über die eigenen Landsleute Mako und Budge – so groß sei die Popularität Cramms in Amerika. Cramm und Henkel siegten tatsächlich sensationell – und waren amerikanische Doppelmeister. In Australien im Januar, in Melbourne, gewannen Cramm und Henkel auch im Dreiländerkampf gegen die damals besten Tennisnationen Amerika und Australien, wieder auch gegen Budge/Mako, und Cramm schlug Budge zweimal auf Rasen, in erneut phantastischen Spielen.

Eine amerikanische Zeitung schrieb damals nach Cramms Forest-Hills-Auftritt in New York: «There are plenty of the von Cramm type left in Germany, even though the Hitler type, for the time being, pushes to the fore.» – «Es gibt noch viele vom Typ Cramm in Deutschland, auch wenn der Typ Hitler im Moment nach vorn drängt. Dass die Amerikaner das wissen und es schnell zu unterscheiden wissen, ehrt sie und ehrt einen von Cramm.»

Schnell im Unterscheiden waren die Amerikaner auch in Kalifornien. Die denkwürdige Szene von Cramms Eröffnungsmatch im September bei den Pacific Southwest Championships in Los Angeles haben wir eingangs dieses Buches erzählt.

In Briefen nach Hause berichtet Cramm aufgeräumt von täglichen Cocktailpartys, sie genössen «die guten Filme und die fabelhafte Tanzmusik». Die US-Charts des Jahres sind bestimmt von Teddy Wilsons Band mit

Billie Holiday, den Orchestern von Tommy Dorsey, Duke Ellington und Benny Goodman. Gerade im September war die vermutlich umwerfendste Swing-Aufnahme aller Zeiten erschienen: Benny Goodman's Version von «Sing, Sing, Sing» mit Gene Krupa am Schlagzeug. Im Kino ging das Tanzen weiter: Ginger Rogers und Fred Astaire steppten hinreißend durch «Shall We Dance». Spencer Tracy hatte ein großes Jahr. Man genoss Greta Garbo in der «Kameliendame». Und man lachte über Laurel und Hardy in «Way out West». Sehr gut möglich, dass Cramm auch seinen kommenden Vorgänger als Ehemann Barbara Huttons gesehen hat. Cary Grant war 1936 und 1937 mit gleich acht Filmen präsent. Und aus dem Fairmont Hotel in San Francisco blickte Cramm auf die Festungsinsel, in der Al Capone saß, was er mit leichtem Schauder notierte.

Wir haben in diesen Briefen, hier an Maria, Lisas Mutter, eine der insgesamt doch wenigen Passagen, in denen Cramm von den eigenen Matches berichtet. Mit Maria blieb sein Verhältnis auch nach der Scheidung von Lisa eng. Auf den zwei Plätzen bei Maria von Dobeneck in Burgdorf hatte er Tennisspielen gelernt – und mit ihr hatte er gespielt, wenn er mit der Familie unterwegs war. Wenn Cramm also berichtet, dann klingt es so: «Im Doppel rangen wir [heute] stundenlang mit Budge-Sabin. Im 5. stand es 4:0 und 30:0 gegen uns bei Budges Aufschlag! Aber wir retteten uns nach Abwehr dreier Matchbälle auf 5:5, schließlich trennten wir uns unentschieden 9:9 wegen Dunkelheit. Das Publikum war total hysterisch geworden.»

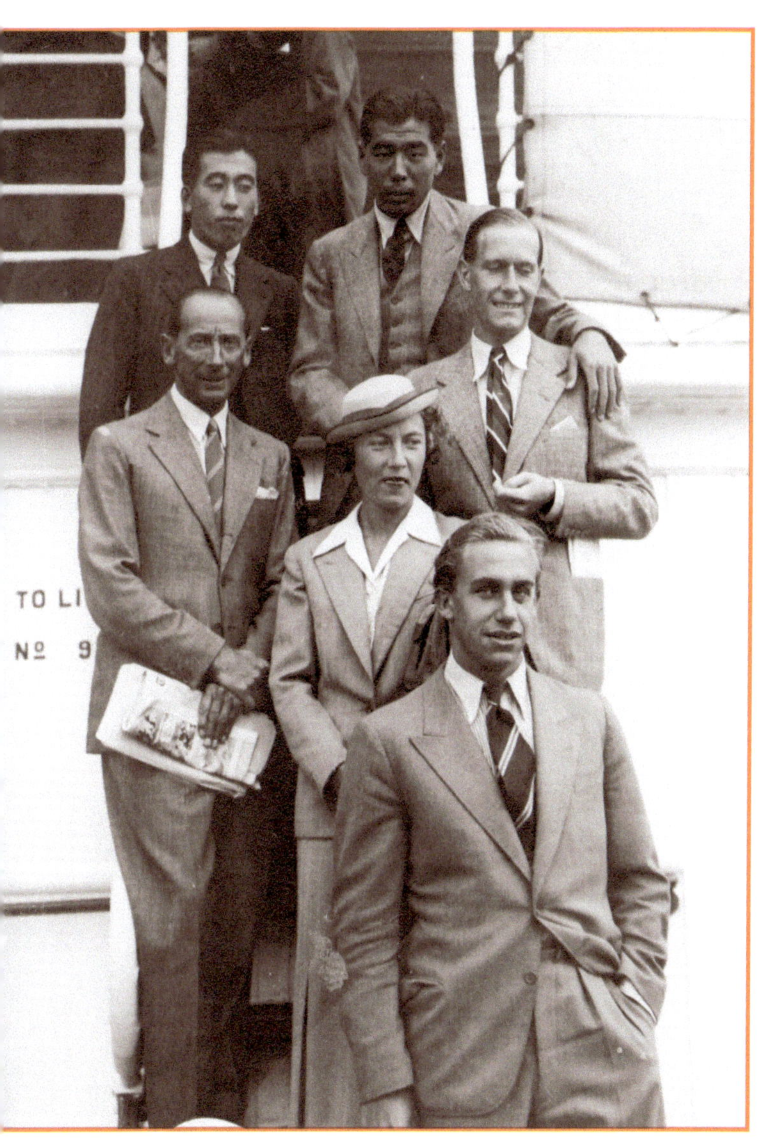

Yokohama – links Heinrich Kleinschroth, unten Henner Henkel, Marlies Horn

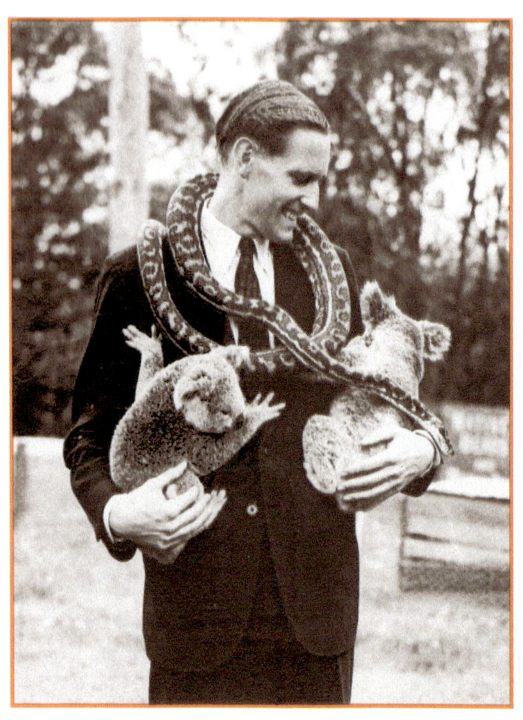

Brisbane

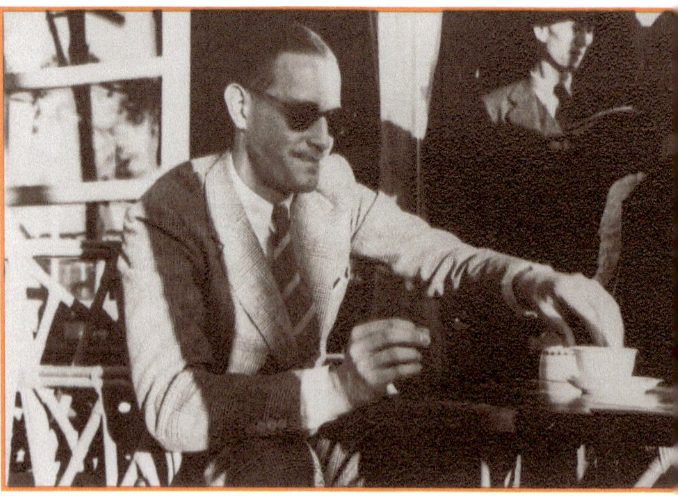

Japan

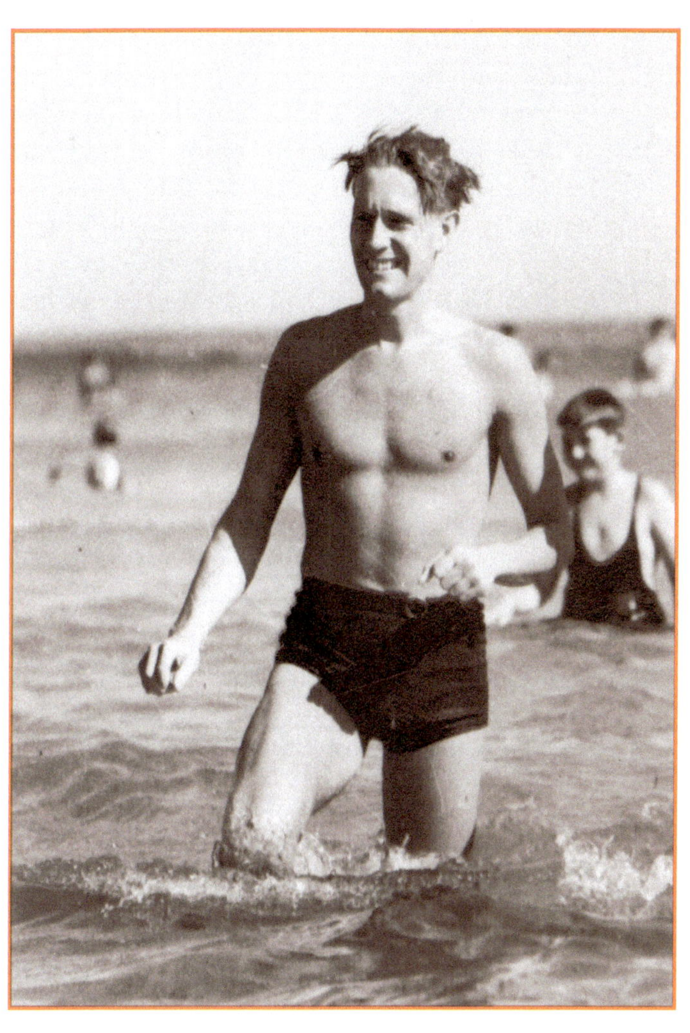

Am australischen Strand

Auf dieser Weltreise provoziert Cramm mit Reden, öffentlichen Auftritten und kritischen Interviewbemerkungen die Nazis. Auf einer Pressekonferenz in Boston antwortet er auf die Frage, wie er zu den Verfolgungen der Juden und der katholischen Kirche in Deutschland stehe, er lehne diese Verfolgungen ab. Er beklagt wieder Daniel Prenns Ausschluss aus dem deutschen Tennis, er erwähnt in einer Rede in Japan Hitler und die Nationalsozialisten mit keinem Wort, spricht stattdessen in Australien von den Schwierigkeiten, die der Arbeits- und Militärdienst für die Entwicklung der jungen Tennisspieler in Deutschland bedeute, und er sieht sich in Australien – unter den Augen der Presse – mit den anderen Deutschen einen nach Remarques Roman «Im Westen nichts Neues» gedrehten Kinofilm an, der in Deutschland verboten war. Das war eine Straftat auch von Deutschen im Ausland.

Bill Tilden, der Cramm gut kannte, mutmaßte später, vielleicht habe Cramm nicht mehr die Kraft gehabt oder haben wollen, immer hinter dem Berg zu halten mit seiner Naziablehnung. Vielleicht habe er sogar gewollt, dass sich irgendwie die Spannung löst. – Vorerst hoffte Cramm noch, Manasse Herbst im Mai 1938 in Paris sehen zu können, wenn er dort das Turnier Roland Garros spielen würde. Ein Brief von Herbst aus Paris hatte ihn tatsächlich in Australien erreicht.

Am Tag seiner Rückkehr nach Brüggen am 5. März 1938 wird Cramm von der Gestapo verhaftet – vom Wiedersehensabendessen im Saal des Schlosses weg, um 20 Uhr.

Man verhört ihn in der Gestapo-Zentrale in der Berliner Prinz-Albrecht-Straße bis zum 21. März. Als seine Mutter es schafft, ihn dann im Untersuchungsgefängnis Lehrter Straße zu besuchen, ist er in einem desolaten Zustand. Er habe gesagt, er wolle sich das Leben nehmen, notiert sie im Tagebuch am 23. März und noch einmal am 4. Mai. Er hatte von Beginn an «nur eine Sorge, dass die Familie ihm vergeben möchte».

Das tut sie. Jutta von Cramm nimmt sich eine Wohnung in Berlin, um nah zu sein und helfen zu können, und führt rastlos Gespräche – nicht ein einziger Vorwurf, kein Wort der Missbilligung von ihr in Tagebuch und Briefen wegen der Liebe ihres Sohnes zu einem Mann, weder jetzt noch in späteren Jahren und Jahrzehnten. Einmal spricht sie ihm gegenüber in dieser Zeit allgemein von «Schuld» und «Sühne» und von der Aufgabe, die Gott ihm mit alldem stelle. Auch die Brüder sind immer wieder zur Unterstützung in Berlin. Alle besuchen ihn in wechselnden Besetzungen im Gefängnis. Und leben in Berlin doch auch ihr Leben – sie gehen abends im April, Mai und Juni, ebenfalls in wechselnden Besetzungen, in die zwei Teile von Leni Riefenstahls Olympiafilm und in «Broadway Melody» mit der jungen Judy Garland.

Am 15. April reisen – wegen Cramm – Barbara Hutton und ihr Ehemann Curt von Haugwitz-Reventlow an und quartieren sich im Adlon ein. Am 16. April geht Jutta von Cramm dorthin und bringt «Barbara Rosen von Gottfried. Wir haben lunch u. ich unterhalte mich ausgiebig mit Haugwitz. Sie ist still, schüchtern, traurig und reizend.» Jutta sah Barbara da vermutlich zum ersten Mal.

Cramms internationale Freunde zeigten ihm ihre

Tagebuch Jutta von Cramm, 23. März 1938:
Ihr erster Besuch in der Gestapo-Zelle

Freundschaft. Donald Budge gewann 25 US-Sportler für die Unterzeichnung eines Offenen Briefes an die deutsche Regierung mit der Forderung, Cramm sofort freizulassen: «Kein Land könnte sich einen besseren Repräsentanten wünschen – kein Sport einen glaubwürdigeren Exponenten.» Er sei die «personifizierte Anständigkeit».

Am 14. Mai wird Cramm im Gerichtssaal in der Lehrter Straße wegen Verstoßes gegen den Paragraphen 175 zu einem Jahr Gefängnis verurteilt, unter Anrechnung der zwei Monate Untersuchungshaft.

Das Devisenvergehen, dessen Cramm ebenfalls angeklagt war – 20 000 Reichsmark im Inland und ins Ausland an Manasse Herbst über die Jahre hatten die Gestapo-Untersuchungen ergeben –, wurde nicht geahndet, weil das Gericht der Verteidigungsstrategie glaubte, Herbst habe Cramm erpresst. Es war eine Strategie – die Herbst in Paris nicht schadete und Cramm nützte.

Nachdem Cramm zu Beginn der Verhöre – ganz offenbar wahrheitsgemäß – ausgesagt hatte, seine Beziehung mit Herbst habe bis 1936 in Barcelona bestanden, war er mit seinem Anwalt dann bestrebt, eine Dauer nur bis 1934 glaubhaft zu machen, wohl um nicht nach dem 1935 verschärften Paragraphen verurteilt zu werden. Dem folgte das Gericht nicht.

Im pseudojuristisch-rassistischen Jargon der Nazis wertete man als «strafmindernd», dass es sich nur um «gegenseitigen Onanieverkehr» gehandelt habe und dass Manasse Herbst ein galizischer Jude und «daher nicht besonders schutzbedürftig» sei, als «straferschwerend» andererseits, dass Cramm sich trotz seiner gesellschaftlichen Stellung mit einem Juden eingelassen habe.

In der Urteilsbegründung stellte der Richter fest, dass Cramm «ein charakterschwacher, haltloser Mensch» sei – was sich daraus ergebe, «dass er zunächst seiner Ehefrau gegenüber nicht den Mut fand, ihr energisch gegenüberzutreten und ihren ihm bekannten Liebhaber zurückzuweisen». Es fehle ihm die «männliche Einstellung». Nur einmal noch wurde Cramm so bewertet: vom *Spiegel* 50 Jahre später in einer Besprechung des Cramm-Buches von Egon Steinkamp. Aus dem Buch gehe hervor, dass Cramms «Wesensart geprägt war von jener stets und gegen alle geübten Gutheit, die häufig aus der Schwäche erwächst, und von jenem tiefen Bedürfnis, hinter dem meist Angst und Unsicherheit stehen: dem Bedürfnis, von allen über alles geliebt zu werden». Deshalb sei er immer so fair zum Schiedsrichter gegangen, deshalb sei «der liebe Gottfried» so «nett» zu Lisa gewesen, «als diese ihn 1937 gegen den Eishockeyspieler Gustav Jaenecke eintauschte», deshalb habe er sich am Ende nicht mehr wehren können, als Barbara Hutton nicht aufhörte, ihn zu wollen. Schwer zu sagen, welches Urteil das andere an Herablassung übertrifft.

Die Welt reagierte bestürzt auf die Nachrichten aus der Lehrter Straße. Jutta von Cramm schreibt am 8. Mai 1938 ihrem Sohn in die Haft: «Das Ausland ist nach wie vor erschüttert, alle Menschen, und lassen Dich tausendmal grüßen.» Sie berichtet ihm im Juni, in einer englischen Tenniszeitschrift sei das Bild von Helen Wills Moody neben seinem gedruckt, und darunter: «for her: Wimbledon cheers – for him: Wimbledon tears! Sehr nett! Nun,

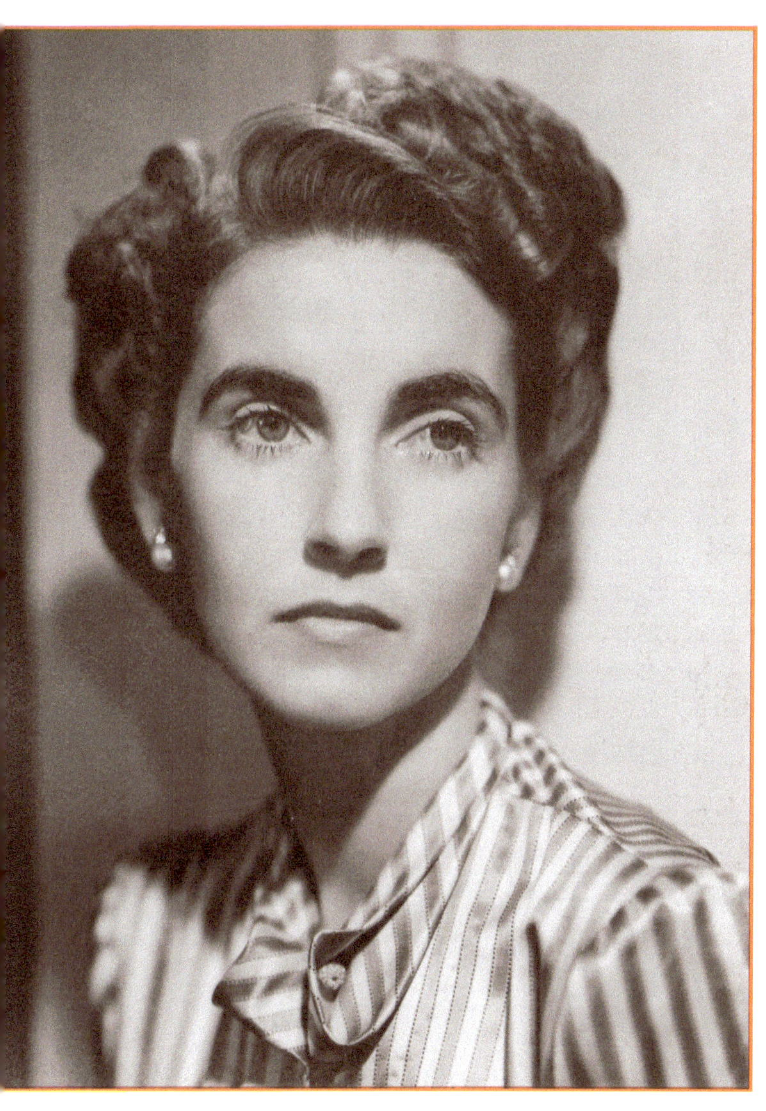

Barbara Hutton Ende der 1930er Jahre, ein Foto, das Cramm immer bei sich hatte

die tears werden sich auch noch in cheers verwandeln!» – Letzteres sollte in Wimbledon erst 1951 wahr werden.

Viele Briefe von ausländischen Bewunderern erreichen Cramm in Moabit – die meisten aus England, den Vereinigten Staaten und Australien. Menschen, die ihn ihrer anhaltenden Wertschätzung versichern. Fans, die ihm sagen, wie sehr sie sein Spiel und seinen Charakter schätzen, und die ihm Mut machen wollen: Es werde eine Zeit danach geben! Und er habe «thousands of friends […] throughout the world».

Aus New York schreibt im Juni ein Freund, «J.M.de Gomez», in rührendem Deutsch: «die leute sprechen sehr gut von dir hier und haben dir sehr gern und lieb.» Aus Surrey im April versichert ihn eine Dame ihrer und ihres Ehemannes Sympathie und guten Wünsche, und: «My little daughter – aged 14 – has your photograph in her room surrounded by white heather, a lucky Cornish pixie and two china black cats – all to bring you luck! Which I hope it may.» – Also sein Bild war im Zimmer der 14-Jährigen eingerahmt von Schutz und Glück bedeutendem weißem Heidekraut, einer glücksbringenden Elfenfigur aus Cornwall und zwei schwarzen winkenden chinesischen Glücksbringerkatzen. An dieses ihr unbekannte Paar in Surrey hatte vorher Jutta von Cramm die Haftadresse übermittelt – «with such a charming little note», wie die Dame erstaunt und erfreut schreibt. Aus London im Mai drückt ihm eine junge Frau ihren Wunsch aus, «to cheer you up» – und setzt hinzu: «Please do not think I am a schoolgirl, writing a fan letter to her tennis idol.» Es sei ihr sehr ernst damit, ihn aufzumuntern.

Einer lädt ihn nach Kanada als künftigem Lebensort

ein – und er könne Cramm bei den Formalitäten behilflich sein. Ein anderer bietet das Gleiche für Australien an. Es gibt auch Gruppenbriefe, aus England von einer «group of tennis enthusiasts», die ihn in Wimbledon vermissen, oder von «Chicago Friends», die ihn im Jahr zuvor dort erlebt hatten.

Seine Freundin und Rot-Weiß-Club-Kameradin Esther Gräfin Bassewitz, 35 Jahre alt, schreibt Anfang Mai aus Berlin-Halensee: «Wie oft werde ich auf Dich angesprochen. Selbst Postierfrauen und die Rekrutenkameraden meines kleinen Bruders fragen nach Dir, wie es Dir geht. Erst jetzt merke ich, wie Dich jeder kennt und mit Bewunderung oder Liebe von Dir spricht.»

Esther Gräfin Bassewitz – wohl jene «Esther», die im März 1936 Lisa von Cramm im Training einen Hockeyball ins Auge schlug – hat mit diesem Brief noch mehr erreichen wollen, als ihren Freund Gottfried aufzurichten. Sie, die vermutlich Frauen liebte, hat offenbar versucht, in einem Brief gleich zwei Freunde von dem Verdacht zu «entlasten», Männer zu lieben. Sie beginnt ihren Brief an Gottfried mit «Geliebter, ich denke so viel an Dich», und endet ihn mit «lass Dich sehr sehr umarmen von der Geliebten» – als wenn sie den erwarteten staatlichen Mitlesern eine heterosexuelle Affäre Gottfrieds vorspielen will. Jenes Briefende klingt verräterisch ungelenk. Sie möchte das Wort «Geliebte» unbedingt noch einmal verwenden und nimmt dafür in Kauf, dass es so wirkt, als spräche sie nicht von sich – was ja auch wieder stimmt.

Und eine weitere Passage in diesem Brief scheint in dieselbe Richtung zu zielen: Ein Rot-Weiß-Hockeykamerad und Freund Cramms, den auch Jutta von Cramm gut kannte, «Rudi Walter», wird Ende April im Zuge der Ermittlungen gegen Cramm von der Gestapo verhört, und ihm werden, wie Jutta im Tagebuch notiert, Gottfrieds Briefe an ihn abgenommen. Wenn nun Esther Gräfin Bassewitz Tage später in diesem sozusagen offenen Brief an Cramm schreibt, «Rudi», der gemeinsame Freund, erzähle ihr gerade viel von seinen Abenteuern: «Die Mädchen sind wie toll hinter ihm her, und er wählt gelassen!», dann sieht es so aus, als habe sie auch damit versuchen wollen, einen gefährlichen §-175-Verdacht zu zerstreuen. – Esther Gräfin Bassewitz, die nach dem Krieg Brasilianerin wurde und später aktives Mitglied des FC Bayern München («unsere Gräfin»), gestorben erst 1997: eine weitere funkelnde Person in diesem Cramm'schen Kosmos der 30er Jahre in Berlin.

Im August 1938 stellt Jutta von Cramm ein Gnadengesuch – das als «verfrüht» abgelehnt wird. Aber der Verurteilte, heißt es, führe sich gut und habe in der «Hausvaterei» «fleißig und willig gearbeitet» – er war «Kalfaktor», Hilfskraft, beim Hausmeister des Gefängnisses.

Nach sieben Monaten in Moabit kommt Cramm auf Bewährung frei, am 16. Oktober – vielleicht durch Intervention von Hermann Göring, an den Cramms Mutter sich gewandt hatte: «Vorsprache bei Göring», notierte sie am 13. April in ihrem Tagebuch. «Versprach zum Schluss, für eine milde Bestrafung zu sorgen u. nach verbüßter Strafe sich hinter Gottfried zu stellen!»

Jedenfalls kam er nicht auf Betreiben von Heinrich Himmler frei. Auch mit dem hatte Jutta von Cramm Ende April sprechen können. «Auch er war freundlich, noch mehr als Göring! Aber tun kann er nichts, sagt er. Er habe vom Führer den Auftrag bekommen, Deutschland von dieser Seuche zu befreien und könne nach seinem Gewissen nicht anders handeln!»

Zuspruch holte sich Jutta von Cramm im Juni auch beim «Kronprinzen» und der «Kronprinzessin» von Preußen in Schloss Cäcilienhof, die beim Tee ihr «herzliches Mitempfinden» ausdrückten und «außerordentlich liebenswürdig» waren. Die Familie hatte auch «den König von Schweden und die Königin von Holland usw., usw.» um Hilfe gebeten, aber das habe wohl kaum den Ausschlag gegeben, notierte der Bruder Wilhelm Ernst von Cramm später.

Eine Szene dieser Bemühungen ist nur in diesen Notizen Ernes zu lesen: «Meine Mutter hatte sich in Berlin eine Wohnung genommen, um von dort aus Gottfrieds Freilassung zu betreiben. Eines Tages sagte sich Barbara Hutton bei ihr an. Sie holte sich als Unterstützung meinen Bruder Berno. Barbara wollte Gottfried freikaufen, mit Devisen bei Göring. Meine Mutter konnte sich im ersten Moment nicht dazu durchringen ‹ja› zu sagen, und mein Bruder Berno fragte Barbara, ob ihre Perlen echt wären!! Barbara muss damals einen schönen Eindruck von der Familie Cramm bekommen haben. Auf meine Frage an meine Mutter: warum sie das Angebot von Barbara nicht angenommen hätte, sagte sie: ‹Es war bei Cramms und Steinbergs noch nie Sitte, sich von jemand wie Barbara Hutton freikaufen zu lassen.›»

Gottfried von Cramm hat das Verhalten Barbara Huttons in dieser Zeit tief beeindruckt. Wir wissen es aus bisher unbekannten Briefen Cramms aus der Haft an seine Mutter. In diesen Briefen entsteht noch einmal ein anderes Bild der Persönlichkeit Cramms: ein Christ im Nazi-Kerker, wie wir aus dieser Zeit einige kennen.

Aus der Untersuchungshaft schreibt Cramm im April: «Je mehr ich über Barbara nachdenke, umso gerührter bin ich, etwas geschmeichelt auch. Man stelle es sich vor, sie ist verheiratet, nimmt ihren Mann mit, um einem anderen in solcher Situation evt. helfen zu können! […] Es ist ein kleines Wunder.» Und er bittet seine Mutter, Barbara zu bestellen, er werde «ihr nie im Leben vergessen, welche Freundschaft sie mir in dieser Zeit gezeigt» habe. Und im Mai: «Ich glaube, ich hätte sie doch wohl geheiratet, wenn ich sie noch ein paar Mal gesehen hätte. Nun wird sie mir eine Freundin bleiben. […] Was sie an mir so prachtvoll findet, möchte ich wohl wissen! Geistige Blüten hat sie nicht an mir bemerken können, aussehen tut ihr eigener Mann besser und angelogen habe ich sie auch.»

Briefen Huttons aus dem November 1937 ist zu entnehmen, dass Cramm Gerüchte über seine Homosexualität ihr gegenüber als unzutreffend hingestellt hatte. Gerade von daher kommen auch seine Zweifel an einer Heirat mit Barbara, wenn er welche hat – ganz offen aus der Haft im Juni an seine Mutter: «Ich weiß nur, wer und wie ich bin, und niemand kann mir meine Bedenken verübeln. Es handelt sich um eine für eine Ehe auch wichtige Sache.» Aber andere Gefühle überwiegen, eine Woche später: «An Barbara denke ich viel. Vor einigen Tagen las ich wieder ihre Briefe, und ich habe mich der Trauer nicht geschämt.»

5. [illegible]

Absender:

Name: [illegible]

Buch-Nr. 2756

Berlin NW 40, den 12. April 1938
Lehrter Straße 3

Meine geliebte Mutter!

Wie stets war es besonders schön, Dich wieder gesehen zu haben. Diesmal sahst Du erfreulich wohler aus, fand ich. [illegible] mich sehr. Wenn Du Ostern lieber nach Brüggen fährst, so tue es bitte und lass mich kein Hindernis [illegible] sein. Allerdings schreibst Du mir, dass [illegible] nur 2 Tage Urlaub bekommt, da bist Du vielleicht [illegible] lieber in Berlin. Deinen zweiten Brief bekam ich vor einer Stunde. Ich danke Dir für Sendung und Inhalt. Je mehr ich über Barbara nachdenke, umso gerührter bin ich, etwas geschmeichelt auch. Man stelle es sich vor, sie ist verheiratet, nimmt ihren Mann mit, um einem anderen in solcher Situation erst helfen zu können! Wo sie es ganz und gar nicht nötig hätte und sicher grosse Unannehmlichkeiten dadurch hat. Es ist ein kleines Wunder. Ich bin gespannt, ob man hier [illegible] von ihr [illegible] wird, immerhin weiss ja auch die Presse wer sie ist. Bitte übermittle ihr meine allerherzlichsten

Es ist nur auf der Linie zu schreiben.

Brief Cramms aus dem Gefängnis an seine Mutter, im April: *«Es ist ein kleines Wunder.»*

Das andere, was von Brief zu Brief aus der Haft stärker wird, ist die christlich gelingende Suche nach dem Sinn dieser Lebenskatastrophe.

Im April führt er mit seinem Zellengenossen, «der ein außerordentlich gebildeter Mann ist, [...] lange, inhaltsreiche Gespräche über Gott, Natur, Weltanschauung u. dergl.». Und: «In der Bibel stärke ich mich immer wieder neu, es ist mir ein Bedürfnis geworden, in ihr Neues zu suchen und zu finden, das mir mein Schicksal als gar nicht beklagenswert erscheinen lässt.» Er ringe, schreibt er Tage später, jede Nacht mit Gott. «Und seitdem ich dies wieder tun kann, ist eine unbekannte Ruhe in meinem Innern. Gestern nahm ich das Abendmahl.» Im Mai weiß er: «Alles dient uns zur Entwickelung» – zu mehr Demut, Bescheidenheit und zu einem Abstand vom «luxuriösen», «unproduktiven» Tennisleben, ein Abstand, den er gerade auch in der Ehe mit Lisa wohl sonst nicht gefunden hätte. Tage später: «Drei frühe Jahre hintereinander hat Gott mich nun herangenommen. Vielleicht meint Er doch alles gut, wenn wir es auch nicht verstehen. Sonntag sangen wir: Er wird auch Wege finden, da Dein Fuß gehen kann! Darauf will auch ich jederzeit vertrauen.» Und wieder Tage später der Höhepunkt dieser Sinnfindung: «Gerade gestern sprach unser Pastor über Erhörung des Gebetes. Wenn Gott auch nicht jedes Gebet wörtlich erfüllt, so glaube ich dennoch, dass er uns gibt, um was wir bitten. Eine Bitte, die sich allein auf irdische Dinge bezieht – sagen wir: Gefängnis oder nicht – ist für Ihn natürlich ohne Bedeutung. Da könnten wir ebenso gut bitten, nie sterben zu müssen. Aber andere Dinge gibt Er uns: Trost und Kraft, Geduld und Hoffnung. Und wenn wir merken, sichtbar merken, dass Er uns überhaupt etwas gibt, ist das nicht bereits wunderbar? Wenn man weiß, Seine Wege sind nicht die unseren, und glaubt, dass Er uns lenkt, wenn wir dies wollen, dann gibt es keine Klage mehr. Dann soll eben dies der Weg sein, den wir zu gehen haben, der uns dann aber auch gewiss weiter bringt.»

Als Cramm am 16. Oktober 1938 nachmittags entlassen wird, darf ihn niemand abholen. Er ruft dann vom Lehrter Bahnhof aus bei seinem Bruder Adalbert an, und Jutta von Cramm und Adalbert «eilen hin»: «War das schön! Er stand mit einem kleinen Karton da!» Später feiern in Adalberts und Elfis Wohnung in der Lindenallee in Charlottenburg noch die Brüder Burghard und Siegfried mit, wie Jutta notiert. Hubert von Meyerinck: «An dem Tag, als Gottfried wiederkam – er wurde um vier Uhr entlassen –, waren schon um sechs Uhr Freunde und Verwandte bei ihm. Er kam zurück, als wäre nichts gewesen, als hätte er irgendwo eine Tasse Tee getrunken.»

Gottfrieds Entlassung fällt in eine Zeit immer noch schlimmerer Homosexuellen-Verfolgung. Allein bei der Gestapo in Berlin arbeiteten 35 Beamte ausschließlich an §-175-Fällen. Man konnte nun als Homosexueller auch direkt ins Konzentrationslager geschickt werden. Und allzu wenig änderte sich 1945. Die Gerichte der Besatzungsmächte entschieden, dass die Konzentrationslager nicht als gesetzmäßige Inhaftierung gelten konnten – und sandten aus den Lagern befreite Homosexuelle in reguläre Gefängnisse, damit sie ihre Strafen zu Ende verbüßten.

Das offizielle deutsche Tennis war unterdessen entschlossen, Cramm zu vergessen. In *Der Tennissport*, «Alleiniges amtliches Organ des Fachamts Tennis im Deutschen Reichsbund für Leibesübungen», am 1. Dezember 1938, erschien ein Abschiedsartikel für Donald Budge, der ins Profilager gewechselt war und wie Bill Tilden oder Fred Perry nun mit Schaukämpfen viel Geld verdiente. Der Redakteur glaubt nicht, dass jetzt ein ebenso großer Spieler Budges Erbe antreten werde – denn: «Budge war ja so überragend, dass ihm nirgends ein gleichwertiger Gegner entstand.» Perfider geht es nicht. Das war kein Totschweigen, das war ein Totschreiben, eine Rückwärtstilgung von Cramms Klasse. John R. Tunis hatte ein Jahr zuvor festgestellt, Cramm teile mit Budge «die Ehre, der beste Amateur-Tennisspieler der Gegenwart zu sein».

Nach der Haftentlassung nimmt Cramm sein Berliner Leben wieder auf. Er ist im Herbst und Winter 1938 auf Partys unter anderem bei Hubert von Meyerinck, im Konzert («Furtwängler: Tschaikowsky»), in der Oper («Carmen»), im Theater (Shaws «Arzt am Scheideweg», ein heute zuletzt wieder mehr gespieltes Stück) und, «beschwipst» (Jutta), im Kino. Er isst mehrfach mit Lisa zu Abend – die später auch sofort von Burgdorf nach Oelber herüberkommt, wenn der Soldat Cramm dort überraschend auftaucht. Und er versucht, wieder Fuß zu fassen im Tennis. Er spricht darüber mit Göring, wie Jutta von Cramm Ende

Januar 1939 notiert, und erfährt Mitte Februar, dass er nicht in die USA einreisen darf, aber nach Ägypten.

Cramm spielt wieder die Turniere zu Jahresbeginn 1939 – und darf erleben, wie die Welt sich darüber freut. Der Mutter berichtet er Anfang März aus Monte Carlo, er werde an der Riviera «überall sehr herzlich empfangen», und vor seiner Reise nach Ägypten habe er jetzt einen «ganz besonders netten Brief» vom ägyptischen Tennisbund: «Die Freude der dortigen Sportkreise sei riesig. Na also.» Jutta von Cramm notiert kurz darauf: «Sehr glücklicher Brief von Gottfried trifft ein.»

Cramm gewinnt das Turnier in Kairo, wo er Barbara Hutton trifft. Er schreibt von dort an seine Mutter im März: «Mein hiesiges Leben ist wie es früher war. [...] Von meiner Affäre wird überhaupt nicht gesprochen. [...] Es ist erstaunlich, aber es ist alles wie früher.» Sein Leben mit Barbara dort zwischen Kino und Empfängen berauscht und verwirrt ihn: «Bin völlig durcheinander, aber es ist schön. Sehr schön sogar.»

Er spielt weitere ausländische Turniere, in Athen, in Helsinki, in Budapest – aber vor allem scheint in diesem Mai 1939 alles auf Schweden als neuen Lebens- und Tennismittelpunkt hinauszulaufen. In der Haft, an seine Mutter im Mai 1938, schwebte ihm noch vor, nach Ägypten zu gehen: «In Ägypten wird mir wohl keiner auf die Füße treten. In Deutschland ist meines Bleibens die nächste Zeit nicht.» Und gerade im März in Kairo, hatte er Jutta von Cramm gemeldet, war er dann tatsächlich vielfach gefragt worden, ob er nicht in dieses Land einwandern wolle. – Nun also doch Schweden. Cramm ist eingeladen, die schwedische Mannschaft zu trainieren und mit dem

König zu spielen, notiert Jutta von Cramm im Mai. Als er wieder in Berlin ist: «Gottfried ist Mitglied des schwedischen Tennisclubs geworden und soll für Schweden demnächst spielen. Er war sehr beglückt. [...] er fliegt morgen nochmals nach Schweden, um die letzten Vorbereitungen zu treffen.» Und er besprach all dies wieder mit Göring, «40 Min. lang», so Jutta im Tagebuch. Als Cramm Ende Mai aus Stockholm anruft: «Der König hat lange mit ihm gesprochen, er hat ihn in seinen Club aufgenommen und Gottfried wird für Schweden spielen.» Cramm spielt tatsächlich dann in einem inoffiziellen Mannschaftswettbewerb gegen die USA für Schweden und gewinnt seine beiden Einzel.

> «Darf ich am Ende des Jahres Eurer Majestät noch einmal in aller Ehrerbietung danken für die große Güte, die Eure Majestät mir im Laufe der letzten Monate zuteil werden ließen, und für die hochherzige Hilfe, die Eure Majestät mir in schwerer Zeit haben zuteil werden lassen.»
> *(Cramm an den König, Brüggen, 28. Dezember 1939)*

«Triumph and Disaster» liegen in diesem Frühjahr und Sommer 1939 wieder ganz nah beieinander. Als wegen eines Sittlichkeitsvergehens Vorbestrafter, der sich als Einzelperson für den Start bewirbt, wird er in Paris, in Wimbledon und bei den US Open nicht zugelassen. Cramm hat lange gehofft und geglaubt, dass es anders käme. In Briefen an seine Mutter schreibt er von Fürsprechern in jenen drei Ländern. Bitter war der Nichtstart bei den großen Turnieren vor allem auch mit dem Blick auf seine wichtigsten

Siege in diesen Wochen: Cramm gewinnt tatsächlich in Ägypten nach dem Turnier in Kairo auch die Internationalen Meisterschaften in Alexandria – gegen den späteren Sieger von Paris, den Amerikaner Don McNeill. Und er gewinnt das Turnier im Londoner Queen's Club im Juni, wo er zugelassen wird, mühelos und eindrucksvoll gegen den späteren Sieger von Wimbledon, den Amerikaner Bobby Riggs.

Ein 1938 und 1939 ungestört spielender Gottfried von Cramm hätte die Nummer 1 der Welt werden können. Das sahen schon damals die Beobachter von Bill Tilden bis zur *London Times* so.

Vor dem Finale im Queen's Club wird Cramm noch von King George und Queen Elisabeth empfangen. Auch bei den Astors in Cliveden war er wieder zu Gast. Es ist eine sonderbare Mischung aus erneuertem Glanz und lähmender Karrieretrübung in diesen Monaten.

Zu Gottfrieds Geburtstag im Juli 1939 schreibt Lisa ihm in ihrer rührenden Manier: «Gegen letztes Jahr bist Du ja schon einen großen Schritt weiter, aber ich hoffe dies war nur der Anfang. Nächstes Jahr wirst Du wieder so groß und begehrt sein, dass man noch seltener die Gnade hat, Dich zu sehen.»

Im Juli und August ist Cramm wieder in Schweden – «er wohnt beim König von Schweden», notiert Jutta. Und Cramm versucht weiter, auch wieder für Deutschland spielen zu dürfen. Im späten August 1939 fährt er nach Leipzig zu General Walter von Reichenau, selbst Sportler und Sportfunktionär, der ihn, wie Jutta notiert, unterstützt: Reichenau wolle Rücksprache mit Himmler nehmen. – Nur einmal kommt es später zu solchem Einsatz für Deutschland. Cramm spielt im Juli 1940 einen Länderkampf bei Rot-Weiß mit Henner Henkel gegen Italien.

Cramm ist in Brüggen und Bodenburg, als der Krieg beginnt – Ablehnung von Hitlers Agieren gegenüber Polen und Erschrecken und Erschütterung am Radio prägen diese Seiten von Jutta von Cramms Tagebuch. Anfang Oktober fährt Cramm nach Schweden «seine Sachen holen», notiert Jutta. In einem Brief an Bill Tilden erklärt er, warum er nun die Möglichkeit Schweden nicht ergreife: «Wie auch immer meine Ansichten oder Gefühle gegenüber der gegenwärtigen Regierung sein mögen, ist Deutschland doch mein Heimatland, und ich könnte mir selbst nicht mehr ins Gesicht sehen, wenn ich nicht zurückkehren würde.»

Allerdings reist er im Dezember schon wieder für zehn Tage nach Schweden. Überhaupt macht er viele Reisen in diesen ersten Monaten des Krieges, in denen er noch nicht Soldat ist. Ende Januar 1940 ist er in San Remo, wohl bei einem Riviera-Turnier. Im Februar wird er gemustert. Im März sucht er wieder den General von Reichenau auf, in Düsseldorf. Kurz darauf schreibt er aus Zürich – wahrscheinlich wieder von einem Turnier. Mitte April meldet er seiner Mutter nach einer erneuten Unterredung mit Göring, das Gespräch sei «sehr freundschaftlich gewesen, er führe heute nach Rom u. alles käme demnächst in Ordnung». Tage später ist er aber wieder in Berlin. Jutta von Cramm notiert: «Er ist vom Auswärtigen Amt zurückgerufen, dahinter hatte sich Tschammer gesteckt, der nicht genau über Gottfrieds Reisehintergründe informiert war. Nun folgten Beratungen mit den Abgesandten von Tschammer.» Gottfried sei «etwas müde u. verstört». – Wie üblich zwischen den Ämtern und Organen im NS-Staat: jeder gegen jeden.

Cramm wird im Mai 1940 zum Luftwaffen-Regiment *General Göring* einberufen, erst einmal in Berlin-Lankwitz, ab Anfang Juli dann in Utrecht. Von der Einberufung erhoffen sich Cramm und seine Mutter die – wie sich Jutta von Cramm im Tagebuch fein distanziert ausdrückt – «sogenannte ‹Rehabilitierung›».

Die eineinhalb Jahre als Gefreiter im besetzten Holland sind geprägt von diesen Hoffnungen auf Beförderung und damit «Rehabilitierung», auf die Möglichkeit mithin, wieder für Deutschland Tennis spielen zu dürfen. Im Oktober 1940 startet Jutta von Cramm deswegen ohne Gottfrieds Wissen eine Offensive beim ehemaligen Präsidenten des Deutschen Tennis Bundes Wilhelm Schomburgk und bei General von Reichenau. Sie beschwert sich in einem langen Brief an Letzteren, wie willkürlich man mit ihrem Sohn umgehe. Dem sei vor Wochen mitgeteilt worden, er sei vom Auswärtigen Amt neben Henner Henkel für eine bevorstehende Japan-Reise der deutschen Tennisspitze vorgeschlagen worden. Tschammer und auch das Propagandaministerium seien einverstanden, und Cramm werde «stündlich» in Berlin erwartet. Als Gottfried nach Erteilung des Urlaubs dann in Berlin eingetroffen sei, war die Mannschaft bereits abgeflogen. Heinrich Kleinschroth hatte Cramm offenbar zu spät geschrieben, dass Tschammer die Reise für Gottfried «plötzlich verboten» habe. Aber selbst Henner Henkel war brieflich aus Japan Ende Okto-

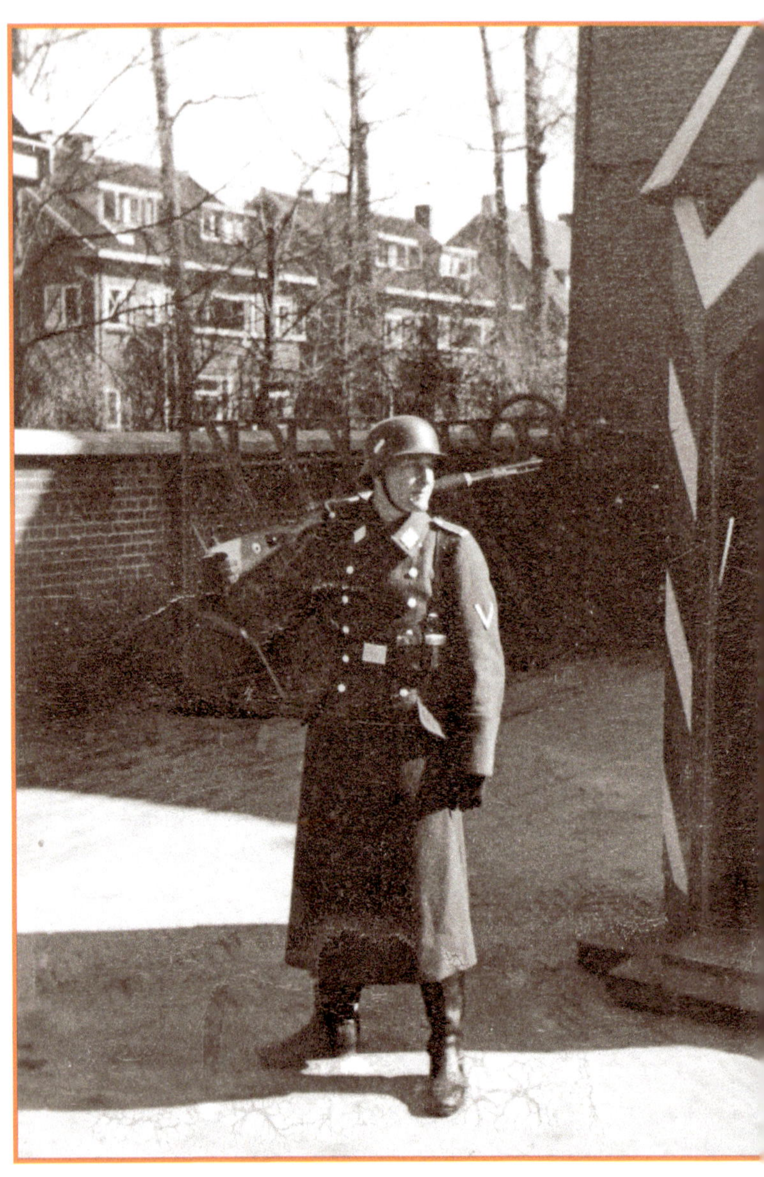

Als Soldat in Berlin-Lankwitz

ber noch verwirrt, was da genau falschgelaufen und warum Cramm nicht dabei war. Jutta zeigt sich an Reichenau empört über dieses erratische Hin und Her ohne für ihren Sohn erkennbare Verantwortlichkeiten und Zuschreibbarkeiten. – Im November 1940 spielt Cramm dann auch in Barcelona nicht für Deutschland gegen Spanien, weil, wie dem Briefwechsel mit Schomburgk zu entnehmen ist, das Propagandaministerium das nicht wollte.

Was immer wieder klappt, ist Schweden: Anfang November 1941 ist Cramm wieder dort. Dann muss er am 30. Dezember 1941 an die Ostfront. Man werde den Krieg verlieren, äußert Cramm dort bald gegenüber Kameraden: Wenn Ihr aus den Ostgebieten seid, die wir dann verlieren werden: Meldet Euch bei mir in Bodenburg!

Am 30. Januar 1942 erreicht Jutta von Cramm die Nachricht von Gottfrieds Erfrierung am Fuß. Am 23. Januar sei er, inzwischen Unteroffizier, von einem Spähtrupp «als Einziger von 11 Mann zurückgekehrt», erfährt sie Anfang Februar. Er liege jetzt im Lazarett in Warschau.

Kurz darauf kommt die Nachricht, dass Sohn Berno, zuletzt schwer verletzt, wohl in russischen Händen, jedenfalls vermisst sei. Grauenhaft sind die Einzelheiten der Berichte in den nächsten Wochen. Der «Blutverlust sei groß gewesen», er sei «gekrochen», habe man noch gesehen.

Cramm ist Ende Februar wieder in Berlin und wird im März 1942, notiert Jutta von Cramm, «aus dem Heer entlassen! Ohne Grund.» Wohl dann doch als Vorbestrafter – obwohl ihm noch das Eiserne Kreuz II. Klasse verliehen wurde. Zur Widersprüchlichkeit auch hier der Eindruck von Rivalitäten und Willkür: Im Juli 1942 notiert Jutta von

Cramm, dass Gottfried erneut eingezogen werden soll. Einen Tag später: «Er wird noch nicht eingezogen.» In einem Sammelbrief an die Söhne am 28. Mai überlegt sie: «Vielleicht ist die Lesart doch die Richtige, dass Gottfried gar nicht Unteroffizier hätte werden dürfen und nun nur zwei Möglichkeiten bestanden – Degradierung oder Entlassung.»

Cramm versucht dann im Februar 1943, wenigstens seine Strafe tilgen zu lassen. «Gottfried war beim Staatsanwalt in Hildesheim. Die Straflöschung stößt auf Schwierigkeiten, die Justiz will nicht, Vorgesetzter in der Wehrmacht könnte Gottfried nicht wieder werden. Der Plan wird ad acta gelegt.»

Cramm kehrt also im Frühjahr 1942 zurück nach Bodenburg – spielt auch wieder Tennis in Hannover, im Juli 1942, und wird von seinem alten Club «sehr gefeiert», wie Jutta notiert. Und gewinnt Anfang August bei einem Clubkampf von Rot-Weiß gegen Blau-Weiß in Berlin – auch dort «großer Applaus».

Er ist bis Ende des Krieges aber auch viel in Berlin, und auf Einladung König Gustavs mindestens viermal in Stockholm, jedes Mal mindestens für einen Monat. Jutta von Cramm notiert Reisen im September und Oktober 1942, im Juli und August 1943 («Ribbentrop [nun Außenminister] hat die Erlaubnis gegeben. Es freut mich so für Gottfried.»), von September bis November und noch einmal im November und Dezember 1943. Juttas Sätze beim Abschied am 14. September 1943 klingen erneut nach einem beschlossenen Wechsel des Lebensmittelpunkts: «Es ist ein Lebensabschnitt, ich hoffe zu Gott, dass alles so kommt wie er es hofft.» Als Cramm Ende November aus Bodenburg erneut abreist, notiert sie, er fliege nach Schweden «zurück».

Diese Reisen interessierten auch die Gestapo. Im September 1944 wird er vorgeladen und muss über Schweden berichten – leider ohne Überlieferung bis auf diese Notiz Juttas. Cramm trainierte in Schweden weiter die jungen Talente, unter anderem Lennart Bergelin, den späteren Trainer von Björn Borg, und er spielte in Stockholm Hallenturniere. Und im Sommer 1944 hat er offenbar Barbara Hutton vorgeschlagen, nach dem Krieg zusammen in Schweden zu leben. Sie antwortet ihm am 22. August 1944, ja, das würden sie tun, und sie werde, sobald es gehe, nach Schweden segeln.

20. Juli

Cramm bewegt sich – am Rand, aber helfend – im Umfeld der Handelnden des gescheiterten Attentats vom 20. Juli 1944. Er ist befreundet mit dem nur einen Monat jüngeren, später in Plötzensee hingerichteten Adam von Trott zu Solz. Seine Schweden-Reisen habe er – das berichtete Tatiana Metternich, die es in Berlin miterlebte – auch genutzt, um Nachrichten der Verschwörer ins Ausland zu bringen. Auch Trott zu Solz hat in Stockholm Gespräche geführt. Cramm hat im Mai 1945 gegenüber dem amerikanischen Geheimdienstoffizier James H. Ratliff beklagt, dass die Alliierten bei den Versuchen, mit den Verschwörern in Schweden Kontakt zu gewinnen, nicht die nötige Vorsicht bewiesen hätten. Die Engländer waren sich im März 1944 sicher, dass Cramm in Schweden versuchte, gegen Hitler zu arbeiten. Aber er sei enttäuscht, wie es in einem Memorandum von dort hieß: «He is convinced that the Anglo-Saxon powers are not really anxious to get rid of Hitler. […] As Baron von Cramm does want to get rid of Hitler, he is disappointed.»

Auch Gottfrieds Bruder Erne, Offizier in Stauffenbergs früherem Reiterregiment 17 in Bamberg, stand den Widerständlern nicht fern. Er habe sich, berichtete Tatiana Metternich, deren Mann Paul Alfons Prinz von Metternich gegen Ende des Krieges ebenfalls dem Regiment angehörte, für einen Anschlag auf Hitler zur Verfügung gestellt, worauf Stauffenberg ihm erwidert habe, 150 Personen, zum größten Teil Kavallerieoffiziere, hätten sich dafür bereits gemeldet.

Jörg von Morgen erinnerte sich an die Zeit nach 1942 in Bodenburg mit Jutta und Gottfried: «Zwei Dinge waren mir in Schloss Bodenburg gleich aufgefallen: Gott galt viel, Hitler wenig.» «Vor allem imponierte mir an den Cramms, dass sie kein Hehl aus ihrer Ablehnung der Nazis machten.» Bei der Baronin Jutta führte das «gelegentlich zu richtigen Unvorsichtigkeiten»: Sie gab Neuigkeiten aus BBC-Nachrichten weiter, die sie nur von dort haben konnte. – Als in der «Reichskristallnacht» am 9. November 1938 auch das Gut Brunkensen ihrer Nachbarin und Freundin, der Gräfin Görtz, geborene Else Meyer, Tochter jüdischer Eltern, «demoliert» wird, «ein Trümmerhaufen», hatte sie notiert: «Bolschewismus, von S.S. verübt!» Und sie zeigt sich im Tagebuch – hier im Mai 1940 nach dem deutschen Überfall auf Luxemburg, Belgien und Holland – immer wieder «erschüttert» von «diesem entsetzlichen Krieg».

Einmal, Anfang Februar 1941, beschwert sich Jutta von Cramm in einem montäglichen Brief «empört» beim Propst des Kirchenkreises, dass am Sonntag in der Bodenburger Kirche einer der Pastoren der Gegend gepredigt habe, es könne vielleicht nötig werden, das Christentum für eine Reihe von Jahren außer Kraft zu setzen. «Wenn der Führer dazu die Parole gebe, wäre er der Erste, der ihr freudig nachkäme.» Ihr passe, fügt sie hinzu, auch das neue Konfirmanden-Büchlein nicht, in dem offenbar die Deutschen Christen Änderungen des Bibeltextes vorgenommen hätten und die Seligpreisungen in der Bergpredigt alle mit «Heil» beginnen ließen.

Hitler galt wenig – aber Zwangsarbeiter brauchten auch die Cramms auf den Gütern. Jutta von Cramm fährt immer wieder zum Arbeitsamt, um als Ersatz für die eingezogenen Männer Arbeiter und Arbeiterinnen aus den besetzten Gebieten zu bekommen: «Polen u. Russen» – die dann, das notiert Jutta, von Gottfried nach Hildesheim zum Arzt gefahren und zu Weihnachten 1944 von ihm beschert werden.

Wenn er in Berlin war, lebte Cramm nun bei den Gersdorffs, Heinz und Maria, Familienfreunden der Cramms und Vereinskameraden bei Rot-Weiß. Der Wehrmachtsoffizier Rudolf-Christoph von Gersdorff hatte am 21. März 1943 im Berliner Zeughaus, als er Hitler, Göring, Himmler, Keitel und Dönitz durch eine Ausstellung führen sollte, schon die gezündeten Splittergranaten in der Manteltasche, als Hitler aus unerfindlichen Gründen nach Minuten das Gebäude wieder verließ.

Das Haus der Gersdorffs war ein Treffpunkt des Widerstands. Dort lebte auch Marie Vassiltchikov, eine frühere russische Prinzessin, Schwester von Tatiana, verheirateter Metternich. Marie freundet sich mit dem «außergewöhnlich warmherzigen» Cramm an. Ihr gegenüber, notiert sie in ihr Tagebuch, äußert Cramm am 26. August 1944, bei einem nächsten Versuch der noch lebenden Verschwörer werde er ganz dabei sein. Und er bittet sie, die im Auswärtigen Amt arbeitete, ein Treffen zwischen ihm und

Alex Werth zu arrangieren, einem Vertrauten von Adam Trott im Auswärtigen Amt. Werth hatte sich für Trott nach der Verhaftung eingesetzt. Also auch Cramm wollte Wege erkunden, Trott zu helfen, und selbst Hilfe anbieten. Aber genau an jenem 26. August wurde Adam von Trott zu Solz in Plötzensee hingerichtet.

Cramm hat seine Rolle im Widerstand stets gering genannt – auch gegenüber US-Major Ratliff im Mai 1945. Aber eine Rolle war es. Ratliff berichtete an seine Dienststelle, die inhaftierten Gestapo-Beamten, die mit Cramm befasst gewesen seien, hätten ihn als einen der führenden Antinazis in Deutschland bezeichnet. Ratliff berichtete aus dem Gespräch mit Cramm weiter, am Tag nach dem Attentat vom 20. Juli «sei auch er verhaftet und verhört worden, doch man habe keine Beweise gegen ihn vorzulegen vermocht. Nach dem Staatsstreich sei ihm die Aufgabe zugefallen, Verbindungen zu den Briten herzustellen. Kontakte habe es auch während des Krieges gegeben, und die Briten hätten ihm vertraut.» – Dies alles ist absolut glaubwürdig; gerade weil Cramm es Ratliff erzählt hat.

Ende Juli 1964 notiert Jutta von Cramm im Tagebuch, Gottfried und Hubsi Meyerinck begingen in Burgdorf «ihre Verhaftung vor 20 Jahren!».

Das Niederschmetternde dieser Zeit versuchte Cramm mit Schopenhauer zu verarbeiten – er las ihn im Kellerbunker im Mai 1944, wie seine Freundin Marie Vassiltchikov notierte.

1945: Der Unbelastete

Als der Krieg zu Ende geht, machen viele auf ihrer Flucht in den Westen Station im Cramm'schen Schloss Bodenburg – unter ihnen die spätere Chefredakteurin und Mitherausgeberin der *Zeit* Marion Gräfin Dönhoff, die im Januar 1945 aus Ostpreußen auf ihrem Pferd geflohen und 1200 Kilometer bis Niedersachsen geritten war. Am 18. November 1976 wird sie unter den Trauergästen an Cramms Grab am Feldrand des Parks in Schloss Oelber stehen.

Alle Zimmer sind in diesem Frühjahr 1945 mit Flüchtenden belegt; die Familie muss Besitz verstecken, sonst hätte Cramm alles hergegeben, erinnert sich später eine Freundin.

Der Unbelastete wird zum gesuchten Ansprechpartner für die Alliierten. Jörg von Morgen, glücklicherweise noch immer in Schloss Bodenburg, hat aus dieser Zeit berichtet. Wegen seines untadeligen Rufes konnte Cramm sofort die Requirierung des Schlosses durch die Amerikaner verhindern. «So kamen die Soldaten nur als Touristen, nicht als Sieger auf den Schlosshof.» Spätere Beschlagnahmungen verhinderte dann für Gottfried der US-Geheimdienstmajor Ratliff, der dem Haus nähergetreten war – und der später Cramm zu Barbara Hutton nach Paris schleusen wird.

Ständig sind in diesen Monaten – das notiert auch Jutta im Tagebuch – Amerikaner und Engländer tennisspielend und abendmusizierend zu Gast in Bodenburg.

Cramm muss in dieser Zeit eine moralische Autorität ausgestrahlt haben, die einen nicht an den Enddreißiger denken lässt, der er war. Hans Graf Lehndorff, den wir eingangs schon als Jutta von Cramms Freund aus jenen Nachkriegsjahren kennengelernt haben, hat in einem Brief an Gottfried Ende 1948 ausgedrückt, wie er ihn im Gespräch am Vorabend empfunden hatte. «Sie haben eine Art zu sprechen, bei der man unwillkürlich Haltung annimmt. Das ist ein heilsamer Vorgang, und was in der ganzen Welt am meisten fehlt, sind Menschen, vor denen sich Haltung überhaupt noch lohnt.» Lehndorff wollte mit Cramm deshalb bald über eine «Basis» sprechen, «von der aus Ihre Worte als ‹Stimme Deutschlands› Gehör finden können».

Lehndorff war selbst ein charismatischer, beeindruckender Mann: Chirurg, Christ, Seelsorger, Hitler-Gegner – und immer Arzt, 1945 im monatelangen Grauen im von der Roten Armee belagerten und eingenommenen Königsberg. Sein Vetter Heinrich Graf Lehndorff-Steinort wurde nach dem 20. Juli hingerichtet. Hans Lehndorffs zuerst 1961 erschienenes «Ostpreußisches Tagebuch» wurde verfilmt und erschien zuletzt in 35. Auflage.

Auch Marion Gräfin Dönhoff suchte Cramms Nähe. Sie war nach einer Zwischenstation in Westfalen schon im Mai 1945 wieder in Gottfrieds Nachbarschaft – in Brunkensen bei Alfeld an der Leine, wenige Kilometer von Brüggen und Bodenburg entfernt, auf dem Gut der Gräfin Görtz, die das KZ Theresienstadt überlebt hatte. Dort verfasste Marion Dönhoff – Klaus Harpprecht vermutet wegen des vorzüglichen Englisch eine Hilfe durch den Nachbarn Gottfried von Cramm – ein Manifest zu Ehren des Widerstands, vor allem des 20. Juli, und zur nötigen Aufklärung und Selbstaufklärung der Deutschen über die geschehenen Verbrechen.

Jutta von Cramm notiert im Tagebuch Ende Juni und Anfang Juli 1945 in Bodenburg «Beratungen 20. Juli» zwischen Gottfried und Marion Dönhoff, an verschiedenen Tagen auch mit dem Widerstandsehepaar Alexandra und Wilhelm Roloff, mit Stauffenbergs Mitverschwörer Axel von dem Bussche (der den Verhaftungen nur entging, weil er nach einer Beinamputation infolge eines russischen Granatsplitters im Lazarett in Hohenlychen in der Uckermark lag) und mit Franz von Hammerstein, der als sogenannter Sippenhäftling in Buchenwald interniert war.

Von alldem erfährt früh US-Geheimdienstmajor Ratliff, der am 17. Mai 1945 in Brunkensen mit Dönhoff und Cramm ein Gespräch führt, von dem wir durch Ratliffs Aufzeichnungen unter dem Datum des 19. Mai einen Eindruck haben.

Cramm berichtete unter anderem, Anthony Eden, britischer Außenminister bis 1938 und ab 1940, habe ihm im Sommer 1939 in London gesagt, dass England kämpfen werde, wenn Deutschland Polen angreife. Er habe dies dem General von Reichenau berichtet, damals Oberbefehlshaber der 10. Armee, die dann Warschau überfiel, damit Reichenau Hitler informiere. Aber man habe ihm nur ins Gesicht gelacht.

Aus den Notizen Ratliffs ergibt sich als Gesamteindruck: Cramm war ein Gegner des Regimes und tat und sagte, was er ohne Aufgabe seiner Existenz tun konnte,

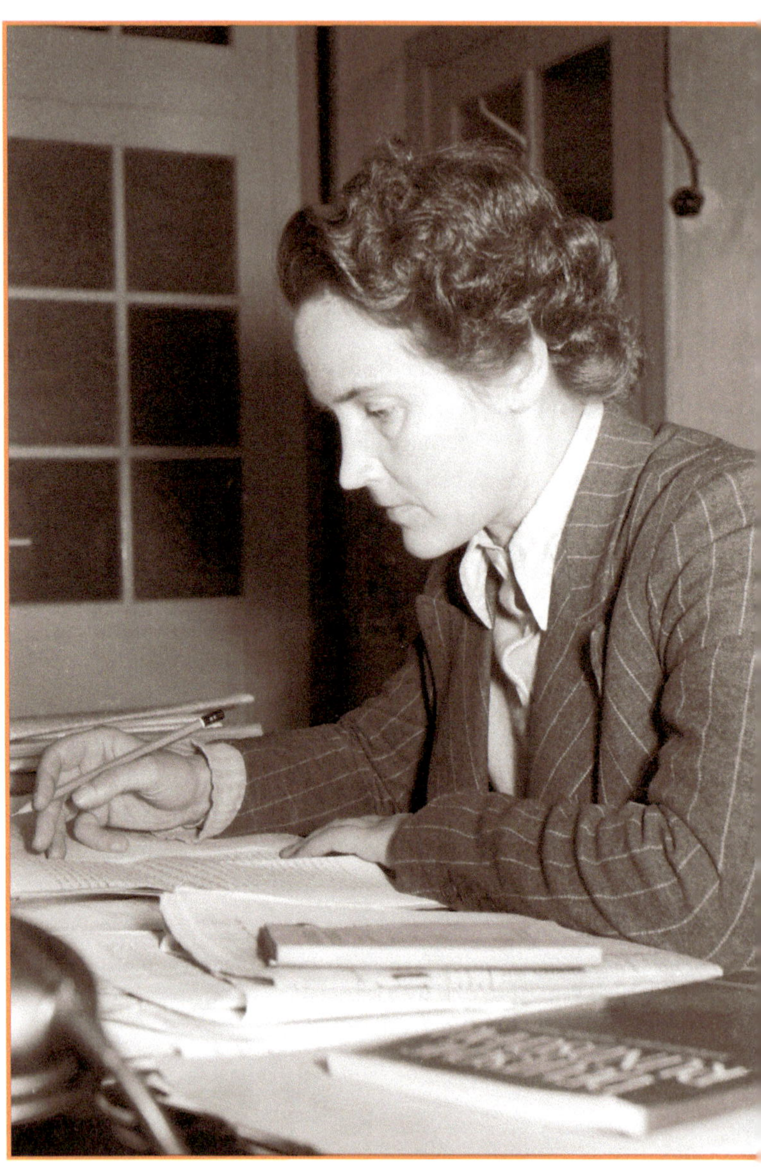

Marion Dönhoff in ihrem *Zeit*-Büro, 1950

gegen dessen Politik, gegen den Krieg und gegen das Regime selbst.

Dönhoff und Cramm böten, so Ratliff am Ende, ihre Dienste «in jeder Weise an, in der sie den Alliierten von Nutzen sein könnten».

Dönhoff wollte mit ihrem Text – in der zum 20. Juli 1945 fertigen Version knapp 30 Maschinenseiten, im Privatdruck 1946 dann 160 nicht zum Verkauf bestimmte Exemplare – an die hingerichteten Widerständler des 20. Juli erinnern («den Freunden zum Gedächtnis») und den Besatzungsmächten zeigen, dass es ein anderes Deutschland gegeben habe – und den Deutschen, dass die Verschwörer große Deutsche mit Verantwortungsgefühl und Opferbereitschaft waren. So sah es auch Cramm. Und er hatte mehr als nur mit ihnen sympathisiert.

Es finden sich nicht viele politische Bemerkungen in den Tagebüchern Jutta von Cramms – ähnlich wie in den Briefen Gottfrieds. Aber am 20. Juli 1949 notiert Jutta: «Wir gedenken auch sehr des 20. Juli, 5 Jahre schon!»

Die Beziehung mit Marion Dönhoff bleibt eng. Gottfried von Cramm kommt immer wieder mit ihr zusammen, auf den Gütern wie in Hamburg. Und Jutta von Cramm ebendort 1955: «Mittags suchte ich Marion in der *Zeit* auf und aß mit ihr.»

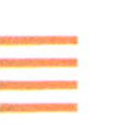

Rückkehr in die Tennisspitze und in die Herzen der Westdeutschen

In den Jahren nach dem Krieg nutzt Cramm seine ungebrochene Popularität für vielfältige karitative Zwecke, wird Mitgründer des Evangelischen Hilfswerks – mit Eugen Gerstenmaier, auch ein Freund von Adam von Trott zu Solz –, baut im Einvernehmen mit der Britischen Militärregierung in der Region Sportvereine wieder auf, wie in Hildesheim schon 1945, vor allem dann aber den Deutschen Tennis Verein Hannover, und erreicht, dass die erste überregionale Tennisveranstaltung im Nachkriegsdeutschland im August 1947 auf den wiedererrichteten Plätzen dort stattfindet. Cramm gewinnt im Herren-Einzel.

Er organisiert den Wiederaufbau des Rot-Weiß-Clubs in Berlin (und wird zwanzig Jahre später Vorsitzender des Clubs), gründet im Februar 1948 den Deutschen Tennis Bund wieder mit – sorgt dafür, dass alliierte Einsprüche gegen den eigentlich untersagten Akt ausbleiben – und ist 1949 Reporter in Wimbledon für die *Welt*.

Immer noch versucht die Familie in diesen Jahren, den seit 1942 vermissten Berno zu finden. Wir haben Spuren davon in Gottfrieds Briefen an die Mutter und in Juttas Tagebuch: Suche über das Internationale Rote Kreuz in Genf und bei Stellen in Stockholm, immer neue, meist fragwürdige Informationen von Kameraden, noch in den 50er Jahren – alles vergeblich. Sogar Hellseher werden gefragt und machen Hoffnung. Herzzerreißend Juttas Schmerz der Ungewissheit jahrelang, einsam notiert, und tragikomisch daneben die präzise Auskunft des Hellsehers im Oktober 1947: «Eine Nachricht würde mich spätestens März 48 von ihm erreichen. Zurückkehren würde er Oktober 1948», so der Hellseher.

Wie Cramm in dieser Zeit die werdende und die junge Bundesrepublik gesehen hat, wird in den Quellen nicht im Einzelnen greifbar. Er wird grundsätzlich einverstanden gewesen sein. Jutta von Cramm schreibt im März 1947 im Tagebuch, Gottfried und Siegfried hätten sich eine Rede Adenauers in der Hildesheimer CDU angehört. Sie selbst notiert mehrfach die große Zustimmung zu Politik und Person Adenauers in ihrem weiteren Umfeld – und sie wählt ihn auch. Einmal nur ist in den aus der Nachkriegszeit erhaltenen Briefen Cramms von Politik die Rede. An Jürgen Ernst Wedel schreibt er am 15. September 1955 aus Tanger, er habe «Adenauers Besprechungen in Moskau [...] in den hiesigen Zeitungen verfolgt. Ein rechtes Bild von den Ergebnissen kann ich mir allerdings nicht machen.»

Aber Jutta von Cramm hat sich kurz darauf ein Bild von diesen Ergebnissen gemacht. Am 11. September hatte sie in Bodenburg im Fernsehen die «ausgezeichnete Übertragung aus Moskau» verfolgt. «Armer Adenauer, armes Deutschland, wir haben einen schweren Stand.» Adenauer hat damals – gegen die Aufnahme diplomatischer Beziehungen der Bundesrepublik mit der Sowjetunion, aber ohne damit eine Zweistaatlichkeit Deutschlands anzuerkennen – erreicht, dass die letzten 10 000 deutschen Kriegsgefangenen heimkehren durften.

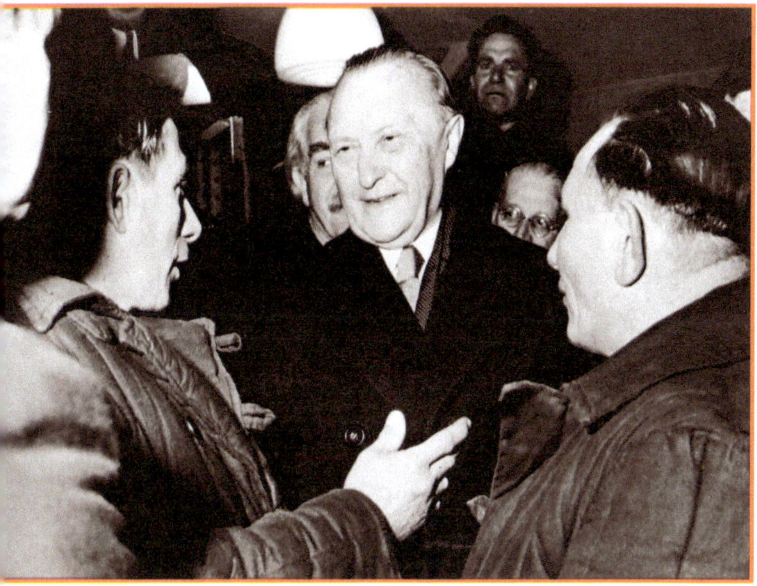

Adenauer im Gespräch mit Russland-Heimkehrern und deren Dank, beides Oktober 1955 in Friedland

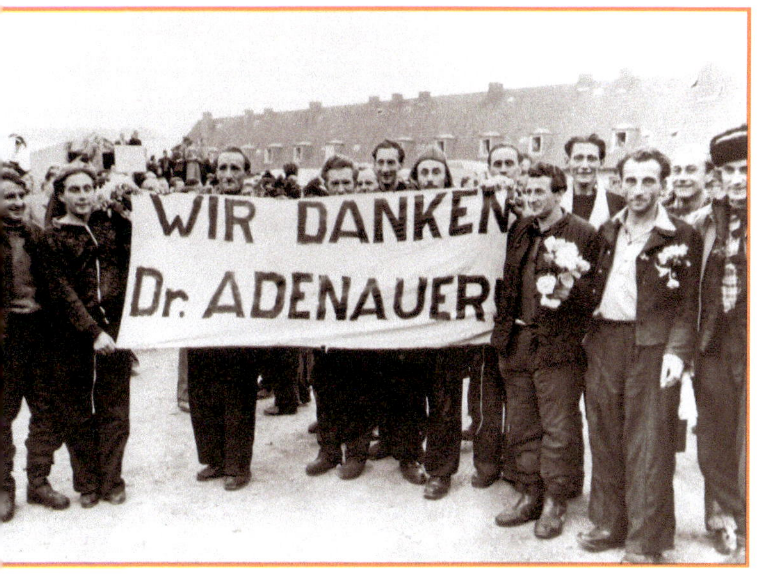

Am 18. Oktober 1955 war Jutta von Cramm dann in Friedland, wo Heimkehrende aus Bussen stiegen, mit «zerfurchten Gesichtern», empfangen von Tausenden. Sie überreicht mitgebrachte Rosensträußchen, hört die Reden von Theodor Heuss und mehreren anderen (sie bedauert die Heimkehrer wegen der vielen Reden) und notiert den «brausenden Jubel», als sich ein heimkehrender Oberst am Rednerpult bei Adenauer bedankt. Und sie trägt in den ausliegenden Suchlisten der nach wie vor Vermissten Bernos Namen nach und befestigt daneben sein Bild, das sie auch Heimkehrern zeigt «in der leisen Hoffnung, etwas zu erfahren».

Cramm arbeitet sich in diesen ersten Nachkriegsjahren wieder in die Tennisspitze hoch. Spielt und gewinnt 1946 erneut in Hannover, Hamburg, München, dort im September die Bayerischen Meisterschaften. Aber was nach internationalen Auftritten aussehen könnte, verbietet sich für den berühmtesten deutschen Tennisspieler noch. Im Oktober 1946, als Franzosen um Jacques Brugnon, einen der Musketiere, in Freiburg auftreten, spielt Cramm, obwohl vor Ort, lieber nicht gegen sie – «zu große Sorge vor Unannehmlichkeiten», so Jutta im Tagebuch. Stattdessen lieber ein Hallen-Schaukampf gegen Ernst Buchholz in Wuppertal.

1947 und 1948 wird Gottfried von Cramm erster «Sportler des Jahres». Er selbst hätte, wie er in einem NDR-Radiointerview sagt, lieber den seit 1943 einbeinigen Hochspringer Manfred Loos an seiner Stelle gesehen, der gerade

1,78 Meter übersprungen hatte, nur ein paar Zentimeter weniger als die besten zweibeinigen Deutschen.

Er ist wieder monatelang in Schweden und besiegt in diesen beiden Jahren seinen Schüler und jetzt Weltklassespieler Lennart Bergelin. Er gewinnt 1948 wieder (wie schon von 1932 bis 1935) die Internationalen Meisterschaften von Deutschland am Rothenbaum in Hamburg, als sie erstmals wieder ausgetragen werden, im Einzel und im Doppel, wiederholt das 1949, gewinnt die Schweizer Hallenmeisterschaften 1948 gegen den italienischen Ranglistenersten und wird in Athen 1949 Internationaler Meister im Einzel, Doppel und Mixed – wie 1931 schon einmal, als seine Karriere dort so großartig begann. In Kairo wird er 1949 Internationaler Doppelmeister und in Alexandria 1950 Ägyptischer Meister gegen den Wimbledon-Topspieler jener Jahre, den Tschechen Jaroslav Drobný, im Einzel und im Doppel.

Ägypten – das Land seiner Lieben (eine lernen wir noch kennen), seiner Erfolge, seiner Unternehmen, seines Todes.

Immer wieder übermittelt Cramm in den Briefen dieser Zeit Reisepläne wie diesen, im September 1949 aus Athen an seine Mutter: «20. Okt.–6. November Schweden, 7.–13. Nov. Genf. Danach Cairo [...]. Möglicherweise anschließend Pakistan. Zwischen dem 27. Sept. und der Abfahrt nach Schweden werde ich zu Hause sein [in Wispenstein]. Ich hoffe, Du kommst mich bald besuchen, außerdem wäre ich gern einige Tage in Bodenburg und Oelber.»

Und Cramm hält in all der wieder rasenden, rastlosen Aktivität am 5. März 1948 kurz inne. «Meine liebe Mutter,

Heute zum 10. Jahrestage meiner Abholung in Brüggen möchte ich Dir ganz schnell in Zuneigung einige Zeilen schreiben. Es ist schwer zu sagen, was geworden wäre, hätten sie mich damals nicht geholt. Wahrscheinlich wäre ich wohl charakterlich weniger reif und hätte mich möglicherweise einer Spruchkammer gegenübergesehen. Man soll gerecht sein! Somit wollen wir den Herren, die mir seinerzeit Böses antun wollten, doch dankbar sein für den furchtbaren Unsinn, den sie taten.»

Cramm bemühte sich Anfang der 50er Jahre, das Urteil von 1938 aufheben und die Strafe aus dem Strafregister tilgen zu lassen. Er hatte gute Gründe. Amerika, aber auch Frankreich noch 1951, verweigerten ihm weiter Einreisevisa und Turnierteilnahmen wegen seiner Verurteilung und Haft.

Im Straftilgungsantrag 1952 konnten Cramm und sein Anwalt argumentieren, er sei nach dem Krieg der erste Deutsche gewesen, der «wieder in das Ausland gehen konnte und dort für Deutschland wirken durfte» – und er habe beste Beziehungen zu den Hohen Kommissaren John Jay McCloy (USA) und André François-Poncet.

Letzteres nahm der Oberstaatsanwalt beim Landgericht Hannover in seinem ablehnenden Votum eher verschnupft auf – da würde er sich dem Vorwurf aussetzen, jemandem mit «besonders guten Beziehungen usw.» entgegenzukommen; überhaupt gingen gerade auch die Vereinigten Staaten «scharf gegen die Homosexualität vor», und schließlich finde er den schweren Vorwurf der Rechtsbeugung gegen den seiner Zeit urteilenden Richter «völlig unbegründet».

Lisa und Manasse Herbst sagten für den Antrag beim

Anwalt aus – Herbst reiste aus London an, kurz bevor er in die USA übersiedelte. Wieder wollte man ein frühes Ende der Beziehung glauben machen. Die Affäre mit Gottfried habe nur bis Ende 1932 gedauert, so Herbst, beziehungsweise bis Anfang 1933, so Lisa. Aufhebung und Tilgung werden 1952 vom niedersächsischen Justizminister abgelehnt. Der erneute Antrag Cramms auf Tilgung wird schließlich im Juli 1953 vom selben Justizminister, Otto Krapp, wegen Vortrags «weiterer Gründe», aufgrund von Cramms Jugend zur Zeit der Straftat und weil er sich nunmehr «fast 18 Jahre straffrei gehalten» habe, angenommen.

Die Strafe wurde im Strafregister getilgt – aber das Urteil vom Mai 1938 galt bis zum Beschluss des Deutschen Bundestages zur Aufhebung nationalsozialistischer Unrechtsurteile gegen Wehrmachtsdeserteure und Homosexuelle vom 17. Mai 2002 als rechtmäßig ergangen.

Cramm gründet im Winter 1951 in Duisburg die «Tennisschule von Cramm», die helfen soll, junge Spieler schneller ins Spitzentennis zu führen, und die später zum LTTC Rot-Weiß zieht – wo aus ihr dann Wilhelm Bungert und Christian Kuhnke hervorgehen, die deutschen Namen, die man überhaupt zwischen Gottfried von Cramm und Boris Becker kennt. Cramm nahm auch eine Wohnung in Duisburg. In Freude und in Ärger taucht die Tennisschule in den Briefen der 50er Jahre an Jürgen Ernst Wedel immer wieder auf. Roderich Menzel: «Ein Vater hätte sich nicht aufopfernder für seine Kinder einsetzen können! Er besorgte Schläger, Bälle, Schuhe, Tennisdress. Bestellte

Fahrkarten, fand Zuganschlüsse heraus. Telefonierte mit Turnierveranstaltern und erkämpfte für seine Schützlinge die besten Bedingungen. Und trainierte mit ihnen, ein Mann Mitte vierzig, bis sie um Gnade baten.» Und ging mit ihnen ins Düsseldorfer Theater und danach mit Gustaf Gründgens ein Bier trinken.

Aber die Tennisschule bleibt in diesen wenigen Jahren ein Feld unter anderen. Cramm führt 1951 das wieder zugelassene bundesdeutsche Davis-Cup-Team noch einmal ins Europafinale, gegen seine schwedischen Schüler. Als der Deutsche Tennis Bund wieder in den Tennis-Weltverband aufgenommen ist, kehrt er als Turnierteilnehmer nach Wimbledon zurück, dessen Centre Court während der Luftschlacht von England von einer deutschen Bombe getroffen worden war. Das alles ist vergessen, als Cramm 1951 den Rasen betritt. Noch einmal wird er mit stehenden Ovationen empfangen. Im Publikum Barbara Hutton.

Er gibt sein letztes Davis-Cup-Match im Stade Roland Garros im Alter von 44 Jahren, 1953, 22 Jahre nach seinem ersten Auftritt dort. Im selben Jahr erreicht er in Wimbledon noch einmal das Viertelfinale im Doppel. Von 1953 bis 1955 ist er mit dem Amerikaner Budge Patty noch dreimal in Folge Sieger im Herren-Doppel bei den Internationalen Deutschen Meisterschaften am Hamburger Rothenbaum.

Poor little rich girl

Im Publikum in Wimbledon 1951 Barbara Hutton – wie war das weitergegangen mit den beiden seit Kairo 1939? Sie haben sich Briefe geschrieben während des Krieges. Sie haben auch telefoniert, von Mexiko City nach Bodenburg, 1941 und 1942, vor und in der Zeit der Ehe mit Cary Grant. (Die Presse nannte das Paar Hutton-Grant damals *Cash 'n' Cary*.) Als Cramm Ende Juli 1942 in Bodenburg von der Eheschließung mit Grant hört, notiert Jutta von Cramm: «Armer Gottfried.»

Cramm hatte immer ein ledernes Klappetui mit Fotos von Barbara dabei: drei schöne, etwas traurig blickende Porträts. Marie Vassiltchikov notiert im Mai 1944 in ihr Tagebuch, dass er ihr das Etui gezeigt habe. Ein Silberrahmen mit Barbaras Porträt stand in den 40er Jahren auf Gottfrieds Schreibtisch in Bodenburg – und steht noch heute dort. Im Sommer 1944 hatte er Barbara vorgeschlagen, künftig zusammen in Schweden zu leben. Sie wollte kommen.

Im Mai 1946 will Cramm Barbara Hutton endlich wiedersehen. Jörg von Morgen, noch immer in Bodenburg, berichtet, Counter Intelligence Corps Offizier Major James H. Ratliff jr. habe Gottfried eine amerikanische Offiziersuniform besorgt und ihn so kostümiert nach Paris zu Barbara gefahren. Barbara habe ihm dafür eine hochkarätige Rolex geschenkt.

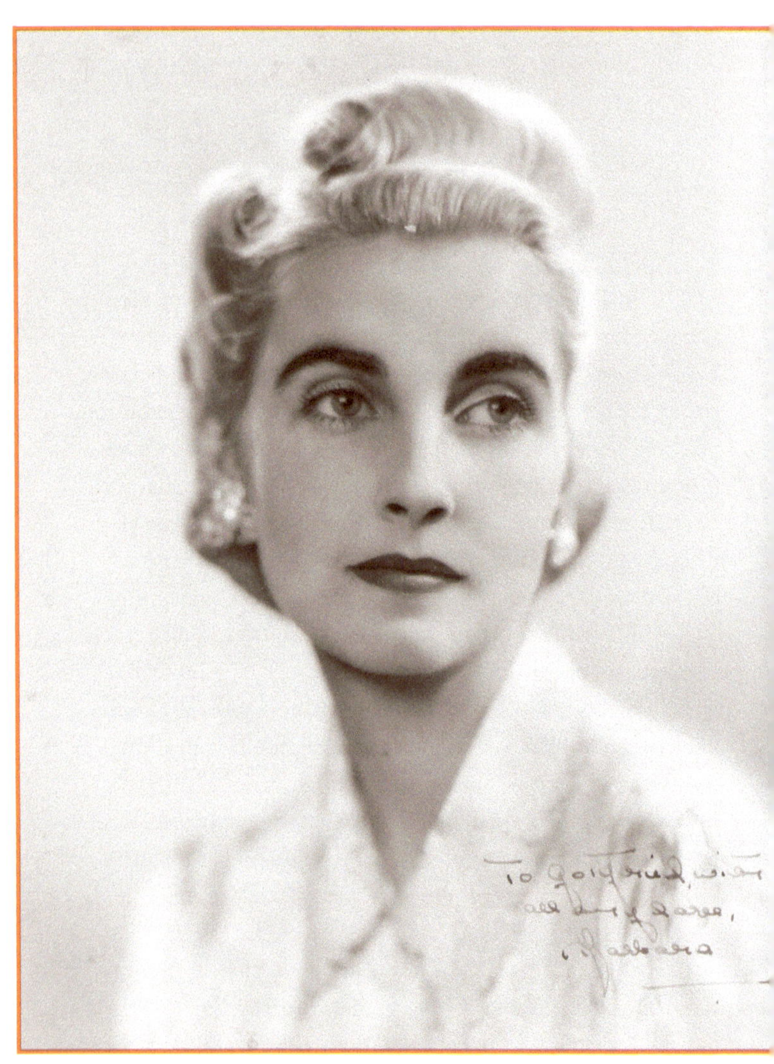

Das Porträt aus dem Silberrahmen

Danach wieder Briefe und stundenlange Telefonate mit Cramm, tags wie nachts, 1947 aus ihrer Suite im Pariser Ritz, ihr inzwischen neuer Mann Prinz Igor Troubetzkoy – ein in Paris geborener Ski- und Rennfahrer – im Raum nebenan.

Im Juni 1947 schreibt Gottfried an seine Mutter, Barbaras Ehe mit Troubetzkoy sei nach wenigen Monaten am Ende, aber er halte sie «höflich aber deutlich» von sich fern. «Ihre Nerven scheinen völlig zu versagen.» Jutta von Cramm, die diese neue Wendung schon im Mai von Sohn Siegfried gehört hatte, notierte alarmiert: «Schrecklich, wenn nun dieses hin und her wieder losginge!»

Ein handschriftliches Briefkonzept, aus diesem Herbst 1947, in Englisch, liegt im Bodenburger Archiv, in dem Cramm einen «Dear Sir» um den «exit permit» ersucht und seine Gründe erläutert – also das Konzept eines Briefes an den britischen Vertreter der Besatzungszone, damit der Cramms Ausreise genehmigt! Übersetzt: «Ein in keiner Weise leicht zu schreibender Brief [...]. Prinzessin Troubetzkoj und ich kennen uns seit über zehn Jahren und sind von Beginn an enge Freunde. Wir hatten die Absicht zu heiraten. Umstände haben das unglücklicherweise unmöglich gemacht. Aber der Krieg und die lange Trennung haben unsere Gefühle nicht verändert. Unser beider Leben haben sich gegenseitig auf eine Weise beeinflusst, die ich nur als außergewöhnlich beschreiben kann. Deshalb berührt mich ihre ernste Erkrankung unmittelbar.»

Im November 1947 ist Cramm am Krankenbett Barbara Huttons in Bern – eine lebensgefährliche Blutinfektion und fast völliges Nierenversagen, so Cramm; Hutton-Biograph Heymann schreibt, dass es dann doch ein Eierstock-Tumor war, der ihr im Januar 1948 in Bern entfernt wurde. Troubetzkoy hatte Cramm telegraphieren lassen, er möge kommen, also: Nur er könne helfen, und war dann am Vortag von Cramms Ankunft selbst abgefahren. Cramm an seine Mutter: «Eine heroische Haltung» des Prinzen sei dies alles. «Er scheint ein fabelhafter Mann zu sein.» Er, Gottfried, sitze jetzt täglich acht Stunden an Barbaras Bett.

Cramm scheint bei diesem Bern-Aufenthalt vor allem sich nicht moralisch, durch Barbaras Krankheit, erpressen lassen zu wollen – er will offenbar nicht, um sie zu retten, gegen sein «persönliches Gefühl entscheiden», das jetzt gegen eine Verbindung spreche. «Es stellt sich hier jetzt heraus, dass ich durch das letzte Jahr doch schwerer getroffen war, als ich es wohl selbst mir eingestehen wollte.» Jutta von Cramm in Bodenburg hat sich ihre eigenen Gedanken gemacht – und machen lassen. Im Archiv dort findet sich ein in dieser Zeit in Auftrag gegebenes ausführliches Horoskop zur Frage, wie ein am 7. Juli Geborener zu einer am 14. November Geborenen passt. Letzter Satz: «Ich sehe aber in allen diesen Einflüssen der weiblichen Nativität keine Beziehung zu dem Jahres-Horoskop des männlichen Nativen und nehme doch an, dass es zu keiner ehelichen Verbindung kommen wird.» Hellseher und Astrologen haben Jutta von Cramm stets falsch informiert.

Was war da im «letzten Jahr» vorgefallen? Schemenhaft ist es zu rekonstruieren aus den Briefen Barbara Huttons. Es ging um jenes erste Wiedersehen im Mai 1946 in Paris, im

Ritz. Barbara, in einem Brief an Gottfried aus Tanger vom 28. August 1946, fand ihn bei jenem Treffen (wir übersetzen von nun an) «grausam und harsch» – offenbar, als er sie unwillig fand, «für Dich mein Leben im Ritz aufzugeben». Sie «hysterisch vor Freude», «zu nicht mehr fähig, als Dich anzusehen und Deine Stimme zu hören»; er nach ihrem Eindruck vor allem gekommen, «um gewichtige Fragen zu besprechen». Vielleicht habe der Krieg ihn so kalt und lieblos gemacht. «Dann […] verlor ich den Kopf. Ich wurde plötzlich panisch und hatte das Gefühl, Dich nicht zu kennen.» «Am Ende brach es mir das Herz. Und es blieb seither gebrochen.» Dann fragt sie, die melodramatische, auch Gedichte schreibende Frau: «Was ist nur aus dieser wunderbaren Person geworden, die ich kannte? Er, der so sanft war und dessen Geist und Herz so offen und süß wie der Himmel waren?» Aber dann trotzdem dieses Brief-Finale: «Oh yes, my darling, jedes Wort, das Du zitiert hast in jenem langen Brief, ist wahr, auch jetzt noch. Du bist die Liebe meines Lebens, meine einzige, meine wahre Liebe, und ohne Dich will ich nicht leben! Deshalb habe ich zuletzt versucht, ohne Erfolg, mich einfach aufzulösen, zu verschwinden. Ich mache mir nichts aus der Welt und aus den Menschen in ihr. Alles, was mir wichtig ist, sind Du und Lance [ihr Sohn, der bei ihrem früheren Mann ist], und es scheint, dass ich so schlecht bin, dass Gott mir beides genommen hat. Vielleicht, wenn ich immer wieder dafür bete, wird Er mich sterben lassen? Gott segne und behüte Dich, mein Einziger, Geliebter. Ich liebe Dich so sehr – (vergib mir!) Barbara.»

«What has become of that lovely person I used to know? He who was so tender, and whose mind and heart were as open and sweet as the sky. [...] You are the love of my life, my only my true love, and without you I do not want to live! That is why of late I have been trying without success, just to fade away. I don't care for the world or the people in it. All I care about are you and Lance, and it seems that I am so bad that god has taken both away from me. Perhaps if I pray hard He will let me die? God bless and keep you, my only, dear Beloved. I love you so – (forgive me!) Barbara»

(an Gottfried, aus Tanger im August 1946)

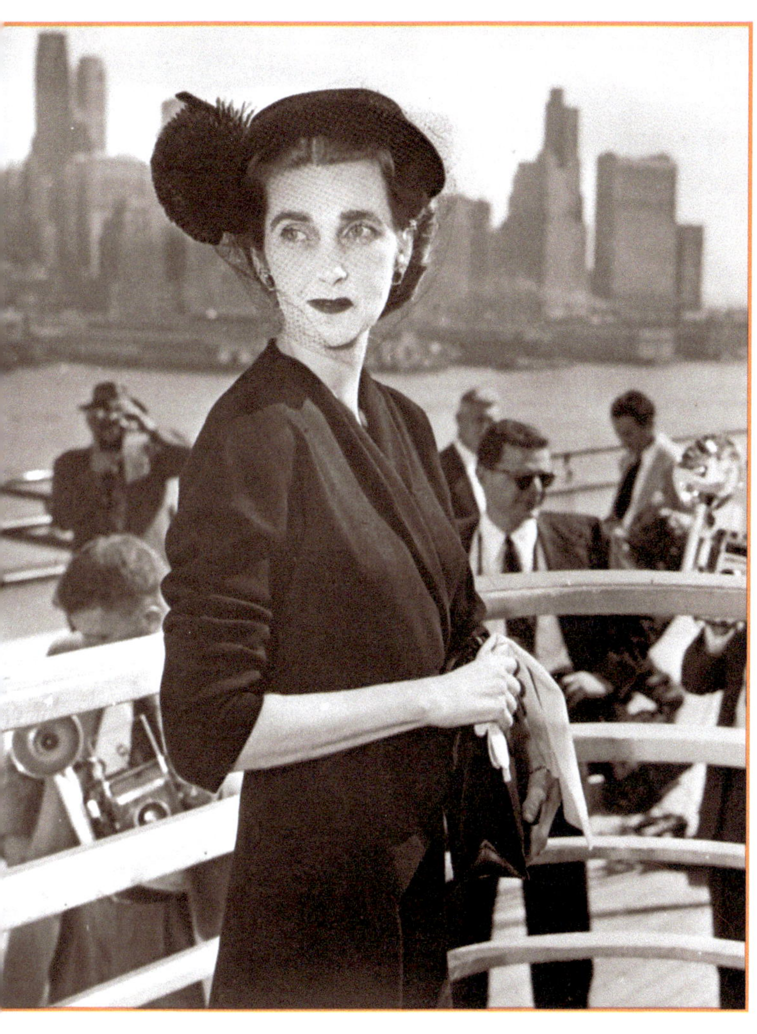

Barbara Hutton kommt 1949 nach drei Jahren Abwesenheit wieder in New York an

So sind viele dieser Briefe Barbara Huttons: intensive Liebeserklärungen in Dauerschleife, voller Selbstmitleid und emotionaler Erpressung. Noch immer aus diesen August-Seiten: «Today I am more lonely than I have ever been in all my life. The only thing I have is the love in my heart for you and for Lance, which is so great that infinity is small in comparison.»

Barbara Hutton hatte allerdings Grund, sich zu bemitleiden. Das «poor little rich girl» (so wurde sie früh genannt, und unter diesem Titel wurde ihr Leben mit Farrah Fawcett als Barbara verfilmt) wuchs ohne Vater auf und fand als Vierjährige im Mai 1917 die Leiche ihrer Mutter, die sich in ihrer Suite im Plaza Hotel in New York das Leben genommen hatte. Schon das Mädchen Barbara war die reichste Frau der Welt.

Sie schiebt in jenem August-Brief 1946 noch ein Postskript auf einem Extrablatt hinterher: Sie habe gerade vergessen zu erwähnen, dass sie vor dem Mai-Treffen ihm noch habe mitteilen wollen, er möge bitte «unendlich zart» mit ihr sein: «Kaum versuchen, mich zu berühren, und mich nicht küssen. Einfach nur mich Dich ansehen lassen, bis ich mich gewöhnt hätte an die Vorstellung, dass das jetzt wirklich wahr sei, und mich so ein wenig beruhigt hätte. Jetzt verstehst Du vielleicht besser, warum das, was im Mai zwischen uns passiert ist, so ein Desaster war!»

Halten wir fest: Gottfried wollte Barbara heiraten, und er wollte sie nach sieben Jahren der Trennung küssen.

Einen Tag später schreibt sie wieder lang, wieder genau in diesem Sinne, und erwähnt in dem Brief, sie habe auch vorgestern lang geschrieben, wisse aber ja nicht, welche dieser Briefe ihn erreichten. Ohne Zweifel sei sie ein wenig außer sich gewesen in dieser Mai-Szene im Ritz. «Ich bin seither sehr krank gewesen – in Wahrheit ging's mir schon damals nicht sehr gut.»

Weitere Liebesbriefe und jene nächste Heirat, am 1. März 1947 mit dem Prinzen Igor, gehen dann wieder gut zusammen. Jutta von Cramm notierte im Februar in Bodenburg, als die neue Heirat bekannt wurde: «Armer Gottfried, dieses hin und her ist unerträglich.» Und, noch zwei Wochen später: «Gottfried ist doch sehr erschüttert und gekränkt.»

Aber was war das mit den «Zitaten», die Cramm ihr in jenem «langen Brief» geschickt habe? An einem Brief Barbaras vom 9. Oktober 1951 aus Paris hängt das maschinengeschriebene neunseitige Papier an – und im Bodenburger Archiv findet sich die von Cramm handgeschriebene Vor-Version. Er hat tatsächlich – zu seiner Rechtfertigung – nach dem Mai-Desaster Barbaras Briefe seit 1939, meist aus Beverly Hills, auf die Liebes- und Lebens- und Heiratsschwüre hin durchgesehen und exzerpiert:

«Shall we go and live in Egypt, darling, and cultivate the land?» (Juni 1941) «Ich könnte Cary Grant heiraten, der wirklich ein wundervoller und feiner Mann ist [...]. Aber wie kann ich jemals irgendjemanden heiraten und in Frieden leben, wenn ich Dich so liebe, wie ich es tue?» (Januar 1941) Als sie Grant dann doch heiratet, schreibt sie im Juni 1942: «He is a fine man [...] but in my heart you will always come first.» «Wenn der Krieg vorbei ist, werde ich zu Dir kommen, wenn Du mich immer noch willst» (November 1942) – «this time forever» (Juni 1944). So glücklich, wie sie dann jeweils über seine Gegenbriefe ist, hat Gottfried stets seine gleichen Absichten ausgedrückt.

Cramm hat ihr dieses Dokument am 3. Juni 1946 aus Bodenburg geschickt mit der Vorbemerkung: Ein Freund habe gesagt, er, Gottfried, habe «in a fool's paradise» gelebt. «A paradise it has been indeed. If I have really been a fool – here is my excuse:», «hier ist meine Entschuldigung, wenn ich tatsächlich ein Idiot war:».

Im handschriftlichen Manuskript dieser Exzerpte steht ganz am Ende noch diese Passage, die Cramm nicht in die Maschinenversion übernommen hat: «Have you really had the impression that I tried to force you to make a decision within two days? I was convinced of your love and of your willingness to live with me from now on. I admit that.» – «Hattest Du wirklich den Eindruck, dass ich versucht habe, Dich zu einer Entscheidung innerhalb von zwei Tagen zu zwingen? Ich war überzeugt von Deiner Liebe und von Deinem Wunsch und Willen, von nun an mit mir zu leben. Das gebe ich zu.»

Man muss sagen, dass man Cramm in diesem Punkt völlig verstehen kann. Er durfte von diesem Wunsch und Willen überzeugt sein.

Gottfried von Cramm hat Barbara Hutton geliebt. So etwas wie dieses Papier schreibt man aus einer tiefen emotionalen Enttäuschung heraus. – Und Barbara schickt ihm die Seiten zurück: Jedes Wort, das sie ihm jemals geschrieben habe, sei wahr gewesen, und sie danke ihm, dass er ihr verziehen habe.

Er hat sie nach vielen Aufs und Abs geheiratet. Nicht kühl wegen des Geldes. Das hat er 1958 leicht verärgert vor einem Reporter zurückgewiesen, der ihn so zitierte: «Warum reden die Leute nur immer von Barbaras Geld? Ich habe sie nicht geheiratet, weil sie reich ist. Ich bin

Geschäftsmann – ich habe selbst Vermögen.» Dafür waren auch viel zu viel Leiden und Leidenschaft und Drama im Spiel. Die Heirat war auch nicht eine Fassade, die er gebraucht hätte, um dahinter ein sonst unmögliches Leben zu leben. Das hatte der ständig zwischen Stockholm, Paris, Kairo, Berlin, Hamburg jettende Unternehmer-Tennis-champion, der 1955 noch zu Schaukämpfen nach Saudi-Arabien eingeladen wird, nicht nötig. Und er hat sie auch nicht zuerst deswegen geheiratet, um ihr zu helfen und sie im Leben zu halten – auch wenn das mitgeschwungen haben wird, wie Jutta von Cramm im Tagebuch notiert. Man kann eine schöne Liste erstellen von Cramms Hilfen an viele Menschen – unter anderem kaufte er, berichtete Rot-Weiß-Freund Wolfgang Hofer, seinem im Krieg schwer versehrten früheren Doppelpartner Kai Lund ein Hotel nahe Baden-Baden zum Lebensunterhalt. Zweifellos habe er auch Barbara helfen wollen. Das hat auch eine gute Bekannte Cramms später so gesehen.

Viel einfacher ist die Erklärung einer zwei Jahrzehnte andauernden, im Gefängnis 1938 zusätzlich tief gegründeten Liebe – egal wen oder wie Cramm sonst noch liebte und begehrte. Er hat Barbara Hutton in allererster Linie geliebt – auch wenn er über sie irgendwo im Herzen gedacht haben mag, was man beim Lesen vieler ihrer Briefe tatsächlich denkt. In einem Streit, wieder in Paris, von dem in Barbaras Briefen des Januar 1949 in Andeutungen die Rede ist, hat er sie offenbar einen «empty-headed fool, without real values or sentiments» genannt – «hohlköpfig, ohne echte Werte oder Empfindungen». Sie zitiert das und ruft mit vielen Unterstreichungen, das sei «judged completely wrongly!» – «völlig falsch geurteilt!». Denn: «Ich bin in Wahrheit alles

Mögliche, von dem Du nicht denkst, dass ich es bin.» «I am indeed all and everything, that you do not think I am.» – Man zögert, das ein schlagendes Argument zu nennen.

Nach dem Wimbledon-Wiedersehen 1951 – Barbaras Briefe waren auch 1949 und 1950 nicht abgerissen –, als die beiden von Reportern verfolgt, von Fotografen unter dem Regenschirm verewigt werden, empfängt Cramm sie im November 1951 am Kölner Hauptbahnhof zu einer Deutschlandreise – hier bekommt nun auch die deutsche beginnende Regenbogenpresse die Romanze mit.

Nach ihrer Ankunft am 8. November bleibt Barbara erst einmal Gin trinkend im Kölner Excelsior Hotel, sie und Cramm in zwei getrennten Suiten. Die *Nürnberger Nachrichten* melden am 10. November mit vielen anderen Blättern, die beiden hätten seit Huttons Ankunft das Hotel Excelsior vor lauter Schaulustigen gar nicht verlassen können. Und in Erwartung der Ankunft der beiden auf Gottfrieds Gut Wispenstein hätten sich bereits Pressefotografen und Berichterstatter in- und ausländischer Blätter «in großer Zahl im benachbarten Alfeld einquartiert». Cramms Gutsverwalter wolle den Bullen auf jeden Reporter loslassen, der sich noch auf dem Gut sehen lasse und nach der bevorstehenden Verlobung frage.

Aus Köln konnten sie irgendwann am 9. November dann offenbar doch auf eine Kurzreise nach Bayern aufbrechen. Am Ende dieses Deutschlandbesuchs stand ein Fest in Schloss Brüggen – Huttons Geburtstagsfest, schreiben die Blätter in diesen Tagen, und Cramm bestätigt es der Presse. Was für ein Bild: die deutsche Familie und die trinkende und tanzende amerikanische Juwelen-Exzentrikerin, von der Jutta ihren Sohn nicht freikaufen lassen wollte.

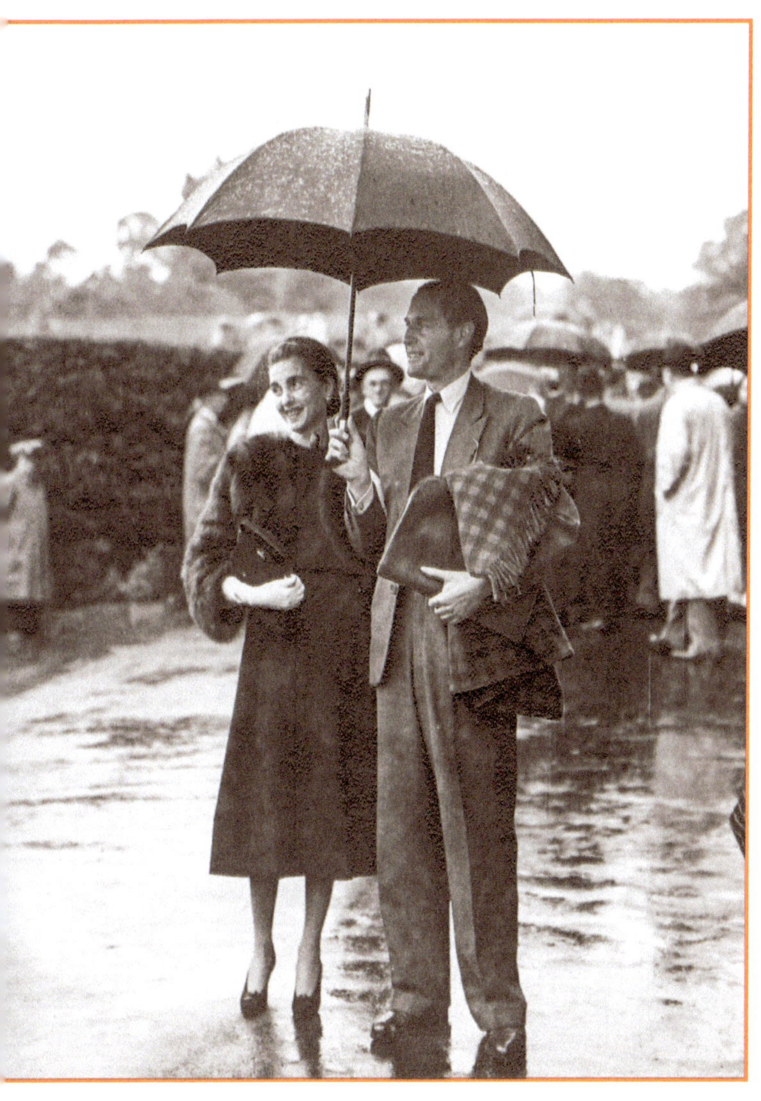

In Wimbledon 1951

Ein Text über all dies aus der *Süddeutschen Zeitung* am 10. November 1951 sticht heraus, von Ursula von Kardorff: geboren 1911 in Berlin, Feuilleton-Redakteurin der *Deutschen Allgemeinen Zeitung* im Berlin des Zweiten Weltkriegs, Nazi-Gegnerin, bekannt und befreundet mit vielen Mitgliedern des Widerstands vom 20. Juli, seit 1950 Redakteurin der *Süddeutschen*, für die sie bis zu ihrem Tode 1988 tätig war.

«Unser Land, nicht gerade reich gesegnet mit charmanten Männern, die auf der Spiegelfläche des internationalen Parketts einherzugleiten wissen – verfügt immerhin über einen allgemein beliebten: Gottfried von Cramm. Ausgezeichnete Manieren und ausgezeichnetes Aussehen vereinigen sich bei ihm nicht nur mit seiner weltberühmten Tennismeisterschaft – sondern auch mit gewinnender Bescheidenheit.» Nun sei Cramm «schlagartig in die Weltliste Nr. 1 der öffentlichen Liebespaare aufgerückt, seitdem seine alte Freundschaft mit Barbara Hutton [...] wieder im Erglühen ist. Die märchensüchtigen Menschen unseres Zeitalters der Technik sind begeistert. Sie leuchten mit den Scheinwerfern greller Indiskretion Schritt und Tritt des berühmten Paares ab. Sie verfolgten es in Venedig auf dem Fest der Haute-Volée, auf dem Barbara ganz in schwarzem Samt als Mozart, mit Diamanten bestickt, in einem 25 000-Dollar-Kostüm erschien. Sie standen gezückt und entzückt am Bahnsteig in Köln, vorgestern nacht um halb drei, als Mrs. Hutton hyperschlank und mondbleich dem Pariser Schnellzug entstieg, um sich am blumenbeladenen Arme Gottfrieds den Reportern zu stellen. [...] Barbara Hutton, stets kränkelnd, stets ruhelos auf der Jagd nach dem absoluten Glück, wird also ihren 39. Geburtstag in

Niedersachsen auf Cramms Gut begehen. Hoffentlich wird es gemütlich.»

Anfang 1952 treffen sich die beiden in Kairo. Weihnachten 1952 klagt Barbara, Gottfried habe ihr versprochen, sie zu heiraten, wenn es ihr wieder gutgehe. Aber echte Liebe, findet sie, würde sagen: Ich heirate Dich, dann wirst Du wieder gesund! Gottfried schreibt im März 1953 aus Alexandria an Jürgen Ernst Wedel: «Ich möchte so gern in diesem Sommer eine Versöhnung mit Barbara einleiten.» Er werde sie Ende März in Monte Carlo treffen. «Vielleicht fahren wir anschließend für 10 Tage nach Taormina.» Jutta von Cramm notiert Ende März: «sog. ‹Verlobung› Gottfried – Barbara in Monte Carlo.»

Dann allerdings am 30. Dezember 1953 tatsächlich die fünfte Heirat Huttons. Die Verbindung mit dem dominikanischen Diplomaten Porfirio Rubirosa, den sie in Paris kennengelernt hatte, dauerte jedoch wiederum nur wenige Monate und wurde im Frühjahr 1954 gelöst. – Man versteht, warum Barbara Gottfried immer wieder um Verzeihung bitten musste.

Im Juni 1955 teilt Cramm der Familie seinen Entschluss mit, dass er Barbara heiraten werde. Im August und September ist er auf Einladung Huttons in Tanger – wir nähern uns der Entscheidung. Sie besaß dort den Palast «Sidi Hosni», bestehend aus sieben Häusern – ein 1001-Nacht-Palast, den Barbara 1946 General Franco vor der Nase weggeschnappt hatte, indem sie ungerührt das Doppelte bot. Zum Luxus brachte sie noch mehr Luxus. Vom Maharadscha von Tripura kaufte sie einen Wandteppich aus dem 15. Jahrhundert, golddurchwirkt und über und über mit Diamanten, Perlen, Smaragden und Rubinen besetzt, mit Dutzenden ebenso gestalteten Sitzkissen; dazu kamen Antiquitäten und eigens angefertigte Möbel, Kronleuchter und goldene Uhren in Mengen.

Barbara hat in diesen Wochen vor Gottfried auch ihr chinesisches Tanzen vorgeführt, das schon Cary Grant fasziniert hatte. Grant hat davon erzählt, wie überrascht und berührt er gewesen sei, als Barbara an einem Abend mit wenigen Freunden 1940 in ihrem (davor Buster Keatons) Beverly-Hills-Anwesen plötzlich chinesische Musik aufgelegt, ihre Schuhe von den Füßen geschleudert und «komplexe Bewegungsmuster» getanzt habe: «It was delightful.» Nun vor Cramm in Tanger. – Aus Paris im Oktober meldet Barbara an ihre beste Freundin, sie und Gottfried würden endlich heiraten: «He spent all summer with me in Tangier, and in all my life no one has ever been sweeter or more tender with me.»

An Jürgen Ernst Wedel schreibt Cramm ziemlich gelöst am 15. September 1955 aus Tanger: «Barbara und ich sind täglich am Strand, ihr Gesundheitszustand ist erstmalig mit gut zu bezeichnen. Die Nächte sind natürlich lang, und der Gin fließt in Strömen. Das kann ich so schnell auch nicht ändern. Ab und zu legt sie einige Tage des Hungerns und Durstens ein, aber das sind dann quälende Stunden. [...] Nach Mexico fliegen wir Anfang November. Wohnsitz: wird im nächsten Jahre in Paris genommen. Nach längeren Unterhaltungen haben wir uns darauf geeinigt. [...] Ich behalte alle meine bisherigen beruflichen und sonstigen Pflichten bei.»

Am 8. November 1955 dann die Trauung im Standesamt des Rathauses von Versailles, danach Empfang mit 20 Freunden in Barbaras Suite im Ritz. Dort der berührende Satz vor Reportern, von beiden: «Wir hätten vor 18 Jahren heiraten sollen» – Gottfried ergänzte: «Wir wollten schon nach unserer ersten Begegnung 1937 heiraten. Aber irgendwie ist es nie passiert.»

Danach Reise nach Mexiko – die USA ließen Cramm immer noch nicht einreisen wegen seiner Moral-Haftstrafe. Die beiden leben in einer Villa in Cuernavaca, im Februar 1956 erst kehrt Cramm – allein – nach Deutschland zurück. Zusammen sind die beiden 1957 immer wieder in Paris, was Jutta von Cramm notiert. Vorher aber, ab Ende Juni 1956, ist das Paar auf den Cramm'schen Schlössern. Jutta: «Barbara gefällt mir immer mehr, je besser ich sie kennen lerne, sie ist klug, warmherzig und unterhaltend.» Und mit den Brüdern verstehe sie sich sehr gut. Es gibt ein großes Fest in Brüggen mit 60 Personen zu Gottfrieds Geburtstag am 7. Juli. Jutta notiert über den Abschlussabend am 12. Juli, Barbara «hat etwas tief in das Gin Glas gesehen u. erzählte mir noch lange von ihrer traurigen Jugend».

Auch im November 1956 sind Hutton und Cramm in Bodenburg. Es gibt die Einweihungsfeier für die Glocke, die Barbara Hutton der Bodenburger Patronatskirche gestiftet hat.

In den Gesellschaftsblättern, die mit großen Fotos von diesem Aufeinandertreffen zweier Welten berichten, wird Hutton über Bodenburg und Schloss zitiert: «Hier fühle ich mich wohl, hier bin ich endlich geborgen.» Sie habe im Schloss «die glücklichsten Tage meines Lebens» verlebt. Und in einem rührenden Versuch, die Verbindung der

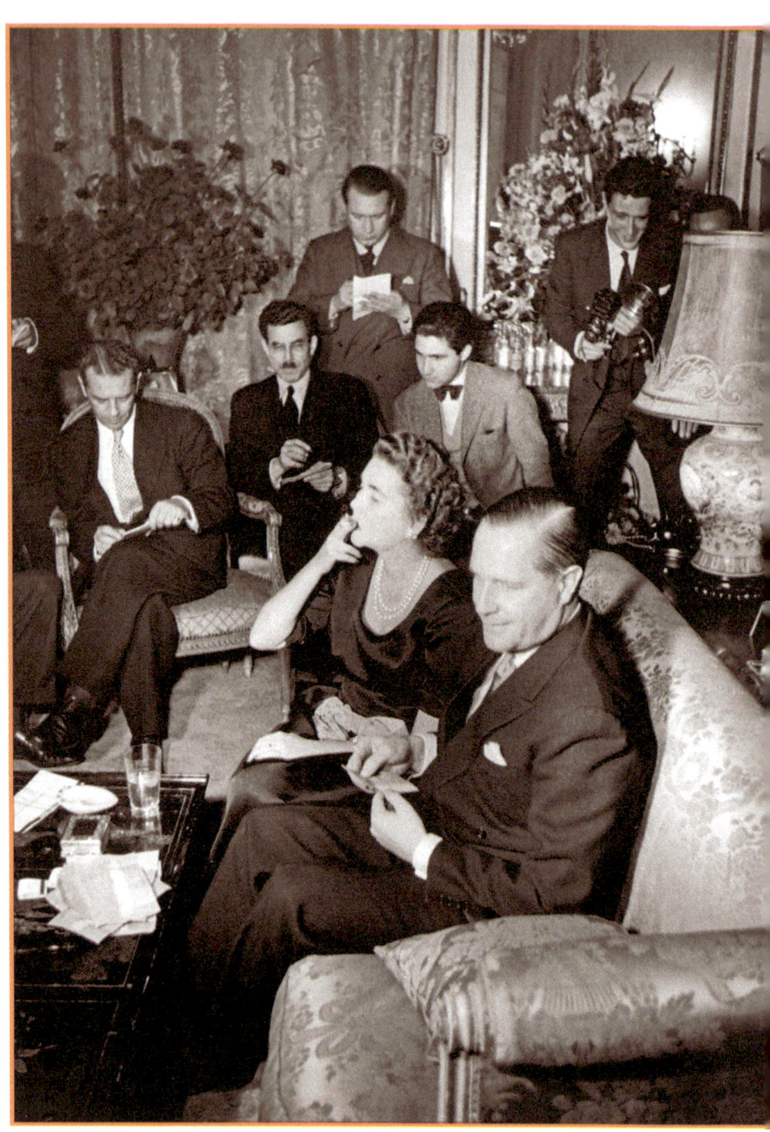

Pressekonferenz im Ritz nach der Hochzeit, 1955

beiden auf die gewohnten Begriffe der Leserschaft herunterzubrechen, heißt es tatsächlich, Cramm habe «seine Frau Barbara auf seinen Herrensitz Schloß Bodenburg heimgeführt».

Geboren wurde die Idee zur Stiftung einer Glocke an die Bodenburger Patronatskirche, will man der Berichterstattung glauben, in einem kurzen Wortwechsel zwischen Hutton und dem Bodenburger Pastor, offenbar im Juli zuvor. Hutton bedankte sich beim Pastor, dass man ihr Erscheinen in Bodenburg nicht an die große Glocke gehängt habe. Der Pastor habe geantwortet, sie seien eine arme Gemeinde und besäßen gar keine große Glocke.

Die Ehe wird zwei Jahre nach der Hochzeit – in einem kurzen Brief Barbaras an Gottfried vom Dezember 1957 – faktisch beendet, weitere zwei Jahre später, im Januar 1960, von einem Pariser Gericht geschieden. 600 000 Dollar werden Cramm zugesprochen. – Auch hier ist die Scheidung nicht das Ende der Beziehung. Im Februar 1971 etwa ist Cramm in Madrid bei Barbara, die dann «mit ihm nach Rom übersiedelt», wie Jutta von Cramm etwas unscharf notiert.

Cramm hat seiner Mutter in Bodenburg erzählt, Barbaras Brief vom Dezember 1957 sei die Antwort gewesen auf einen Brief von ihm, in dem er sie gebeten und von ihr verlangt habe, sich einer Trinkerentziehungskur zu unterziehen. Aus der Umgebung Barbara Huttons hieß es später, sie habe nicht ertragen, dass Cramm junge Männer ihr vorzog.

Für diesen unspezifischen Plural gibt es außerhalb der biographischen Recherchen David Heymanns zu Barbara Hutton keine Belege. Für zwei Lieben Cramms in der Nachkriegszeit allerdings schon.

Jean-Pierre und Bertil

Spuren dieser zwei Lieben finden sich in sechs erhaltenen Briefen Cramms zwischen 1952 und 1956 an Jürgen Ernst Wedel, seinen Jugendfreund in Burgdorf, Schwager der älteren Schwester Lisas, Cramms Bobpartner in St. Moritz 1930, Begleiter seiner Berliner Jahre – und offensichtlich sein engster Vertrauter.

Und diese brieflichen Spuren führen uns nicht nur zu zwei Männern in Cramms Leben – sie führen uns auch zu Facetten von Cramms Persönlichkeit, die in den Quellen nur im Zusammenhang mit diesen Lieben aufscheinen. So kunstgenießerisch und kulturell anspielungsreich lesen wir ihn nur in seinen freimütig-entspannten Briefen an Wedel.

Jürgen Ernst Graf Wedel, 1890 in Weimar geboren, Offizier im Ersten Weltkrieg, Abschied aus der Reichswehr 1919, ging ohne berufliche Tätigkeit durchs Leben, «wenn man nicht die Pflege seiner von besten Manieren und lauter Stimme getragenen Beziehungen zu den internationalen Geld- und Vergnügungskreisen – heute würde man es Jetset nennen – als Beruf ansehen will». Dieser gelungene Satz stammt von Artur Graf Strachwitz, der den 20 Jahre älteren Wedel in Burgdorf kennengelernt hatte. Als Wedel im März 1956 in Hannover stirbt, notiert Jutta von Cramm: «Wir haben in Jürgen Ernst einen treuen Freund verloren.»

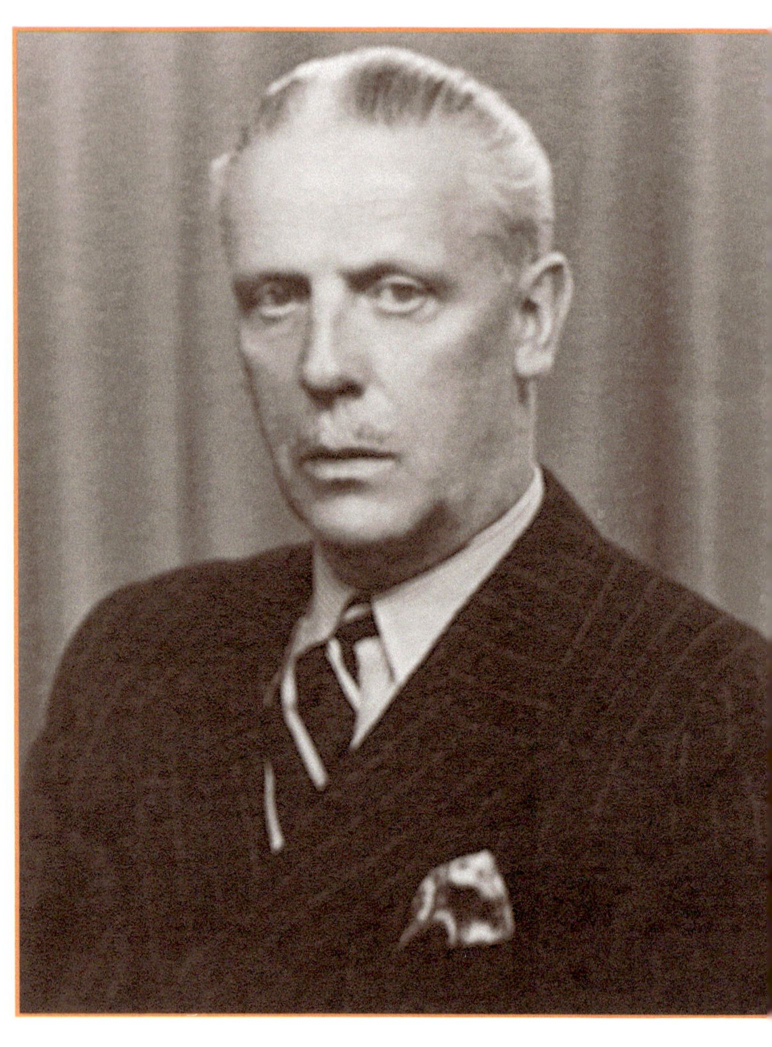

Jürgen Ernst Graf Wedel

Die Briefe an Wedel zeigen, dass Cramm über Jahrzehnte Kontakt mit den Männern seines Lebens hielt und es wie in den Beziehungen zu Lisa und Barbara schaffte, Lieben in dauernde Lebensfreundschaften zu verwandeln.

Manasse «Manfred» Herbst: Wedel muss Herbst im Berlin der 30er Jahre an der Seite Cramms gut gekannt haben; er war interessiert, alles zu hören, was Cramm über Herbst zu erzählen hatte. Im August 1952 aus Wispenstein – Herbst war gerade aus London in die USA übergesiedelt: «Manfred hat eine 2-Zimmer-Wohnung in New York.» Im März 1955 aus Kairo: «Von Manfred hatte ich gerade gestern einen netten Brief.» Im Dezember 1955 aus Mexiko: «Werde in den nächsten Tagen mit Manfred telefonieren. Auf dem Flugplatz New York war es leider nicht möglich.» Im Juni 1960 ist Herbst mit Cramm in Bodenburg, Wochen später zu Gottfrieds 51. Geburtstag am 7. Juli erneut – und Jutta von Cramm freut sich im Tagebuch sehr. Und im Mai 1968 ist Herbst wieder dort, diesmal mit Gattin. Eine Lebensfreundschaft.

«Dein Jeepy»: Nur ein Brief von «Jeepy», im Juli 1954 aus Bregenz, von den Festspielen, findet sich in Cramms Korrespondenz. Der Mann war zu identifizieren, weil es sich nach diesem Brief offenbar um einen Tänzer handelte – er berichtet von Operetten- und Ballettauftritten – und im Archiv in Bodenburg ein Jahresprogramm des London

Festival Ballet liegt, in dem ein «Jean-Pierre Alban» als Tänzer abgebildet ist: «J-P», «Jeepy»!

Jean-Pierre Alban war ab 1956 viele Jahre Solotänzer des Londoner Balletts. Er sprach, wie sein Nachruf in der *Dancing Times*, London, vom Februar 1973 weiß, neun Sprachen, hatte «charming manners» – und er sei ein «Neffe» Gottfried von Cramms gewesen, der unter den Trauergästen bei der Beerdigung in London war. Alban stürzte aus dem Fenster seiner Wohnung in der Sloane Avenue, in den frühen Stunden des 15. Januar 1973, nur eine Woche nachdem er sich aus der Companie zurückgezogen hatte.

Die große Tänzerin Beryl Grey, die seit 1968 künstlerische Leiterin des London Festival Ballet war, erinnerte sich später, dass Alban ihr seine große Angst gezeigt hatte vor dem Älterwerden und vor dem Moment, wo er nicht mehr tanzen könne. In der *London Times* hieß es 1973 zu Albans Tod, er habe «suicide notes» hinterlassen. Sein richtiger Name, so die *Times*, sei Hans Peter Schaich gewesen. Und er sei in Kairo am 14. November 1932 zur Welt gekommen. Barbara Huttons Geburtstag! – Nicht unwahrscheinlich übrigens, dass Alban sich als Tänzer zwei Jahre jünger gemacht hat. Man ging offenbar in der Ballettwelt davon aus, er sei 1934 geboren.

Cramm hat Alban, wie die erhaltenen Briefe an Wedel zeigen, durch die europäische Tanzwelt der 50er Jahre begleitet.

Im August 1952 beobachtete er Albans Proben zum «Idioten» im Rahmen der Berliner Festspiele. «Man war sehr nervös und überanstrengt und war in keiner Weise ohne Launen», schreibt Cramm. «Trotzdem genoss ich es.»

Das ist nicht nur stilistisch, sondern auch ästhetisch

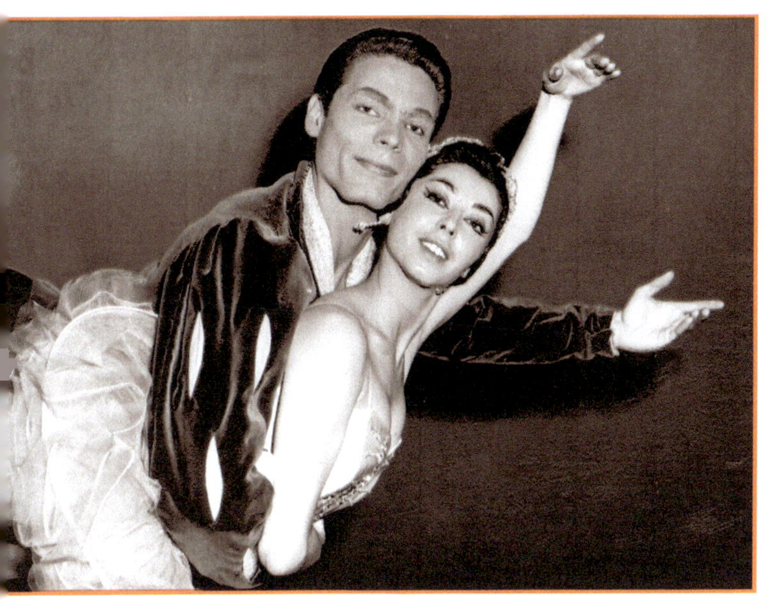

Jean-Pierre Alban mit Josette Clavier, 1956

bemerkenswert. Denn es handelte sich hier, nach der Vorlage von Dostojewskis Roman, um eine mit Schauspielern flankierte Ballettpantomime der Choreographin Tatjana Gsovsky, für die der junge Hans Werner Henze die Musik schrieb und die tatsächlich an jenem 1. September 1952 im Hebbel-Theater in Berlin ihre Uraufführung erlebte. International gefeiert und mit Klaus Kinski als Fürst Myschkin! Ästhetisch konservativ ist diese ganze Szenerie nicht. Gsovsky, in Moskau geboren, führte mit ihrem Mann seit 1928 in der Fasanenstraße in Berlin eine Tanzschule – die *Dame* bringt im Januar 1932 über drei Doppelseiten eine phantastische Fotoserie von Martin Munkácsi aus dem dortigen Unterricht –, lebte von 1937 bis 1945 in Paris, kam zurück und prägte bis in die 60er Jahre, an Staatsoper und Deutscher Oper Berlin, zugleich an der Oper in Frankfurt am Main, mit ihrer expressionistischen Neudefinition des klassischen Tanzes die deutsche Ballettszene.

Im März 1953 trat Alban am Kurfürstendamm-Theater probeweise «mit 2 neuen Solo-Einstudierungen» auf, meldet Cramm an Wedel: «Ganz allmählich wird er seine Aufgaben bekommen.» Das Theater am Kurfürstendamm wurde seit 1953 «mit glänzendem Erfolg» (*Der Spiegel* 1962) von dem großen Opern- und Sprechtheater-Regisseur Oscar Fritz Schuh geleitet, der später von Gustaf Gründgens die Leitung des Deutschen Schauspielhauses in Hamburg übernahm – es ging hier in Westberlin um etwas. Man wird sich den 20-jährigen Alban einmal angesehen haben für mögliche Engagements.

Im Frühjahr 1955 tanzt Alban – und Cramm teilt es Jürgen Ernst Wedel erfreut mit – bei den Florentiner Festspielen, dem Maggio Musicale Fiorentino, 1933 gegründet, ein wichtiges Festival, bei dem sie alle dirigierten, von Bruno Walter über Furtwängler bis Karajan, und auf dem Richard Strauss, Hindemith, Bartók, Strawinsky ihre Werke selbst aufführten.

Und dann hatte Alban es tatsächlich geschafft. «Jeepy hatte am 7. Sept. Premiere im Théatre des Champs-Élysées. […] Alles ging gut, und wie Jeepy mir schreibt, ist er arbeitsmäßig glücklich. Wir können doch alle ganz stolz sein, dass wir dies Lebensschicksal noch hingebogen haben.» So Gottfried an Jürgen Ernst am 15. September 1955.

Dieser letzte Satz ließ sich nicht völlig aufklären – aber doch ein ganzes Stück weit.

Cramm mag Alban, den er in Kairo als Hans Peter Schaich kennengelernt haben wird, Türen geöffnet haben, in Berlin, in Paris, in London beim Festival Ballet, um sich zeigen zu können. Er mag ihm auch sonst, wo es ging, mit Beziehungen und mit Geld geholfen haben. Jürgen Ernst Wedel hat dabei offenbar mitgewirkt.

Aber es steckt noch mehr dahinter. Jutta von Cramm wusste, dass es Jeepy gab. Er stand als «Jean Pierre Alban Schaich» in, wie es aussieht, Jutta von Cramms Handschrift im Adressbuch in Bodenburg. Sie nennt den Namen erstmals nach ihrer Rückkehr von einer Reise in Gottfrieds ägyptischen Turnier-Frühling des Jahres 1950. Am 3. April freut sie sich in einem Brief an ihren Sohn, dass auch er jetzt wieder in der Heimat sei, und wünscht ihm nun, dass «die Reisepläne von Dir und Hans Peter» klappen. Jahre später, im letzten Brief Gottfrieds an Jürgen Ernst, der krank in Bodenburg liegt, Ende Januar 1956 aus Mexiko, heißt es: «Jeepy hat seinen Aufenthalt in Cairo genossen. Bitte sage

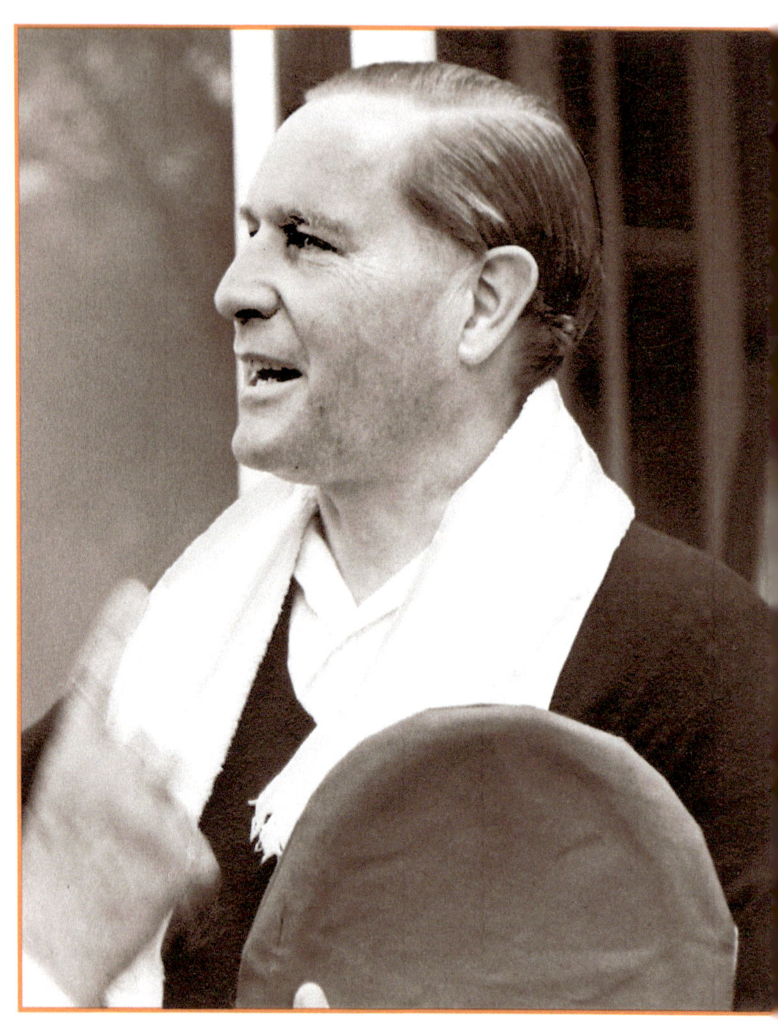

Gottfried von Cramm in Berlin, Januar 1956

an Mutter, dass er auch Schwester Hanna besucht habe.» «Schwester Hanna» wird «Schwester Johanne» gewesen sein, die um 1940 Gemeindeschwester in Bodenburg war – erwähnt in Briefen und Tagebüchern Jutta von Cramms aus der Zeit, später auch von ihr als «Schwester Hanna».

Als Jürgen Ernst Wedel dann Ende März 1956 stirbt, kommt zur Beerdigung auch Hans Peter Schaich. Jutta notiert ihn unter den anderen Trauergästen, weiter mit seinem eigentlichen Namen. Er kommt zu Ostern 1957 in seinem Auto nach Bodenburg – und fährt Ostermontag mit Gottfried wieder ab. Und die gelegentliche Anwesenheit Schaichs wird noch selbstverständlicher. Jutta notiert im Februar 1958: «Nachmittags kommt Gottfried mit Hans Peter Schaich und dem besten Tänzer Englands John Gilpin, der einen besonders netten Eindruck macht.» Gilpin lebte zu der Zeit mit einem Mann zusammen, war Albans Kollege im London Festival Ballet – und tanzte zuvor in jenem damals erstrangigen «Marquis de Cuevas Grand Ballet de Monte Carlo», das Gottfried mit «großem Genuss» in Kairo sah. Die drei blieben übers Wochenende.

Wenige Monate später, im Juni 1958, sieht Jutta von Cramm mit ihrem Sohn Siegfried, dem Fliegeroffizier, der unverheiratet mit ihr in Bodenburg wohnt, im Kino den ersten Film der Nachkriegszeit über Homosexualität – den als homosexuellenfeindlich empfundenen Film von Veit Harlan «Anders als du und ich (§ 175)». Allerdings war es die Freiwillige Selbstkontrolle FSK, die den Film in der ersten Fassung als zu liberal und verständnisvoll nicht freigab und eine Überarbeitung verlangte. Diese zweite Fassung, die dann in die Kinos kam und in der etwa ein Plädoyer gegen den Paragraphen 175 herausgeschnitten war, hatte einen nur noch homophoben Grundton. Jutta von Cramm gefiel der Film nicht. Sie fand, Veit Harlan habe das alles «nicht zu Ende» gedacht.

Nur Tage später sieht sie dann in München mit Gottfried das London Festival Ballet («ganz fabelhaft wurde getanzt») und sitzt danach wieder mit John Gilpin und Schaich zusammen. Als Gottfried im April 1959 zu einem Auftritt der beiden Tänzer reist, notiert Jutta erfreut: «Er ist auf dem Wege nach Barcelona zum Festival Ballet!» Auch im September 1962 sind Cramm und «Peter Schaich-Alban, der sehr elend aussah», wieder gemeinsam in Bodenburg – und auch in späteren Jahren noch. Auch dies eine dauernde Lebensbeziehung, die Gottfried vor seiner Mutter nicht verbergen musste.

Aber noch einmal: Wer war Hans Peter Schaich im Frühjahr 1950, als Jutta von Cramm ihn in Ägypten an der Seite Gottfrieds kennengelernt hatte? Warum war Jutta von Cramm so vertraut und schnell im Bilde?

Es gibt den Beginn einer Antwort. Eine jüngere Studie über «Deutschland in Ägypten» weist darauf hin, wirtschaftlich hätten Deutsche um 1900 in Ägypten vor allem durch die Gründung und Führung von Hotels auf sich aufmerksam gemacht. So sei der Direktor des 1907 eröffneten «Winter Palace» in Luxor «der Deutsche Schaich» gewesen.

«L. Schaich» war schon vorher, so der Baedeker «Ägypten und Sudan» von 1906, Manager von zwei Hotels in Luxor, die der «Upper Egypt Hotel Co.» gehörten: des

«Luxor Hotel», des ersten Hauses am Platze, und eines weiteren Hauses. 1908 führt ihn der Baedeker dann zusätzlich als Direktor des neuen «Winter Palace», ebenfalls im Besitz der Upper Egypt.

Also ginge die Geschichte so: Jutta und Burghard von Cramm machten tatsächlich ihre Hochzeitsreise im Winter 1905/06 nach Ägypten, auch nach Luxor – und lernten im «Luxor Hotel» den Direktor Schaich und dessen Familie kennen. Die Verbindung blieb. Als Gottfried Mitte der 30er Jahre beginnt, die Turniere in Kairo und Alexandria zu spielen, mag er die Familie Schaich ebenfalls kennengelernt haben und da auch schon den kleinen Hans Peter. Oder er lernt den jungen Mann erst Ende der 40er Jahre kennen und hat später Anlass, ihm zu helfen. Hilfe – und Liebe.

Eigentlich waren alle Lieben Gottfried von Cramms – wie er selbst seit Ende der 20er Jahre – Tänzer. Lisa war Tänzerin, klassisch, akrobatisch, Stepptanz. Der Lisa ähnelnde Manasse Herbst war in seiner Piccolo-Rolle im «Weißen Rössl» grazil und tänzerisch. Barbara tanzte in Tanger 1955 Gottfrieds letztes Zögern weg. Und Jean-Pierre Alban war ein Tanzstar.

«Bertil»: Bertil *** – schwedischer Tennisstar, Schüler von Cramm in seiner schwedischen Trainerzeit nach 1942. Bertil hat Cramm zu einigen bemerkenswerten kulturkennerischen Anspielungen inspiriert. So im September 1955

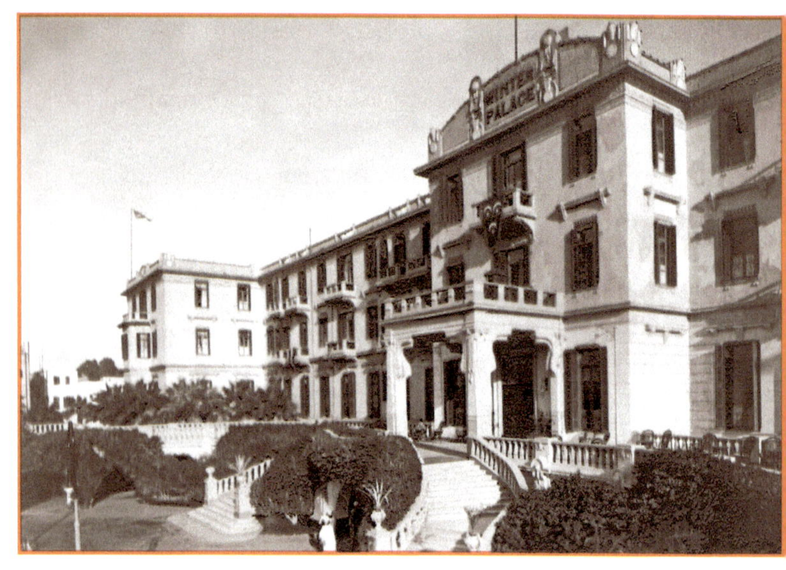

Das «Winter Palace» in Luxor, 1927

an Wedel: «Ich hatte zu meiner großen Freude einen reizenden Brief von Antinous aus Stockholm, der mir über ein Jahr lang nicht geschrieben hatte. Er ist verheiratet und hat einen Sohn!»

Antinous, Geliebter des römischen Kaisers Hadrian, von außerordentlicher Schönheit, nach seinem Tod zum Gott erklärt, mit Standbildern überall im Reich, über 100 sind gefunden, beschäftigt die Phantasie seit je und bis heute. Der große Popmusiker Rufus Wainwright hat eine 2018 uraufgeführte Oper «Hadrian» komponiert, die um Antinous kreist. Im Pergamonmuseum in Berlin gab es zuletzt 2005 eine Sonderausstellung «Antinoos – Geliebter und Gott».

Und im Ausklang dieses Antinous-Absatzes in Cramms Brief findet sich eine weitere souveräne Anspielung: «‹Aug' und Ohr ihm zugewendet, sog ich an den milden Glanz›! Mit diesem Zitat verbindet sich meine schönste Erinnerung an Wispenstein.» – Das ist Goethe, Faust II: «Aug' und Brust ihr zugewendet, sog ich an den milden Glanz. / Diese Schönheit, wie sie blendet, blendete mich Armen ganz.» Bertil-Antinous muss unter den «jungen Schweden» gewesen sein, die Cramm an einem Juli-Abend 1949 von Wispenstein mit nach Bodenburg bringt, wie Jutta von Cramm im Tagebuch notierte. Auch mit Bertil kommt Cramm noch im April 1964 in Bodenburg an. Wieder eine Beziehung über Jahrzehnte.

Gottfried von Cramm, das leuchtet in diesen Briefen an Jürgen Ernst Wedel auf, war ein bildungsbürgerlich leben-

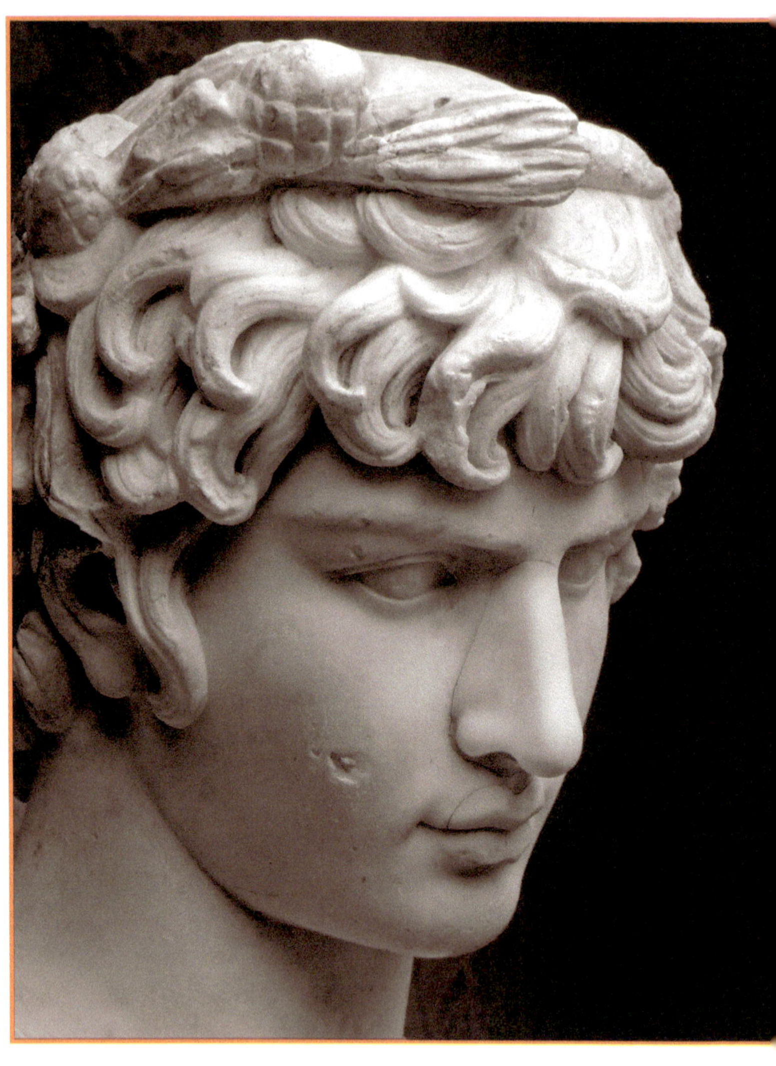

Antinous. Büste, Rom, 2. Jh. v. Chr., heute Eremitage, St. Petersburg

der Mann. Das leicht falsche Goethe-Zitat – «Aug' und Ohr» statt «Aug' und Brust» – zeigt, dass er nicht erst nachgeschlagen hat, bevor er seinem Freund mit dem Vers kam. (Er hatte den «Faust» auch im Gefängnis 1938 gelesen.) An seine Mutter berichtet er im März 1954 aus Kairo von dem «großen Genuss, einen Beethoven-Abend von Wilhelm Kempff zu hören», dem legendären Beethoven-Interpreten. Mit Jutta ist er, wie diese notiert, im Januar 1958 im Hamburger Schauspielhaus in Tschechows «Möwe» – nach einem gemeinsamen Mittagessen mit Marion Dönhoff. Immer wenn Jutta von Cramm in Hamburg ist, sind Mutter und Sohn im Schauspielhaus oder im Thalia Theater, etwa im Januar 1964 in Strindbergs «Traumspiel» oder später in Carl Sternheims «Snob» mit Boy Gobert und Hubert von Meyerinck – der noch 1970 mit Cramm in Bodenburg Krebse isst.

In jenem langen Brief an Wedel vom September 1955 aus Barbaras Palast in Tanger – überhaupt der sprühendste Brief, der sich von Cramm erhalten hat – stimmt er direkt eingangs dem Eindruck seines Freundes aus einer Hamburger Aufführung zu, «dass Gründgens kein Wallenstein ist». «In Düsseldorf fiel mir schon auf, dass er von der ersten Szene angefangen ein geschlagener Feldherr ist, und das entspricht ja gar nicht Schillers Deutung.» Dagegen schwärmt Cramm vom «göttlichen Bastel» als Max Piccolomini in Hamburg: Sebastian Fischer, der große Theater- und Filmschauspieler. Auch von dessen Aussehen seien die Hamburger ja gewiss «halb von Sinnen» gewesen.

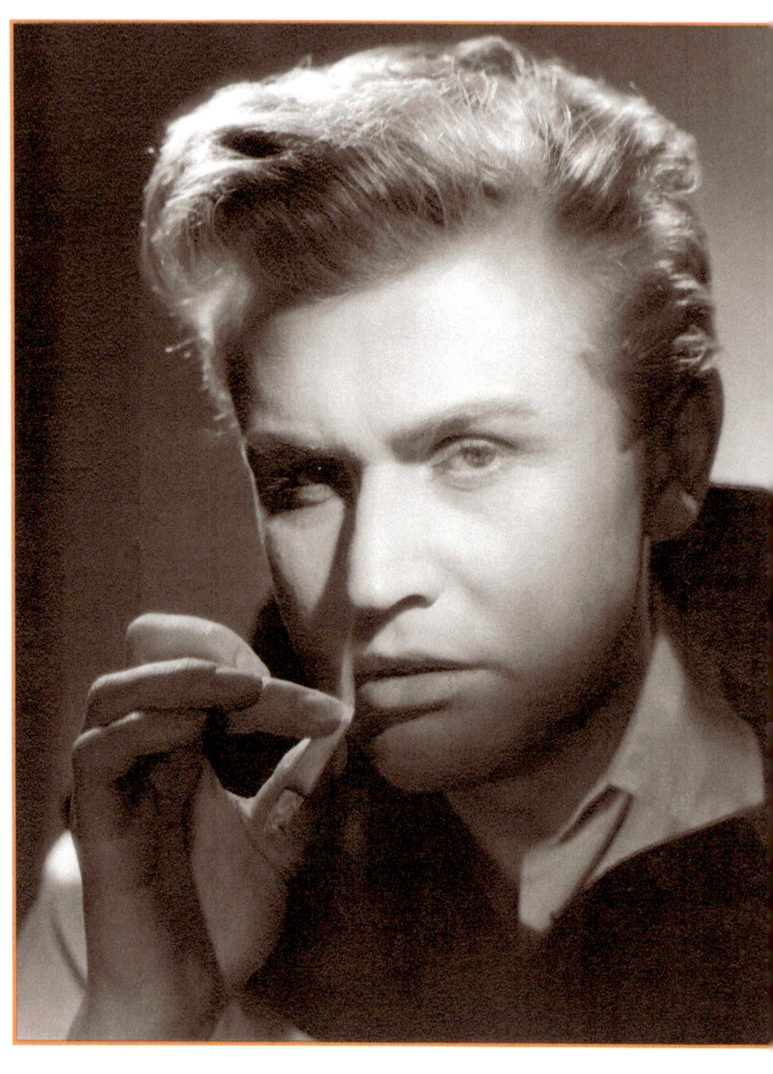

Sebastian Fischer – «göttlicher Bastel»

Im Januar 1956, im letzten Brief an Jürgen Ernst Wedel vor dessen Tod, aus Mexiko mit Barbara: «In Acapulco war es herrlich, sehr warm, das Meer auch. Es gab viel zu sehen. Wie ich Jeepy schrieb – von hellbraun bis Ebenholz.» Und noch einmal ein hübsches Namedropping: «Teddy Stauffer» – einer der großen Bandleader des Swing im Berlin der 30er Jahre, rauschhafte Tanzabende im Olympia-Sommer 1936 im Delphi-Palast in der Kantstraße, Schweizer, der seit den 40er Jahren in Acapulco lebte –, «Teddy Stauffer erinnerte sich gut seiner Einladung nach Brüggen». Man wüsste gern, ob Stauffer mit seiner Band dort einmal gespielt hat, im großen Saal. Eine Möglichkeit wäre der 23. Oktober 1936 bei der Verlobung Prinz Bernhards mit Kronprinzessin Juliana von Holland dort. Vielleicht waren die «Teddies» herübergekommen von der Sing-Akademie Unter den Linden, heute Maxim Gorki Theater, wo sie in diesen Wochen für Telefunken Schallplatten aufnahmen. Immerhin war Prinzgemahl Bernhard später auch Gast bei Stauffer in Acapulco, wie Stauffer in seinen Erinnerungen festgehalten hat. – Gottfried weiter: «Ich spielte mit [Stauffer] und Lex Barker, dem Tarzan-Darsteller, Tennis. Einen detaillierten Bericht mache ich Dir mündlich.» – Schade.

Cramm Im- und Export

Seit 1951 baut Gottfried von Cramm ein Unternehmen in Hamburg auf, eine Importfirma für ägyptische Baumwolle: «Vermittlungsagentur» «von Cramm und Co». Er vermittelt die Baumwolle an deutsche Spinnereien. Geboren wurde die Idee mit einem ägyptischen Baumwollfelder-Besitzer in Kairo 1950 im Gezira Sporting Club. Die Firma hat Erfolg. Cramms Popularität öffnet Türen zu Spinnerei-Fabrikanten in der jungen Bundesrepublik; die Fabrikanten waren zugleich oft auch Mäzene für den lokalen Tennissport. Und Ägypten war Cramms Land. Das Bundeswirtschaftsministerium hatte ihn zu den ersten deutsch-ägyptischen Verhandlungen der Nachkriegszeit nach Bonn gebeten. «‹Gottfried› nannten ihn mit entzücktem Augenaufschlag die Damen am Nil», so die *Frankfurter Allgemeine Zeitung* in ihrem Nachruf im November 1976. Dick Savitt, Wimbledon- und Australian-Open-Sieger von 1951, legte sich fest: «Ich glaube nicht, dass ich jemals gesehen habe, dass man einen Mann in einem fremden Land mehr verehrt hätte als den Baron in Ägypten.»

Cramm berichtet gelegentlich Jürgen Ernst Wedel von glückenden Geschäften – Briefe im März zu Jürgen Ernsts Geburtstag «traditionsgemäß aus diesem Hotel», dem Windsor Palace Hotel in Alexandria (März 1953); im März 1955 aus dem «Guezireh Palace Hotel, Cairo» –

«Ägypten ist wie immer voller Charme». Auch unsichere Lagen, wie im Sommer 1952 nach dem Sturz des seit 1936 regierenden Königs Faruk durch die Generäle Nagib und Nasser und den folgenden Übergang zur Republik, Konstellationen, die Cramm in Briefen kurz andeutet, machten dem Geschäft am Ende offenbar wenig aus.

Aber es gab auch heikle Momente, die Jutta von Cramm im Tagebuch festhielt. Im Oktober 1958 ersucht Cramm um Kredit in der Familie. (Man könnte bemerken, die Heirat mit Barbara Hutton habe er offenbar gerade nicht für die Herstellung von Liquidität genutzt.) Schwierige Situationen mit vielen Besprechungen zwischen den Brüdern und in Hamburg gab es auch drei Jahre später. Von platzenden Geschäften wegen Cramms großer Gutgläubigkeit haben Mitarbeiter berichtet. Hinzu kam seine große Freigebigkeit. Der Bruder Siegfried soll einmal gesagt haben: «Jede Familie hat ihren Luxus, wir haben unseren Gottfried.»

Offenbar aber ging es immer irgendwie weiter. Und die Unternehmungen dehnten sich aus – als Cramm vom Vermittler eher zum Einkäufer der Rohbaumwolle in Ägypten wird, zum Händler; und als er Geschäfte mit der Einfuhr von Industriegütern in den 1956 unabhängig gewordenen Sudan macht und die «von Cramm Sudan Limited» mit Sitz in Khartum gründet; und weitere Güter in den Nahen Osten exportiert, bis in den Iran, und in weitere selbständig werdende afrikanische Staaten; und als er noch mehr Firmen gründet und Geschäftsfelder erschließt, wie den Import von Silber aus Mexiko und Indien oder den Verkauf elastischer Fußböden für Sportanlagen oder den Bau von Tennishallen. Und Cramm war überall persönlich vor

Ort, zwanzig Tage im Monat in der Region unterwegs, wie er im Mai 1976 – sechs Monate vor seinem Tod – im Gespräch mit der *Welt am Sonntag* etwas müde klagt.

Seinen späteren Partner im Baumwollunternehmen und schließlichen Erben Herbert Schmidt hatte Cramm als Ost-Berliner Spitzen-Tennisspieler kennengelernt, bevor er ihn findungsreich, mit riesigen Umwegen, 1962 aus der DDR herausholte. Cramm war mit Schmidt seit 1960 immer wieder in Bodenburg. Den Jahreswechsel 1960/61, notierte Jutta von Cramm im Tagebuch, verbrachte Gottfried in Ost-Berlin.

Schmidt, damals einer der besten DDR-Spieler, hat die Geschichte später erzählt. Cramm habe dafür gesorgt, dass eine DDR-Auswahl zu den Hamburger Internationalen Meisterschaften im August 1961 eingeladen worden sei. Am Sonntag, dem letzten Tag des Turniers, begann der Mauerbau. Die DDR-Spieler gingen zwar zurück, verabredeten aber mit Cramm ein Codewort, das sie ihm auf einer Postkarte schicken würden, wenn sie die DDR verlassen wollten. Sie schickten ihm dieses Zeichen wenig später. Sie hörten erst nichts – aber dann im Februar 1962 kam eine völlig überraschende Einladung zu einem Hallenländerturnier nach Stockholm. Die DDR-Funktionäre genehmigten die Reise – und in Schweden begrüßte sie Cramm. Er hatte alles vorbereitet und lud die Spieler ein, mit zurück nach Westdeutschland zu kommen.

Am Ende gelang nur Schmidt der Schritt. Nach einem letzten Schlenker über das Frühjahrsturnier 1962 in Kairo holte Cramm ihn – nach einem zweitägigen Versteck in der Deutschen Auslandsschule – nach Bodenburg. Schmidt wohnte dort in den nächsten Jahren, und er reiste von dort zu Tennisturnieren.

Später erfuhr er, dass 1962 schon das Hallenturnier selbst in Stockholm und der gesamte Plan darum herum von Cramm initiiert waren, der sogar schwedische Regierungsunterstützung dafür erbeten und erhalten und auch alle Kosten dafür getragen hatte. – Cramm hat Schmidt dann als seinen Erben und Nachfolger in der Firma eingesetzt.

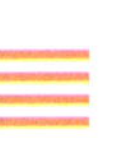

Gottfried von Cramm in der alten Bundesrepublik – ein melancholischer Abgesang

Als Hans Graf Lehndorff im Dezember 1948 über eine «Basis» sprechen wollte, von der aus Cramms Stimme als «Stimme Deutschlands» wirken könne, da schien ein Moment zu sein, an dem Cramms Weg auf andere Art noch einmal so glänzend und durch und durch außergewöhnlich hätte werden können, wie er es bis dahin war – vielleicht. Denn so kam es ja nicht. Er hatte – nach allem, was man weiß – auch keine Anfragen, ob er etwa in den diplomatischen Dienst hätte gehen wollen, mit seinen internationalen Beziehungen, mit seinem perfekten Englisch und wohl sehr guten Französisch – und natürlich den perfekten Umgangsformen. Allerdings mit abgebrochenem Jurastudium.

Nur einen Hinweis haben wir, dass Cramm selbst seine persönlichen Möglichkeiten und deshalb auch seine Pflicht in dieser Zeit ganz ähnlich wie Graf Lehndorff gesehen hat. Walther Rosenthal, in den 70er Jahren Präsident des Deutschen Tennis Bundes, erinnerte sich 1976 an eine Begegnung mit Cramm 1948 in Berlin. Cramm habe ihm «in sehr eindrucksvoller Weise» geschildert, «wie er sich selbst eine außenpolitische Aufgabe gestellt hatte: überall im Norden, Süden, Osten und Westen der Welt dahin zu wirken, dass der deutsche Name von dem Makel des NS-Systems und des Krieges wieder befreit und dass allmählich Aversion und Misstrauen gegen Deutschland und den deutschen Sport abgebaut würden».

Das war die Zeit, als er dann – wie die Fachzeitschrift *Tennis* meldete und wie er selbst in seinen Wimbledon-Berichten für die *Welt* andeutete – im Juni 1949 in London Gespräche führte mit dem Präsidenten der «Fédération Internationale de Lawn Tennis», ob und wann der Deutsche Tennis Bund in diesen Weltverband wieder aufgenommen werde. 1950 geschah das.

Hier, und dann noch einmal als Spieler, hat Cramm tatsächlich in einer Weise Vorbehalte abbauen geholfen, dass man ihn auch in diesen Jahren noch den «besten Diplomaten Deutschlands» nennen konnte. Wir haben das eingangs zitiert.

Aber es legt sich über dieses Leben dann doch Stück für Stück und Jahr um Jahr eine altbundesrepublikanische Biederkeit, die auch weh tut. Einiges von dem, was wir in den früheren Kapiteln aus dieser Zeit nur gerafft erzählten (sozusagen noch im wieder aufgenommenen Schwung dieses swingenden Lebens aus den 30er Jahren heraus), sei hier noch einmal im Einzelnen hingestellt. Das geschieht mit einer Melancholie, die auch deshalb aufkommt, weil in diesen letzten Jahrzehnten und zumal nach dem Tod des vertrauten Briefpartners Jürgen Ernst Wedel 1956 die potenziell flamboyanten Gegentöne Gottfried von Cramms selbst so völlig fehlen. Was er tut und wie andere über ihn sprechen – das gibt nun das Bild.

Die oben herausgearbeitete Geschichte seiner Lieben bis zu Jean-Pierre Albans Tod 1973 ist dabei die fortdauernd nonkonformistische Unterströmung dieses Lebens – und man muss sie unbedingt mit in die Bilanz nehmen, wenn nach außen hin dieses Dasein nun oft so ganz anders klingt und schmeckt.

Da ist, als er selbst dort noch nicht wieder starten darf, Cramms Reportertätigkeit 1949 aus Wimbledon für die *Welt*. Man erinnere sich der Hymnen, die die Zuschauer jenes Wimbledon-Spiels vom 20. Juli 1937 sangen – «something so close to art, that at the end it was more as if a concert had ended than a tennis match» (James Thurber) –, und man wird fühlen, dass der Reporter Cramm keine Chance gegen den Spieler Cramm hat.

Mit dem Wimbledon-Chef-Organisator geht Cramm vor Beginn des Turniers «langsam von einem Platz zum anderen, auf denen die Spieler eifrig trainieren»: «Ich habe den Eindruck, die Plätze noch nie in so hervorragendem Zustand gesehen zu haben. […] Gonzales, Amerikas Meister, hat sein Training beendet. Er fühle sich auf dem Rasen wohler als in Paris, meint er. Wenn ich diesen kräftigen Burschen vor mir sehe, kann ich mir denken, welch unheimliche Fahrt sein Aufschlag auf den schnellen Plätzen haben muss. […] Auch die Damen trainieren. Wenn unsere deutschen Spielerinnen nur recht bald mit diesen Aufschlägen, diesen Flugbällen und diesem Tempo in Berührung kämen. Es ist ein Genuss, die vielen Variationen zu beobachten. […] Wieder wie in den Jahren zuvor wird jener unnennbare Zauber über den Meisterschaften liegen, der schon bei den Vorbereitungen spürbar wird.»

Cramm beherrscht hier auch den bundesrepublikanischen Tonfall des Altherrenwitzes, einschließlich der Anführungszeichen. Nachdem er einen missglückten Schmetterball als Grund für die Niederlage des Australiers Frank Sedgman im Viertelfinale benannt hat, fährt er fort: «‹Aus zuverlässiger Quelle› wurde mir später berichtet, Sedgman habe in diesem Augenblick seine Augen nicht auf den Ball, sondern auf die australische Schönheitskönigin gerichtet, die als Gast der Mannschaft unter den Zuschauern saß.»

Dann war da Cramms Hilfe beim Wiederaufbau zunächst der lokalen und regionalen Sportvereine, auch beim Drumherum der ersten Turniere, die wieder möglich wurden – möglich wurden gerade durch seine Hintergrundarbeit. Für das erwähnte erste überregionale deutsche Tennisturnier in Hannover im August 1947 hatte Cramm über seinen guten Namen die Reisegenehmigungen der westdeutschen Spieler aus den anderen Besatzungszonen erwirkt. Er hatte aus Dänemark die Tennisbälle beschafft – und andere Wege der Tennisball-Beschaffung gedeckt.

Denn es gab in diesem Jahr hinten und vorne zu wenig Bälle in Deutschland. Deshalb hatte Richard Stephanus, der erste Präsident des im Jahr darauf gegründeten Deutschen Tennis Bundes, in einer abenteuerlichen Aktion mit seinem Auto von seiner eigenen Firma hergestellte Schutzbekleidung ins französisch besetzte Lörrach transportiert – und gegen nur dort in dieser Zeit produzierte Tuchfilz-Rollen getauscht. Die hatte er wieder zurück in die britische Zone, dann ins Conti-Werk Hannover geschmuggelt, wo man daraus Tennisbälle machte, obwohl man nur die Genehmigung für die Fertigung von Kinderspielbällen hatte. Die Militärpolizei stand damals schon bei Stephanus vor der Tür. Seine Tochter hat später erzählt, das Problem habe dann Cramm geregelt, und die Untersuchung der illegalen Aktion sei eingestellt worden.

Daneben war es in dieser Zeit das Karitative, in dem Cramm seine Aufgabe sah. Er spielte erhebliche Summen ein mit Schaukämpfen zugunsten des Evangelischen Hilfswerks, für Flüchtlinge und Versehrte: 1947 in der Schweiz, 1948 in Westdeutschland.

Dann rückte noch einmal das international wieder erstaunlich erfolgreiche Tennisspielen des über 40-Jährigen nach vorn – wobei es weh getan haben muss, noch 1951 kein französisches Einreisevisum zu erhalten wegen der §-175-Haftstrafe –, bevor mehr und mehr die Verbandsarbeit und das Unternehmerische die Hauptsache wurden.

Überall finden wir um Cramm nun Duft, Ton und Atmosphäre der Männerwelt dieser Zeit. Seine Duisburger Tennisschule konnte nur über Geldgeber finanziert werden, unter denen der meistgebende der Duisburger Kaufhausketten-König Helmut Horten war.

Cramm war als Verbandsmensch erfolgreich, nicht nur bei Rot-Weiß in Berlin, den er 1948 wieder entscheidend mitgründen half und dessen Vorsitzender er 1965 wurde. Seine Zeugnisse waren gut: «Stets war Gottfried bemüht, dem Berliner Tennis-Verband zu helfen, wo es nur zu helfen nötig war.» Sein «unermüdlicher Einsatz und die ständige Sorge» um den Rot-Weiß-Club wurden gerühmt. In Tennis-Vorstandssitzungen habe er immer wieder gesagt: «Im Übrigen bin ich ja auch noch da – ihr müsst nur Vertrauen haben!» Und die Vorständler bekräftigten: «Wir hatten Vertrauen zu ihm und können heute stolz auf die Leistungen sehen, die dank der Initiative unseres Präsidenten in den vergangenen Jahren vollbracht wurden.»

Unter Cramms Beteiligung wurde 1967 auch der «Internationale Tennis-Club von Deutschland (BRD) e.V.» gegründet, eine Vereinigung ehemaliger und aktueller Spitzenspieler nach dem Vorbild anderer derartiger Clubs weltweit – zur Förderung des internationalen Sportgedankens. Die Clubs veranstalteten untereinander Turniere, und man traf sich jährlich in Wimbledon, um «über vergangene Zeiten zu plaudern und über die heutigen Tennis-Probleme zu sprechen». Cramm war gern dabei. Im selben Jahr 1967 war er unter den Gründungsmitgliedern der von Josef Neckermann initiierten «Deutschen Sporthilfe». Bis 1970 war Cramm auch Präsident der Hamburger Tennis-Gilde, die die Internationalen Deutschen Meisterschaften am Rothenbaum ausrichtete.

Wir haben in dieser Art und in dieser Entscheidung Cramms, sich gewissermaßen einzureihen in die Möglichkeiten der Zeit und der Umgebung, vielleicht auch einen Ausfluss wieder seiner stets gerühmten Bescheidenheit und Dienstbereitschaft – «Du kreist nicht um Dich, sondern um andere», so seine Mutter 1948. Sendungsbewusstsein und die Prätention, dass es besonders auf ihn ankomme, haben ihn nie durchglüht. Auch jene zitierte Selbsteinschätzung im Gefängnis 1938 ist für diesen Charakterzug bezeichnend, als er staunte, dass Barbara Hutton ihn liebe: «Geistige Blüten hat sie nicht an mir bemerken können.»

Und dann, nie wirklich greifbar, aber kaum anders vorstellbar: Sollten nicht diese Erfahrungen, von Gefängnis wegen einer großen Liebe, von Ächtung danach, von Krieg, schwerer Verletzung und dem Verlust von Brüdern und Freunden – sollte das alles nicht doch etwas in ihm dauerhaft gebrochen haben? Auch wenn am Abend der Entlassung aus Moabit im Oktober 1938 Hubert von Meyerinck bemerkt hatte, Gottfried habe gewirkt, als käme er von einer Tasse Tee zurück? Vielleicht wurden all diese Erfahrungen auch zu so etwas wie einer Entscheidung, dass man nun vor allem funktioniert, Erwartungen erfüllt, und sich ansonsten bedeckt hält?

Es bleibt in einer gewissen Weise traurig – ohne dass gesagt sein soll: für *ihn* traurig. Dafür gibt es in den insgesamt doch wenigen erhaltenen Briefen dieser Jahrzehnte keinen Anhaltspunkt. Es bleibt traurig, dass dieses so glänzende und faszinierende Leben eines Weltstars der 20er und 30er Jahre nicht nur durch Nationalsozialisten, Gefängnis und Krieg unterbrochen oder gebrochen war, sondern auch durch eine Bundesrepublik zurückgestutzt wurde, die so anders war als jene Hoch-Zeit des Jahrhunderts und seines Lebens.

Es war, natürlich, ein anderes Land, es war ein anderes Berlin in dieser Nachkriegszeit. Die Trümmer, die Lücken und Wunden in den Stadtbildern, die neuen Bauten. Der ganze Swing, die Atmosphäre noch der 30er Jahre – weg. Was sollte Cramm anderes empfinden, wenn er durch dieses Berlin ging, als schmerzende Erinnerungen an die Zeiten und Nächte mit Lisa, Manasse, Jürgen Ernst Wedel oder Hubert von Meyerinck? Ein Wunder eigentlich, dass die gute Miene zum bösen Spiel so gut gelang.

Selbst die schließliche und auf einer Ebene doch so glamouröse Heirat mit Barbara Hutton hat ja etwas Trauriges, irgendwie Verschleiertes – ein wenig wie ein später müder Trotz auch, dass das Leben ihnen beiden diese Verbindung noch schuldig war, dass da irgendwie noch etwas offen war.

Cramms Leben macht einem den immer gewussten, aber nie so deutlich empfundenen Abfall von der freien, feiernden, elegant glänzenden Höhe um 1930 zur biederen Bundesrepublik so fühlbar, dass es schmerzt. Wir sind in Liebes- und Lebenskunst seither gesunken. Moralisch vielleicht gestiegen. Aber selbst da wissen wir ja von Adorno im amerikanischen Exil: Es gibt nie ein wahres Leben im falschen. Und jedenfalls besteht kaum ein Zweifel: Den Menschen um Lisa und Gottfried von Cramm in den 30er Jahren fühlen wir uns näher als den Menschen dieses Nachkriegsdeutschlands – und wenn es dieselben sind.

Als Unternehmer mit seinen zwanzig Mitarbeitern war er der nette Chef, beliebt und immer freundlich – mit Betriebsfahrten und Betriebsfeiern in Hamburg und in Bodenburg. Und auch hier half er, wo er konnte. Unternehmenseinnahmen gingen zur Unterstützung an Freunde und Bekannte – auch daher wohl jene erwähnten schwierigen Lagen. Eine Seele von Mensch nennt man ihn. Der Unternehmer blieb karitativer, fürsorgender Gutsherr. «In seiner liebenswerten Art war er stets bemüht, einem nur Gutes anzutun.»

Wie der Verbandsfunktionär geriet auch der Unternehmer Cramm in die unbarmherzigen Mühlen der altbundesrepublikanischen Würdigungsprosa. Ein Baron in Phrasengewittern. «Ein engagierter und aktiver Unternehmer», «bei den großen Textilfabrikanten ein gern gesehener Gast», «verstand er es mit großem Geschick und Einfühlungsvermögen, nicht nur ägyptische Mako-, sondern auch

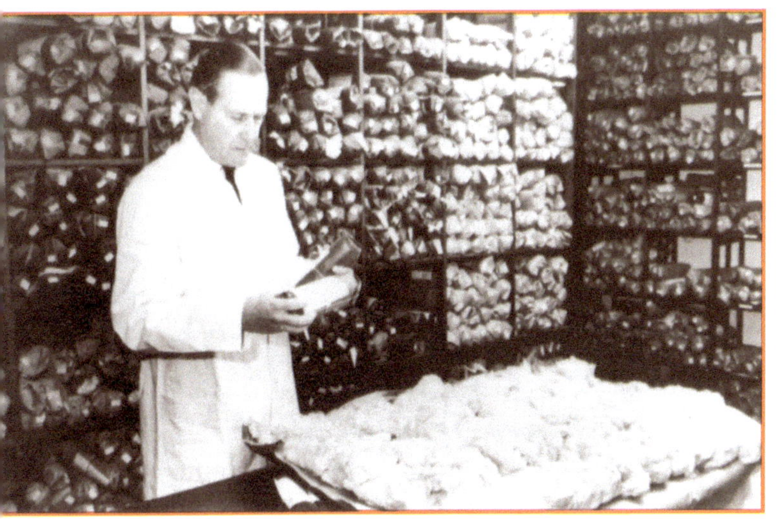

Im Hamburger Lagerraum mit Baumwolle

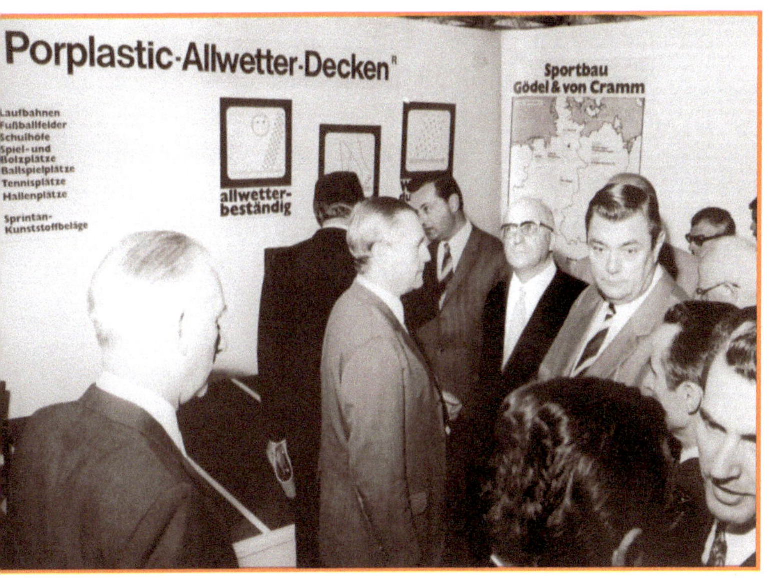

Messestand in Köln, Cramm selbst in der Mitte

peruanische Pima-, türkische, russische und langfaserige sudanesische Baumwolle an den Markt zu bringen», «nicht nur bei seinen Mitarbeitern außerordentlich beliebt». So klang es nach Cramms Tod aus seinem unternehmerischen Umfeld und der Mitarbeiterschaft. Schmerzhaft, den Außerordentlichen zum guten Onkel geschrumpft zu sehen. «Erfreulicherweise konnte ich Gottfried von Cramm nach dem Kriege, wie er sich mit dem Verkauf von Gummi befasste, behilflich sein», klopft sich ein Geschäftspartner 1976 auf die Schulter.

Nun muss man sagen: Cramm war Tennisspieler. Und es gehört, über seinen Fall hinaus, zur Tragik des Sportlerlebens an sich, dass es von den Höhen oft noch lange Jahrzehnte eher hinabgeht. Was machten nach ihrem Karriereende die anderen Stars seiner – oder der etwas späteren – Zeit? Max Schmeling betrieb eine Hühnerfarm und eine Nerzzucht und wurde Ende der 50er Jahre Generalvertreter der Coca-Cola-Produkte in Hamburg und Schleswig-Holstein. Uwe Seeler verkaufte Sportbekleidung, war Repräsentant für Adidas und Inhaber einer Tankstelle. Für Wohltätigkeitszwecke setzte man sich ein, und Trainer oder Funktionäre wurden auch viele. In den 70er Jahren fand man Ex-Spitzenfußballer oft hinter der Theke von Lotto-Toto-Annahmestellen.

Aber hilft diese Erinnerung ans Allgemeine und Bekannte? In Cramms Fall nicht wirklich. Weil man durch alles Vorherige, durch die ganze Fülle und den sozialen Reichtum der Welt, in der er bis zum Krieg lebte, gewissermaßen irregeführt wird – und man etwas anderes von ihm und seinem Leben dann erwartet. Etwas deutlich anderes als im Falle Schmelings oder Seelers. Ungerecht und anmaßend im Grunde – aber sie stellt sich doch ein, diese Erwartung.

Welche Möglichkeiten nach dem Krieg hätte Cramms Herkunftswelt geboten? Was taten seine vier verbliebenen Brüder? Sie wurden oder blieben Gutsherren und Landwirte. Sie lebten in der Welt, die im Eingangskapitel über Jutta von Cramm beschrieben wurde. Güter, Felder, Wälder, Betriebe – all das gab es ja noch.

Der Spitzen-Springreiter Erne von Cramm in Harbarnsen macht aus dem Gut mit seiner ebenfalls hervorragend reitenden Frau ein Reiterparadies, mit Military Parcour und riesiger Reithalle. Er gründet mit den Brüdern und mit Jutta für den regionalen Pferdesport das jährlich im September stattfindende «Cramm-Rennen». Die Baronin überreicht die Pokale. Aschwin ist Gutsherr in Brüggen. Sein Selbstmord 1962 lässt Gottfried am Glauben zweifeln, wie er in einem Brief an seine Mutter zu deren Geburtstag im November bekennt – anders als Jutta selbst, wie wir früher sahen, die sich eisern unter den Willen Gottes mit seinem den Menschen verborgenen Sinn stellt. Assa, Aschwins Sohn, übernimmt sehr jung Brüggen, wo er noch heute lebt. Burghard ist nach dem Krieg Gutsherr in Oelber, Siegfried in Bodenburg, zusammen mit seiner Mutter.

Regelmäßig treffen sich die fünf Brüder und Jutta seit dem Krieg zu Beratungen über alle Wirtschafts- und Familienangelegenheiten – und nennen das ihre «UNO». Gottfried reist zu den Treffen allermeist an. Und Jutta, das offenbaren die Tagebücher, freut sich auch in all diesen späteren Jahren ganz besonders, wenn gerade dieser Sohn kommt.

Cramms Entscheidung, nicht selbst zum Gutsherrn zu

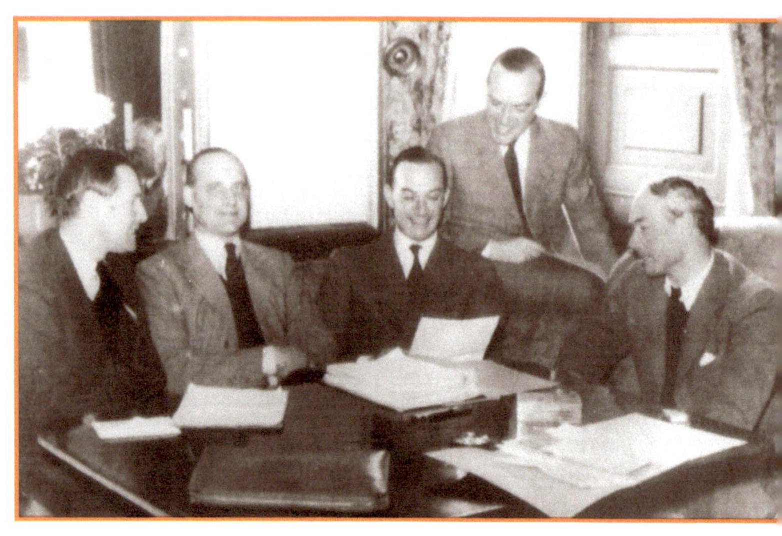

Die «UNO»: Gottfried, Burghard, Siegfried, Erne, Aschwin (v.l.n.r.)

werden, wird eng mit der Lebensweise zu tun gehabt haben, an die er seit den 30er Jahren gewöhnt war – international unterwegs, frei zu bleiben im immer erneuten Abreisen, frei im herumfliegenden Leben. Frei auch für die Männer seines späteren Lebens? Ohne die soziale Kontrolle der heimischen Güter und Dörfer? Das sicher auch.

Trotz dieser Freiheiten bedeutet Cramms Leben in diesen letzten Jahrzehnten auch eine Art Rückkehr in den Möglichkeitsraum seiner Herkunftswelt – ohne den 30er-Jahre-Glamour, vor allem auch ohne Berlin: Das ist doch ein ganz wesentliches Fehlen, das Fehlen dieser Stadt und dieses Milieus seiner Gipfelzeit. Als Rot-Weiß-Präsident seit 1965 war er zwar wieder mehr in Berlin, aber er reiste stets von Hamburg oder von sonst woher an und fuhr wieder ab.

Und dann waren die Verluste in diesem Leben seit den 60er Jahren, seit dem Selbstmord des ältesten Bruders und den Unfalltoden zweier Schwägerinnen, auch in bestürzender Dichte die Verluste naher Menschen.

1971 starb Cramms Freund Hubert von Meyerinck. 1972 starb Jutta von Cramm, die ihre Hochzeitsreise nach Ägypten gemacht hatte. 1973 stürzte sich Jean-Pierre Alban, in Ägypten geboren, gerade 40 Jahre alt, in London aus dem Fenster. 1975 starb Lisa von Cramm, mit 63 Jahren. Am 9. November 1976 stirbt Gottfried von Cramm bei einem Autounfall auf einer Wüstenstraße in der Nähe von Kairo. Sein Chauffeur konnte einem kreuzenden Lastwagen nicht mehr ausweichen.

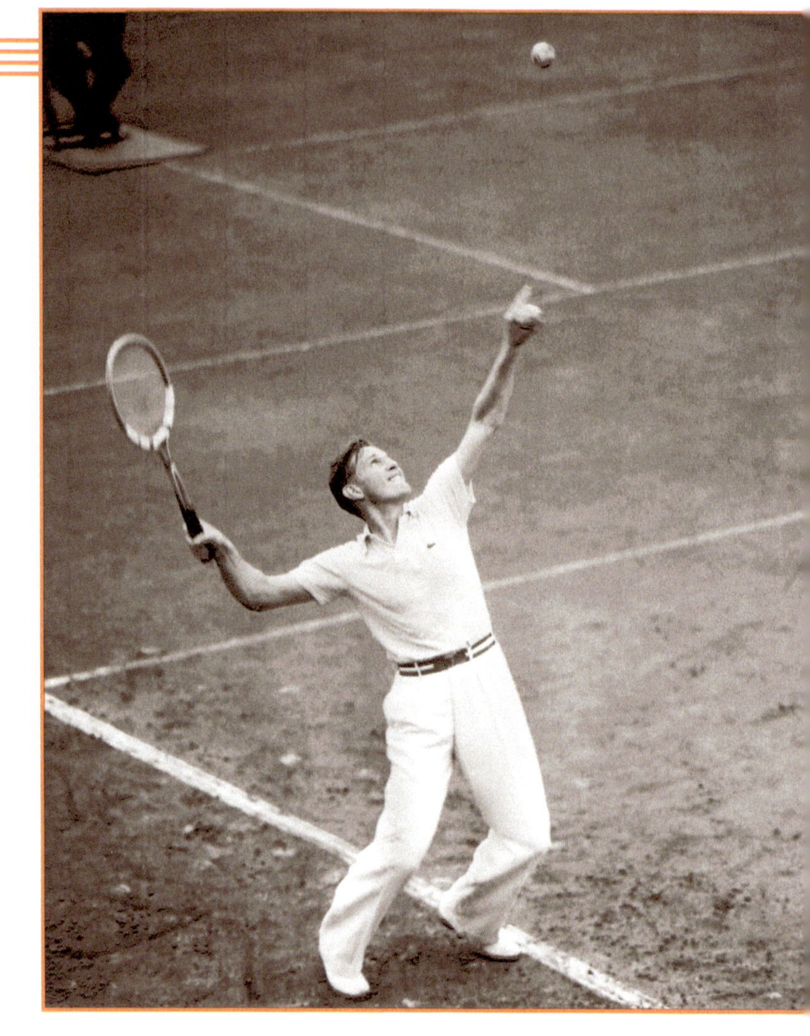

Gottfried von Cramms Schläge

Mit Gottfried von Cramms Tod zu enden, ist auch deshalb biographisch einfallslos und ästhetisch ungerecht, weil eine Biographie nicht das Leben ist und weil der Gipfel dieses Menschen, das, wozu er im Kern und im Runden und Ganzen fähig war, das, was die Welt an ihm fasziniert hat, sich beim Tennisspielen in den 30er Jahren des 20. Jahrhunderts zeigte. Wir holen deshalb am Ende nach, was in der Erzählung nur berührt, aber noch nicht zu einem Bild zusammengetragen wurde.

Es gibt keine aufschlussreichen Filmaufnahmen aus den 30er Jahren – aber es ist trotzdem möglich, eine Vorstellung davon zu geben, wie Gottfried von Cramm eigentlich Tennis spielte, abseits von Eleganz und Moral. Wie schlug er den Ball?

Die ihn seit den 30er Jahren beobachtet haben, nannten erstens «das unglaubliche Risiko, das Gottfried eingeht». Immer habe er es verschmäht, «sich durch Schupfen und Schaufeln aus bedrängten Lagen zu retten» (Paula von Reznicek, 1949). Cramm spielte kein Sicherheitstennis, er hatte Mut zum schwierigen, aber, wenn er gelang, entscheidenden Schlag – weil er keine Angst vorm Verlieren hatte. Viele haben sich als herausragendes Beispiel für diesen Mut an eine Szene 1934 im Finale von Roland Garros gegen den Australier Jack Crawford erinnert, der im Jahr zuvor Melbourne, Paris und Wimbledon gewonnen hatte. Crawford hat Matchball im 4. Satz, lobbt den ans Netz gestürmten Cramm, der schafft es, noch zurück hinter den Ball zu kommen, der nach hohem Aufspringen sich wieder senkt – und von Cramm in riskantestem Überkopfball an Crawford vorbei die Linie entlanggeschmettert wird. Nach diesem Schlag gab Cramm das Spiel nicht mehr aus den Händen und gewann in fünf Sätzen.

Zweitens sein Aufschlag. Cramm machte so gut wie keine Doppelfehler. John R. Tunis legte sich 1937 fest: «Cramms erster Aufschlag ist der beste und schönste, der je aus Europa kam. Ja, und auch der schnellste […], während der Ball bei seinem zweiten Aufschlag einen widerlichen Absprung auf der Rückhandseite des Gegners nimmt.» Diesen hoch abspringenden zweiten Aufschlag haben manche noch mehr gefürchtet als Cramms ersten.

Drittens die traumhafte Sicherheit und exakte Länge seiner Grundschläge. Paula von Reznicek sah 1935 im Davis Cup in Prag gegen Roderich Menzel Cramms «unnachahmlichen ‹touch›, der den Ball lang und hart an die Linien fliegen läßt. Ganz locker schlägt er wie mit einem Hammer seinen Vorhand, mit klassischem Schwung und unheimlichem Druck dahinter den Rückhand. […] Kaum ein Ball, der kürzer als 20 cm vor der Grundlinie niederfällt, kaum ein vermeidbarer Fehler.» An diese verlässliche Länge von Cramms Schlägen erinnerte sich noch 1976 Cramms Schüler Lennart Bergelin, schwedischer Weltklassespieler und Trainer Björn Borgs, als eine von Cramms wichtigsten Waffen.

Viertens die «unbeirrte Vorbereitung seiner Angriffe, deren Stil außerordentlich sauber, ja klassisch zu nennen ist» – so Suzanne Lenglen, «die Göttliche», über Cramms Stil 1934 nach seinem ersten Roland-Garros-Sieg. «Sein Rückhandschlag diagonal auf die Rückhandseite seines Gegners fasst einen so weiten Winkel, dass er sich die Hälfte des gegnerischen Feldes öffnet, um dort den Punkt zu machen.»

Auf dem Höhepunkt der Karriere Gottfried von Cramms, im Juli 1937, schrieb John R. Tunis, der vielleicht bedeutendste amerikanische Sportautor des 20. Jahrhunderts – und wir enden also, wie wir dieses Buch begannen, mit einem US-amerikanischen Blick auf Gottfried von Cramm im Sommer 1937: «Diesem Athleten zuzusehen, groß, elegant, robust und unerschütterlich auf dem Platz, heißt, eines der schönsten Schauspiele zu genießen, die man in der Galaxie des Sports überhaupt haben kann.» – «To watch this athlete, tall, elegant, solid and imperturbable in action, is to watch one of the finest sights in all the galaxy of sport.»

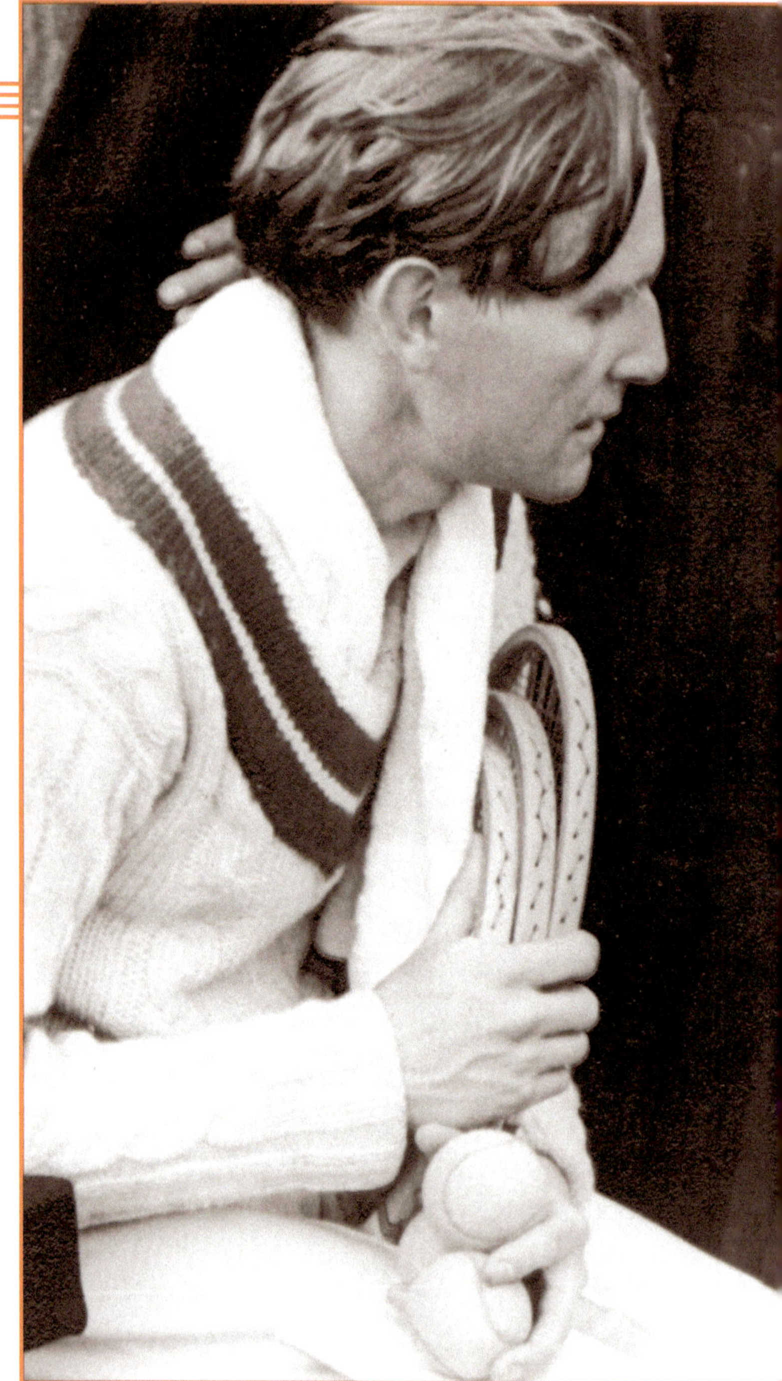

Anhang

Dank

Ich danke Adalbert Freiherr von Cramm, dem Großneffen Gottfrieds, ohne dessen Gastfreundschaft und Hilfe in Schloss Bodenburg und im dortigen Archiv dieses Buch nicht hätte geschrieben werden können – und ich schließe seine Familie in diesen Dank ein. Ich danke Uwe Naumann, Katrin Finkemeier und Moritz Schuller vom Rowohlt Verlag. Und ich danke Jackie Thomae und Florian Illies.

Quellen

Alle Briefe und Tagebücher, auch Zeitungs- und Magazin-Artikel, wenn nicht anders angegeben: Privatarchiv der Familie Freiherr von Cramm, Schloss Bodenburg

Die Dame. Axel Springer Unternehmensarchiv, Berlin

Klub-Nachrichten des LTTC Rot-Weiß: Archiv des Rot-Weiß-Clubs auf dem Clubgelände im Grunewald, Berlin

Prozessakten 1938 im Landesarchiv Berlin, A Rep. 358-02 Nr. 21070, mit den Akten der Straftilgungssache 1951–53, und A Rep. 358-02 Nr. 98301

Bernadotte-Archiv am Königlichen Hof in Stockholm, mit den Privatunterlagen der Königlichen Familie (Brief Gottfried von Cramm an König Gustav V., Dezember 1939)

National Archives, London

Literatur

Vicki Baum: Menschen im Hotel (1929), Köln 2007

Thomas Blubacher: Gibt es etwas Schöneres als Sehnsucht? Die Geschwister Eleonora und Francesco von Mendelssohn, Berlin 2012 (zuerst 2008)

Marianne Breslauer: Fotografien 1927 – 1936, hrsg. von Kathrin Beer und Christina Feilchenfeldt, Wädenswil (CH) 2010

Marianne Feilchenfeldt Breslauer: Bilder meines Lebens. Erinnerungen, Wädenswil (CH) 2009

Donald Budge: A Tennis Memoir, New York 1969

Donald Budge: Nachruf auf Gottfried von Cramm, in: *World Tennis*, Februar 1977, 38–40

Deutscher Tennis Bund e. V. (Hrsg.): Tennis in Deutschland. Von den Anfängen bis 2002, Berlin 2002

Marshall Jon Fisher: A Terrible Splendor. Three extraordinary men, a world poised for war, and the greatest tennis match ever played, New York 2009 (deutsch: Ich spiele um mein Leben. Gottfried von Cramm und das beste Tennismatch aller Zeiten, Berlin 2009)

Bella Fromm: Als Hitler mir die Hand küsste, Berlin 1993 (Orig.: Blood and Banquets. A Berlin Social Diary, London / New York 1942)

Klaus Harpprecht: Die Gräfin – Marion Dönhoff. Eine Biographie, Reinbek bei Hamburg 2008

Anke Hertling: Eroberung der Männerdomäne Automobil. Die Selbstfahrerinnen Ruth Landshoff-Yorck,

Erika Mann und Annemarie Schwarzenbach, Bielefeld 2013
Franz Hessel: Ein Flaneur in Berlin, Berlin 2011 (Neuausgabe von Franz Hessel: Spazieren in Berlin, Leipzig/Wien 1929)
C. David Heymann: Poor Little Rich Girl. The Life and Legend of Barbara Hutton, Secaucus, N. J. 1984
Oliver Hilmes: Berlin 1936. Sechzehn Tage im August, München 2017
Fritz Hirzel: Delphi, Berlin. Teddy Stauffer 1936-1939, o. O., o. J. (Kaleidoskop)
Irmgard Keun: Das kunstseidene Mädchen (1932), Berlin 2001
Ruth Landshoff-Yorck: Die Vielen und der Eine (1930), Berlin 2001 (mit einem Nachwort von Walter Fähnders)
Stephan Malinowski: Vom König zum Führer. Sozialer Niedergang und politische Radikalisierung im deutschen Adel zwischen Kaiserreich und NS-Staat, Berlin 2003
Erika und Klaus Mann: Das Buch von der Riviera (1931), Hamburg 2019
Roderich Menzel: Gottfried von Cramm, in: *Tennis-Jahrbuch* 1984, 18-21
Tatiana Metternich: Bericht eines ungewöhnlichen Lebens, München 1976
Hubert von Meyerinck: Meine berühmten Freundinnen. Erinnerungen (1967), München 1974
Curt Moreck: Ein Führer durch das lasterhafte Berlin (1931), Berlin 2019
Jörg von Morgen («Markus»): Mein Leben unter braunen

Clowns. Eine Jugend in Deutschland, Oldenburg 1995
Martin Munkácsi [Fotografien aus den 20er und 30er Jahren], hrsg. von F.C.Gundlach, Göttingen 2006
Uwe Naumann: Klaus Mann, Reinbek bei Hamburg 2006 (zuerst 1984)
David Pfeifer: Max Schmeling, Frankfurt a. M. 2005
Armgard von Reden-Dohna: Die Rittersitze des vormaligen Fürstentums Hildesheim, Göttingen o.J.
Paula (Stuck) von Reznicek: Gottfried von Cramm. Der Gentleman von Wimbledon, Nürnberg 1949
Paula (Stuck) von Reznicek: Tennis Faszination, München o.J. (um 1970)
Maren Richter: «Aber ich habe mich nicht entmutigen lassen.» Maria Daelen – Ärztin und Gesundheitspolitikerin im 20.Jahrhundert, Göttingen 2019
LTTC Rot-Weiß e.V. (Hrsg.): Gottfried Freiherr von Cramm – Fair Play ein Leben lang, Berlin o.J. (wohl 1977, zitiert als «Rot-Weiß-Nachruf-Broschüre»)
Max Schmeling: Erinnerungen (1977), Berlin 2005
Wilhelm Speyer: Charlott etwas verrückt, Berlin 1927
Teddy Stauffer: Es war und ist ein herrliches Leben, Berlin 1968
Egon Steinkamp: Gottfried von Cramm. Der Tennisbaron, München / Berlin 1990
Artur Graf Strachwitz: Wie es wirklich war. Erinnerungen eines Achtzigjährigen, Dülmen 1991
William T. («Bill») Tilden: Aces, Places and Faults, London 1938
William T. («Bill») Tilden: My Story. A Champion's Memoirs, New York 1948

John R. Tunis: Raising a Racket for Germany (Porträt Cramms zum amerikanischen Auftakt der Weltreise 1937/38), in: *Collier's* for July 10, 1937
Marie Vassiltchikov: Berlin Diaries 1940–1945, New York 1987
Verein für Volkssport Hildesheim: Vom Arbeiterturnen zum Sportverein für alle. 100 Jahre Verein für Volkssport Hildesheim, Hildesheim 1995
Richard von Weizsäcker: Vier Zeiten. Erinnerungen, München 1997
Elisabeth Wilson: Love Game. A History of Tennis, from Victorian Pastime to Global Phenomenon, Chicago 2016

Anmerkungen

Seite 9: Geschichte von Groucho Marx: erzählt in Donald Budge, Tennis Memoir, 8

Seite 12: Bester Diplomat: Zitat bei Menzel, Gottfried von Cramm, *Tennis-Jahrbuch* 1984, 18

Seite 14: In seinem Schatten: Budge, Tennis Memoir, 8

Seite 14: Machte Faxen: Jörg von Morgen, Braune Clowns. Auch Irene Leu, Tochter von Elfi von Morgen und Adalbert von Cramm, erinnert sich noch heute mündlich, Gottfried sei der einzige der Cramms in Bodenburg gewesen, der sich ihnen, den Kindern, wirklich zugewandt habe.

Seite 17: Seidener Mantel: Erich Marcks: Gaspard von Coligny. Sein Leben und das Frankreich seiner Zeit, Stuttgart 1892, 217

Seite 20: Unterricht, Weihnachten, Prinz Eitel: Wilhelm Ernst («Erne») von Cramm: Mein Leben, maschinenschriftliches Manuskript, unveröffentlicht, Bodenburg

Seite 22: Meyerinck über die Cramms: Meyerinck, Freundinnen, 15

Seite 24: Aufruf DVP und Burghard von Cramm: Malinowski, Vom König zum Führer, 467

Seite 32: Küken und Enten doppelt: Tagebuch Jutta von Cramm, 25. Mai 1936

Seite 33: Er sah seinen Fehler ein: Tagebuch, 27. April 1959; wegen stets «zu langer Predigt» und «zu schnellen Orgelspiels» führt Jutta Gespräche mit Pastor und Organist am 14. und 15. Dezember 1937 (Tagebuch).

Seite 37: Zur Denunziation und Verhaftung Aschwins: Brief Jutta von Cramm an Gottfried, 15. Februar 1940; Tagebuch Jutta im Februar und März 1940

Seite 42: Fräulein Marggraff: Erne von Cramm, Mein Leben

Seite 44: Cramms Zimmer bei Astors: Jesse Stuart: On Education (hrsg. von J. R. LeMaster), Lexington, KY, 2014, 97f.

Seite 47: Finest sportsman: Nachruf auf Cramm von Donald Budge, in: *World Tennis*, Februar 1977, 38

Seite 49: Revolutionäre 1918 in Schloss Brüggen: Erne, Mein Leben

Seite 53: Alles war in Burgdorf erlaubt: Erne, Mein Leben

Seite 54: Der letzte deutsche Lebemann: Louise Freifrau von Reibnitz-

Maltzan (die 1928 auch ein Buch über ihre «persönlichen Begegnungen» schrieb), zitiert in: Werner E. Mosse: Zwei Präsidenten der Kölner Industrie- und Handelskammer – Louis Hagen und Paul Silverberg, in: Jutta Bohnke-Kollwitz u. a. (Hrsg.): Köln und das rheinische Judentum, Köln 1984, 308–340, hier 314

Seite 65: Cramms Rückhand und Tilden: amerikanische Presse-Belege bei Fisher 24, 275; Cramms Rückhand und Najuch: Reznicek, GvC, 16 f.

Seite 65: Lacoste und Borotra in Burgdorf: Strachwitz, Wie es wirklich war, 258

Seite 68: Wenn der ebenso gut … wie er ausschaut: Najuch in Reznicek, Tennis Faszination, 50

Seite 68: Hopman: in Rot-Weiß-Nachruf-Broschüre, 31

Seite 73: We were shocked: Zitat bei Fisher, 178

Seite 73: Zu «Sherbini» und «Ciro»: Hilmes, Berlin 1936, 51 ff., 133 ff., 149 f.

Seite 77: Trainer, die Cramm langsam aufbauen: John R. Tunis in seinem Porträt Cramms in *Collier's* for July 10, 1937

Seite 77: Cramms Trainingszeiten: Menzel, *Tennis Jahrbuch* 1984; Rot-Weiß-Nachruf-Broschüre, 4, 34

Seite 78: Weißes Taschentuch: Bernd Schultz, Villa Grisebach Berlin, mündlich 2020

Seite 78: Rau-Bredow über Cramms Auftreten im Rot-Weiß-Club in den 30er Jahren: Rot-Weiß-Nachruf-Broschüre, 41

Seite 80: Rot-Weiß, liberale Atmosphäre: Fisher, 25, aus Gesprächen mit Rot-Weiß-Veteranen; Mitgliederkartei im Club-Archiv für die Jahre nicht erhalten

Seite 83: Lisa und Gottfried waren 1931 beim Sechstagerennen: Tagebuch Burghard von Cramm, 18. März 1931

Seite 84: Tilden über das deutsche Tennispublikum um 1930: Tilden: Aces, Places and Faults, 136 ff.

Seite 85: Entwicklung des Tennis zum Volkssport und vom Amateur- zum Profisport: Deutscher Tennis Bund, Tennis in Deutschland, 168 ff., 196 ff.

Seite 92: Ellen Schaumburg verspielt an der Riviera Unsummen: Noch der *Stern* bringt das 2001 genüsslich; zitiert bei Alexander vom Hofe: Vier Prinzen zu Schaumburg-Lippe und das parallele Unrechtssystem, Madrid 2006, 33 f., siehe auch ebd., 30 f., zu einem Berliner Prozess in dieser Sache wegen der Spielschulden Ellens, «die eine krankhafte Neigung zum Glücksspiel hatte» (Zitat aus dem Urteil), gegen die Société Fermière du Casino Municipal de Cannes in Cannes, wo sich Adolf und Elisabeth 1930 aufhielten. – Adolf und Elisabeth starben im März 1936 bei einem Flugzeugabsturz zwischen Mexiko und Guatemala.

Seite 93: Freude beim Schlag in Paris 1931: zitiert bei Fisher, 51

Seite 95: Die Cramms in Meran: *Klub-Nachrichten,* Dezember 1930, 393; Landshoff und Mendelssohn: Blubacher, 101f.

Seite 96: Deutsche Rangliste 1931: *Klub-Nachrichten,* Dezember 1931, 329

Seite 100: Bella Fromm über die Weihnachtsgala 1932: *Klub-Nachrichten,* 1. Vierteljahr 1933, 25f.

Seite 103: Alistair Cooke, zitiert bei Fisher, 21; Menzel: Rot-Weiß-Nachruf-Broschüre, 38; Budge: Tennis Memoir, 8

Seite 105: Populärster Spieler der Welt: Budge, Tennis Memoir, 5

Seite 107: Turniere von Mai bis Oktober: Prozessakten 1938

Seite 110: Vorbild des Fair Play: u.a. *Klub-Nachrichten,* April/Juli 1934, 6; viele Beispiele für Presse-Hommage an seine «best tennis manners»: Fisher, 172; viele Beispiele für Cramms Umgang mit Fehlentscheidungen: Fisher, 14, 15; Beispiele und entsprechende zeitgenössische Beobachtungen auch bei Steinkamp, 91f.

Seite 111: Er war, ganz einfach, der größte Sportler («sportsman»): Budge, Tennis Memoir, 9

Seite 111: Cramms Erwiderung auf «Vaterlandsverräter»: wiedergegeben bei Budge, Nachruf auf Cramm, 1977

Seite 111: 1936 gegen Quist, Zuschauer im Delirium: zitiert bei Steinkamp, 92

Seite 113: Lisa und Gottfried als Mixed-Paar in Athen: Wilson, Love Game, 105

Seite 114: Cramms elegante Garderobe: Prozessakten 1938, Tilgungsantragsakten 1952

Seite 114: Hubert von Meyerinck über die Bälle «in den Zelten»: Meyerinck, Freundinnen, 75

Seite 116: Billy Wilder über Meyerinck: Interview mit dem *Spiegel* im Juni 1997

Seite 119: Vorfahrtrecht: *Die Dame* 14/1930

Seite 119: Zur Bedeutung des Autofahrens für die «Neue Frau» vgl. Hertling, Eroberung der Männerdomäne Automobil; zu diesen Frauen der 20er Jahre allgemein siehe das dichte Nachwort zu Ruth Landshoffs «Die Vielen und der Eine» von Walter Fähnders, 170ff., mit weiterer Literatur

Seite 119: Jazz in der Sherbini-Bar 1935 und in den Olympia-Tagen 1936: Hilmes, 149f.

Seite 123: Annemarie Schwarzenbach über Lisa von Cramm, zitiert nach Carl M. Holliger: Die Reichen und die Superreichen in der Schweiz, Hamburg 1974, 68; Schwarzenbach verliebt in Maria Daelen: Richter, Daelen, 38

Seite 123: Lisa offenbar keineswegs ausgenommen: Irene Leu, geborene von Cramm, Tochter von Adalbert von Cramm und Elfi von Morgen, geboren zwei Monate nach Adalberts Tod 1940, aufgewachsen seit den frühen 40er Jahren in Bodenburg und als junge Erwachsene und später noch in Berührung mit den Freundinnen um ihre Tante Ruth von Morgen, erinnert sich noch heute lebhaft an das offene Geheimnis von deren – und auch von Lisas – sexueller Abenteuerlust.

Seite 126: Bei Vollmoeller in Venedig: Feilchenfeldt Breslauer, Erinnerungen, 101f.

Seite 130: Homosexualität in der Weimarer Republik: vgl. Naumann, Klaus Mann, 33ff.

Seite 130: Gerüchte und Prinzessin zu Schaumburg-Lippe: Prozessakten 1938, Gestapo-Verhör

Seite 130: Meyerinck über die «Silhouette» und Jürgen Ernst Wedel: Meyerinck, Freundinnen, 73

Seite 131: Gottfried, Lisa und Manasse in der Dernburgstraße: Prozessakten 1938, Urteilsbegründung und Tilgungsantragsakten 1951

Seite 131: Freundschaft zwischen Hindenburg und König Gustav: Bella Fromm, Als Hitler mir die Hand küsste, 125

Seite 133: Tschammers Drängen, dass Cramm in die NSDAP eintritt: Tilgungsantragsakten 1951

Seite 134: Cramm und Daniel Prenn: Fisher, 55f., 60ff., 245; Steinkamp, 70f.

Seite 134: Manasse Herbst 1933 bis 1936 in Berlin und Cramms Geldhilfen: Prozessakten 1938: Aussagen Cramms, Verteidigungsschriftsatz, Urteilsbegründung

Seite 136: Cramm und Herbst in Barcelona: Prozessakten 1938, Urteilsbegründung; Brief Lisas, erwähnt bei Steinkamp 89, ohne Quelle, angedeutet auch bei Paula von Reznicek, GvC, 43

Seite 137: Lisa der allein schuldige Teil: Prozessakten 1938, Tilgungsantragsakten 1952, Urteilsbegründung 1938

Seite 144: Wallis Meyers Wimbledon 1937: zitiert bei Fisher, 184

Seite 145: Richard von Weizsäcker Wimbledon 1937: R.v.W., Vier Zeiten, 71

Seite 147: Nationalsozialisten und Homosexuelle: Fisher, 179f.; Hilmes, 196

Seite 148: Cramms Sätze gegenüber Tilden 1937: Tilden, My Story, 132

Seite 148: Göring und Horcher: Hilmes, 222ff., 275f.

Seite 148: Cramm und Gestapo, April 1937: Prozessakten 1938

Seite 149: Vermutung zur Nicht-Meldung in Paris: Fisher, 182

Seite 149: Zu Nares im Sommer 1937: Michael Holroyd: Mosaic. A Family Memoir Revisited, New York 2004, 75 f.

Seite 151: Budge hat bedauert, dass er gewann: z.B. bei Steinkamp, 12, der Budge aus einem persönlichen Gespräch von 1988 so zitiert.

Seite 151: Hitlers Anruf in der Kabine: Fisher, 186 f., 297 f.

Seite 153: Umfrage 1980: Menzel, *Tennis-Jahrbuch* 1984

Seite 153: Reaktionen auf das Spiel am 20. Juli 1937: Tilden: Budge, Tennis Memoir, 4, und auch gegenüber Reportern dann; englische und amerikanische Stimmen: Fisher, 265; *Sporttagblatt*, 23. Juli 1937

Seite 153: Belege Thurber und Pate: bei Fisher, 218, 222f.

Seite 154: Hutton in Boston: Fisher, 227

Seite 155: Berichterstatter des *Tatler*: Godfrey Winn, am 31. August 1938 im Artikel «Lawn Tennis»

Seite 155: Zeitung 1937 über den «von Cramm type»: Archiv Bodenburg, unbeschrifteter Ausschnitt: «There are plenty of the von Cramm type left in Germany, even though the Hitler type, for the time being, pushes to the fore. That Americans know this and are quick to differentiate is a credit to them as well as to a von Cramm.»

Seite 156: Brief Cramms aus San Francisco: an Maria, Lisas Mutter, in zweiter Ehe Gräfin Strachwitz in Burgdorf, vom 4. Oktober 1937

Seite 160: In Boston über Verfolgungen: Tilgungsantragsakten 1951, Zeuge Heinrich Kleinschroth

Seite 160: Liste der Unbotmäßigkeiten auf der Weltreise bei Steinkamp, 123 f., und Fisher, 229 f.

Seite 160: Cramm habe 1937/38 nicht mehr die Kraft gehabt: Tilden, My Story, 132; Brief von Herbst nach Australien: Prozessakten 1938

Seite 163: «Erpressung» als Strategie: siehe Tilgungsantragsakten 1951-53; und Jutta von Cramm, Tagebuch, 14. April 1938

Seite 163: Onanieverkehr und galizischer Jude: Urteilsbegründung 1938; Tilgungsantragsakten 1952

Seite 164: Der liebe Gottfried: *Spiegel* 33/1990

Seite 168: Zu Rudi Walter musste Cramm im Gestapo-Verhör Auskunft geben: Prozessakten 1938; auch den Namen Esther Gräfin Bassewitz musste Cramm kurz erläutern, weil sie in seinem Adressbuch stand; zu Esther Gräfin Bassewitz: mündliche Hinweise an den Autor im Januar 2021 von Mitgliedern der Familie von Bassewitz, die Esther noch erlebt haben.

Seite 168: Gnadengesuch und Hausvaterei: Prozessakten 1938, Tilgungsantragsakten 1952; Tagebuch Jutta von Cramm 25. Juni 1938

Seite 173: Nach Cramms Entlassung: Meyerinck, Freundinnen, 15

Seite 173: Homosexuellen-Verfolgung 1938: Fisher, 237

Seite 176: 1939 nicht zugelassen als Vorbestrafter und Einzelperson: Belege für diesen Grund aus zeitgenössischer Presse bei Fisher, 307. Außenpolitisch-diplomatische Gründe werden gleichwohl mitgespielt haben. Zum Queen's-Club-Turnier Fisher, 239, mit Belegen aus damaliger Presse-Berichterstattung. Cramm in Cliveden: Jutta von Cramm, Tagebuch, 9. Juni 1939

Seite 178: Cramm über Rückkehr Ende 1939 aus Schweden in die Heimat: Tilden, My Story, 133

Seite 181: Meldet Euch bei mir: Das hat ein früherer Kamerad Egon Steinkamp berichtet.

Seite 185: Cramm befreundet mit Trott zu Solz: Marie Vassiltchikov, 232; Cramm in Schweden: Tatiana Metternich, 252; Cramm zu Ratliff: Harpprecht, Dönhoff, 325; Cramm gegen Hitler: «Political Memorandum from Press Reading Bureau, Stockholm, to Political Intelligence Department, London», 8. März 1944, National Archives, London, FO 371/39143

Seite 186: Erne von Cramm und Stauffenberg: Tatiana Metternich, 251 f.

Seite 186: Jutta von Cramms Beschwerde beim Propst: Briefdurchschlag, 3. Februar 1941, Bodenburg

Seite 188: Cramm und Trott zu Solz: Marie Vassiltchikov, 170, 232 f.; Clarita von Trott zu Solz, A.v.T.z.S. Eine Lebensbeschreibung, Berlin 2009, 312f.

Seite 188: Harpprechts Wiedergabe des «Hatcliff»-Berichts (wie er den Namen aus einer Falsch-Lektüre heraus schreibt): Harpprecht, Dönhoff, 323-329

Seite 190: Lehndorff an Cramm, 29. Dezember 1948, aus Brunkensen, dem Gut der Gräfin Görtz nahe Bodenburg

Seite 191: Ratliff über sein Gespräch mit Dönhoff und Cramm: Harpprecht, Dönhoff, 314 ff., 322 ff.

Seite 195: Sportvereinsaufbau 1945: Verein für Volkssport Hildesheim, 9; Steinkamp, 152-157; Cramm sorgte dafür, dass Einsprüche ausblieben: ebd., 153

Seite 195: Hellseher in Jutta von Cramms Tagebuch, 24. Oktober 1947; Hellseherin auch ebd., 6. August 1947

Seite 200: Zitate aus Tilgungsantragsakten 1952/53

Seite 201: Zitat Menzel zur Duisburger Tennisschule: Rot-Weiß-Nachruf-Broschüre, 39; Theater Düsseldorf: Erinnerung eines Schülers bei Steinkamp, 168

Seite 203: Hutton, Grant und Cramm: Heymann, 187f.

Seite 205: Telefonate aus dem Ritz: Heymann, 231

Seite 206: Briefe Cramms an Jutta aus Bern vom 5./6. November 1947 und vom 11. November 1947

Seite 212: 1958 gegenüber einem Reporter: *Mainzer Allgemeine Zeitung* vom 15. April 1958, im Nachlass Bodenburg; Schaukämpfe in Saudi-Arabien: an Jürgen Ernst Wedel, 14. März 1955; Cramm habe Hutton helfen wollen: Bekannte im Gespräch mit Steinkamp, 196; zu Cramms Hilfen an Freunde siehe auch Fisher, 246

Seite 214: Gin und Suiten in Köln: Heymann, 248

Seite 218: Einrichtung des Palasts: Heymann, 221f.

Seite 218: Cramm, Grant und der chinesische Tanz; Barbara an ihre Freundin: Heymann, 181; 277f.

Seite 219: Im Ritz nach der Trauung in Versailles: Heymann, 278f.

Seite 219: Noch immer kein Visum für die USA: Fisher, 246f.

Seite 219: Cramm und Hutton im November 1956 in Bodenburg: Magazin-Ausschnitt ohne Quellenbezeichnung, Bodenburg

Seite 221: 600 000 Dollar: Heymann, 294

Seite 221: Nicht ertragen, dass Cramm junge Männer vorzog: Heymann, 280f.

Seite 223: Zum Kapitel «Jean-Pierre und Bertil»: Egon Steinkamp, der erste Biograph Cramms, hatte «in keiner authentischen Quelle einen konkreten Hinweis» auf eine Homosexualität Cramms gefunden (Steinkamp, 196).

Seite 223: Wedel und Jetset: Strachwitz, Wie es wirklich war, 279

Seite 226: Beryl Grey über Alban: Grey: For the Love of Dance, London 2017; über Albans Tod: *London Times*, 23.1.1973, 2; *London Times*, 16.1.1973, 14. Den Hinweis auf die Notizen in der *London Times* verdanke ich David K. Frasier, Bibliothekar an der Lilly Library der Indiana University, der mir diese Quellen nannte zu seinem Alban-Artikel in seiner Enzyklopädie: Suicide in the Entertainment Industry. An Encyclopedia of 840 Twentieth Century Cases, Jefferson, NC/London 2002/2005, 8.

Seite 232: Studie über Deutschland in Ägypten und «Schaich»: Cilli Kasper-Holtkotte: Deutschland in Ägypten. Orientalistische Netzwerke, Judenverfolgung und das Leben der Frankfurter Jüdin Mimi Borchardt, Berlin u.a. 2017, Anm. 151

Seite 241: Firmenidee geboren in Kairo 1950: Tagebuch Jutta von Cramm, 3. April 1950; Steinkamp, 178f.; Savitt: bei Fisher, 247

Seite 242: Jede Familie hat ihren Luxus: Steinkamp, 206f.

Seite 242: Firmenausdehnung und Geschäftsfelder: Steinkamp, 194, 198, 206

Seite 243: Schmidt hat die Geschichte erzählt: Steinkamp, 197f.

Seite 245: Walther Rosenthal: Rot-Weiß-Nachruf-Broschüre, 31

Seite 247: Übersetzung des Berichts von James Thurber vom 20. Juli 1937 siehe S. 153

Seite 247: Cramm aus Wimbledon: 18. Juni 1949, *Welt am Sonntag*

Seite 248: Cramm aus Wimbledon über Sedgman: 29. Juni 1949, *Welt*

Seite 248: Aktion Stephanus: Steinkamp, 152f., nach mündlichen Berichten

Seite 249: Zitate Cramm als Verbandsmensch – «unermüdlicher Einsatz» usw.: Rot-Weiß-Nachruf-Broschüre, 1, 34

Seite 250: «über vergangene Zeiten plaudern»: Rot-Weiß-Nachruf-Broschüre, 45

Seite 252: «In seiner liebenswerten Art»: Rot-Weiß-Nachruf-Broschüre, 34

Seite 254: Zitate zum Unternehmer – «mit dem Verkauf von Gummi befasste»: Rot-Weiß-Nachruf-Broschüre, 36

Seite 260: Gegen Crawford 1934: Nach John R. Tunis in seinem Porträt in *Collier's* for July 10, 1937

Seite 260: Länge der Grundschläge: Reznicek, GvC, 23; Bergelin: Rot-Weiß-Nachruf-Broschüre, 32

Seite 261: Suzanne Lenglen: Unbezeichneter Zeitungsausschnitt im Rot-Weiß-Archiv, Grunewald

Seite 261: In all the galaxy of sport: John R. Tunis in seinem Porträt in *Collier's* for July 10, 1937

Namenregister

Die kursiv gesetzten Zahlen verweisen auf die Abbildungen.

Bildnachweis

Foto Marianne Breslauer, © Walter & Konrad Feilchenfeldt / Courtesy Fotostiftung Schweiz: 11
ullstein bild: 13 (Foto Martin Munkácsi), 74 (Foto Karl Schenker), 101, 102, 104 (Foto Heinrich von der Becke), 108, 115, 129 (Foto Heinz von Perckhammer), 132, 135, 152, 197 oben und unten, 209 (TopFoto), 230, 234 (A. & E. Frankl), 236 (Heritage Images)
Foto Axel Hindemith / Creative Commons CC-by-sa-3.0 de: 19
Süddeutsche Zeitung Photo: 27 oben und unten, 38 (Scherl), 150 (Scherl), 220 (Foto Heinz Hering)
Foto Alina Jahrmarkt: 35
© Peter Pohl: 51
Bridgeman Images: 62
Aus Egon Steinkamp: Gottfried von Cramm, Berlin 1990: 121, 180, 253 oben, 253 unten (mit freundlicher Genehmigung von Herrn Eckart Schliephake), 256, 262
Vintage Germany / Karin Schröder: 192 (Foto Walter Lüden)
Privatarchiv der Familie Freiherr von Cramm, Schloss Bodenburg: 204 (Foto Dorothy Wilding, © William Hustler and Georgina Hustler / National Portrait Gallery, London)
Alamy Stock Foto: 227 (Keystone Press), 238 (United Archives GmbH)
Photo by George Rinhart / Corbis via Getty Images: 258

Alle übrigen Abbildungen stammen aus dem Privatarchiv der Familie Freiherr von Cramm, Schloss Bodenburg.

Die Rowohlt Verlage haben sich zu einer nachhaltigen Buchproduktion verpflichtet. Gemeinsam mit unseren Partnern und Lieferanten setzen wir uns für eine klimaneutrale Buchproduktion ein, die den Erwerb von Klimazertifikaten zur Kompensation des CO_2-Ausstoßes einschließt. klimaneutralerverlag.de

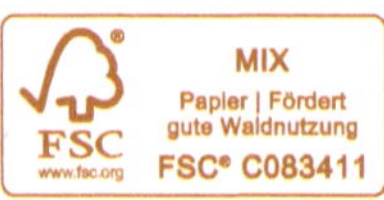

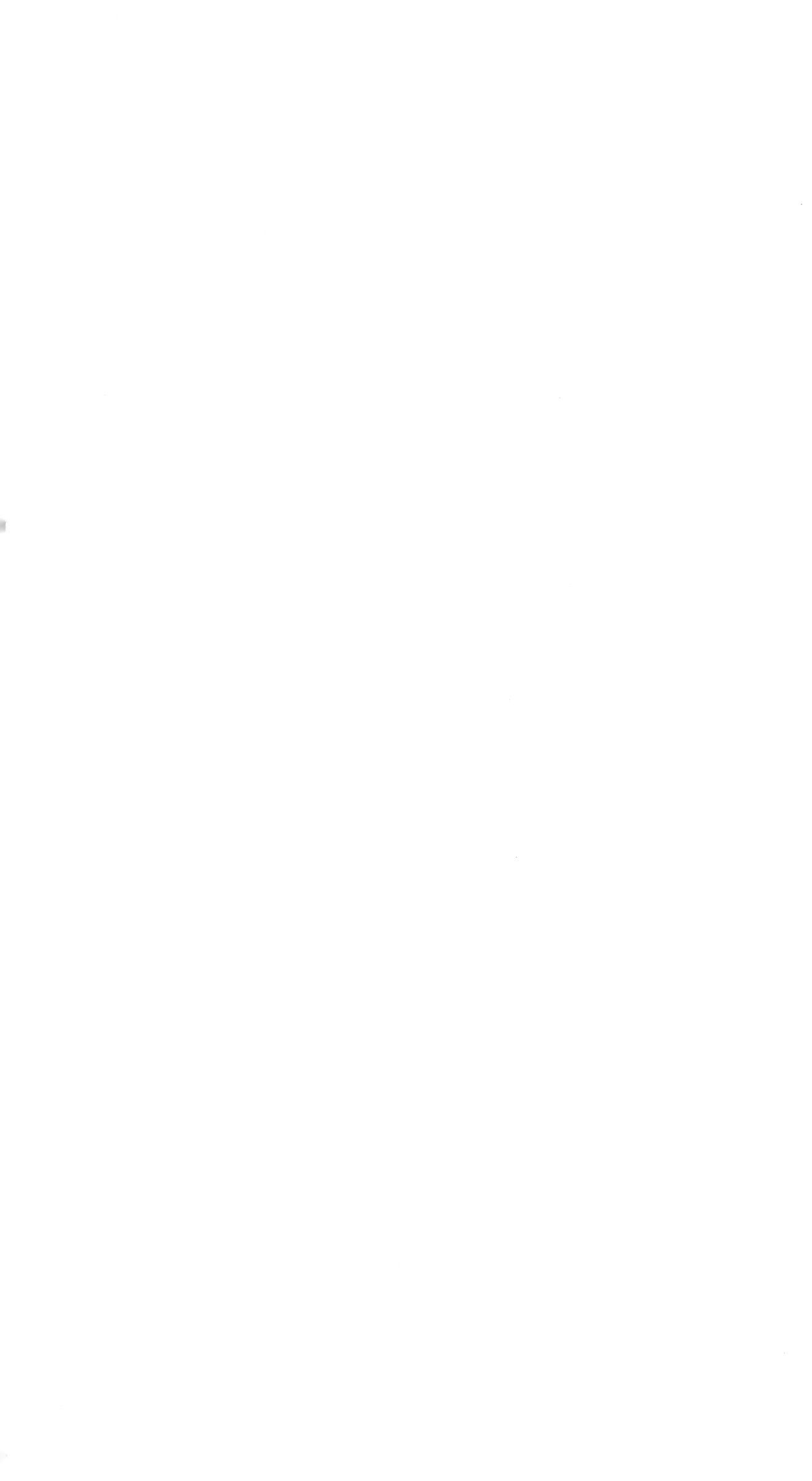